Arqueologia da Política

Coleção Estudos
Dirigida por J. Guinsburg

Equipe de realização – Tradução: Paulo Butti de Lima; Revisão Técnica da Tradução:
Antonio Carlos Hirsch; Edição de Texto: Luís Fernando dos Reis Pereira; Revisão: Lia N.
Marques; Sobrecapa: Sergio Kon; Produção: Ricardo W. Neves, Lia N. Marques, Sergio
Kon, Elen Durando e Luiz Henrique Soares.

Paulo Butti de Lima

ARQUEOLOGIA DA POLÍTICA
LEITURA DA REPÚBLICA PLATÔNICA

© Perspectiva 2014

Título original em italiano: *Archeologia della politica: lettere della "Repubblica" di Platone* (2012).

Dados Internacionais de Catalogação na Publicação (CIP)
(Sindicato Nacional dos Editores de Livros, RJ, Brasil)

L699a

    Lima, Paulo Butti de
    Arqueologia da política : leitura da república platônica / Paulo Butti de Lima. - 1. ed. - São Paulo : Perpectiva, 2016.
    191 p. : il. ; 23 cm.   (Estudos ; 338)

    Tradução de: Archeologia della politica : letture della 'Repubblica' di Platone Inclui bibliografia e índice
    ISBN 978-85-273-1047-5

    1. Ética. 2. Filosofia. I. Título. II. Série.

15-28951

CDD: 170
CDU: 17

09/12/2015   09/12/2015

Direitos reservados em língua portuguesa à
EDITORA PERSPECTIVA S.A.

Av. Brigadeiro Luís Antônio, 3025
01401-000 São Paulo SP Brasil
Telefax: (011) 3885-8388
www.editoraperspectiva.com.br

2016

Sumário

Nota à Edição Brasileira IX
Introdução XI

1. PASTORES E GUARDIÕES 1

A Posição do Guardião na "República" 3
O Pastor na "República" 7
Xenofonte e a Imagem Pastoral 10
Platão e os Guardiões 16
Guardião, Rei e Pastor 19

2. A PROSA DA CIDADE 25

Música e Filosofia 26
Histórias de Família 28
Processos por Impiedade 29
Música e Retórica 33
Música e Política 36
Dâmon na "República" 38
Guardiões e Músicos 42
Ética e Política 45

3. A CIÊNCIA DA CIDADE 49

A Sabedoria da Cidade 50
A Natureza do Discurso Político 55
O Bom Conselho 58
Critérios da Política 64

4. COMUNIDADE 71

A Comunidade "Econômica" 72
Os Modos da Comunidade 77
As Diferentes "Comunidades" na Cidade Justa:
Homens e Mulheres 80
A Comunidade Familiar 82
A Comunidade dos Sentimentos 84
Corpo e Propriedade 88
Uma Cidade sem Proprietários 90

5. RETRATO DO FILÓSOFO
   QUANDO GOVERNANTE 95

Entra em Cena o Filósofo 96
O Filósofo e o Conhecimento Prático 102
O Filósofo e a Experiência de Governo 106
O Filósofo e a Virtude 110
Marinheiros e Astrônomos 112
O Filósofo e a Astronomia 115
Utilidade e Inutilidade do Saber 118
O Filósofo e a Impiedade 120

APÊNDICES

1. O Poder da Retórica 125
2. Estratégias Estrangeiras 141

Referências 159
Índice das Fontes 165
Índice dos Nomes e Argumentos 169

Nota à Edição Brasileira

Este livro constitui uma versão completamente revista e ampliada do original italiano *Archeologia della politica*. É para mim motivo de particular satisfação poder novamente colaborar com os amigos da editora Perspectiva, e, em particular, com o professor Jacó Guinsburg – o qual sempre demonstrou, como editor e como estudioso, o seu interesse pela reflexão platônica. Agradeço, em particular, Trajano Vieira, sem o qual esta edição não teria sido possível.

A maior parte dos temas deste trabalho foi discutida nos colóquios organizados periodicamente em Itatiaia (RJ) pelo grupo de pesquisa Pragma, dirigido por Maria das Graças de Moraes Augusto. Muito devo a estes encontros e ao diálogo contínuo que pude manter com todos os participantes. Dedico este volume a Maria das Graças e aos amigos que encontrei nessas ocasiões.

Introdução

O argumento deste estudo é a "natureza" da política, como observada por Platão. Procuraremos analisar, em cada um dos principais momentos do diálogo *A República*, como se desenvolve uma reflexão sobre o poder e sobre o conhecimento que o tem por objeto: ao mesmo tempo, saber *da* política (por quem a observa) e *na* política (por quem se dedica à ação).

Nem sempre se deu atenção suficiente para o fato que, ao criar uma cidade no diálogo, Platão fale das *condições* de seu discurso, enquanto reflete sobre as formas específicas de organização política. Na *República*, três personagens distintas, o observador da cidade, o legislador e o governante participam de um saber que não pode ser unitário, mas do qual tampouco se consegue definir os limites com clareza. O problema da natureza deste saber (do conhecimento enquanto político e da política enquanto conhecimento) aparece como um aspecto central do pensamento platônico.

A cidade justa precede as cidades corruptas não tanto no tempo, mas na ordem das razões, no "olhar" (*theoreîn*) que permite entender a corrupção, tornando-nos, assim, observadores da política. Também o discurso político, e sua *theoría*, devem ser considerados segundo um processo que é, ao mesmo tempo, formal e temporal. Neste sentido, podemos falar de "arqueologia" da política, referindo-nos tanto à análise platônica das formas revestidas pelo discurso político, quanto à compreensão desse momento na origem de nossa tradição. Quando recorre ao vocabulário da cidade (*pólis*), Platão mostra que entre esta e o cidadão (*polítes*), o termo *politikós* não se explica facilmente, quer atribuindo-o a formas de conhecimento (arte ou ciência política), quer a alguns cidadãos (homem "político").

Iniciamos este percurso com o "guardião", o protetor ou defensor da cidade, o qual se torna o primeiro e principal objeto de reflexão na análise da cidade justa (Capítulo 1). Procuramos evidenciar como, por detrás desta figura, está presente a imagem antiga do rei-pastor. Não é essa a única vez em que os gregos olham para o Oriente quando desenvolvem uma reflexão sobre a política. Em seguida, tratamos da educação do guardião: em modo particular, consideramos a teoria poética apresentada pelo filósofo quando deve traçar as linhas guia da educação dos governantes (Capítulo 2). Mostramos como a análise poética, desenvolvida em vista de um projeto educativo, deva ser lida em sua sobreposição à prosa pública, a "prosa da cidade". A "poesia" ou a "música" dos guardiões é um antídoto para discursos políticos e judiciários e se transforma em uma nova prosa, que diz respeito à compreensão da alma e do caráter dos cidadãos.

Após a fundação da cidade, e antes que se possa observar a natureza da justiça, é preciso definir o conhecimento a ser adquirido pelos guardiões em sua função de governo. Estamos diante da "ciência protetora", ou seja, de uma verdadeira *ciência política* (Capítulo 3). Procuramos notar as dificuldades inerentes à definição de um discurso sobre a cidade, do ponto de vista de quem o enuncia, de seu objeto e de sua verdade; e, enfim, em razão de seu objetivo.

A noção de "comunidade" é o ponto seguinte deste percurso, desta vez um elemento do "saber político" do próprio Platão, enquanto observador da *pólis*, mais do que um elemento do saber possuído pelos atores da política, os guardiões (Capítulo 4). Trata-se de analisar as diferentes formas em que se apresenta a noção de comunidade, quando se deve dar conta da atribuição do poder e da exigência de unidade entre todos os cidadãos. Ao distinguir, implicitamente, entre sujeito, objeto

INTRODUÇÃO   XIII

e modo do ato de pôr em comum, Platão traça os contornos de toda teoria da vida comunitária.

Concluímos, enfim, a análise da gênese da política na *República* com a questão central do diálogo: a possibilidade de conjugar conhecimento (na figura do filósofo) e poder (na figura dos guardiões) (Capítulo 5). O acordo entre as duas distintas personagens, o filósofo e o guardião, dá origem a várias dificuldades, das quais os interlocutores se mostram conscientes. Não é preciso voltarmos à pergunta se a criação de uma cidade justa deva ser um programa político concreto ou um modelo que não necessariamente se pensa realizar (questão mencionada durante o diálogo, sem nunca receber uma resposta unívoca): constatamos agora que o acordo sugerido e negado entre esses dois personagens – o filósofo e o governante – ilumina os paradoxos do conhecimento político e os interrogativos platônicos a seu respeito.

Para introduzir os problemas que estão na origem de uma reflexão "sobre as coisas da cidade", podemos lembrar, inicialmente, as duas descrições de uma assembleia política apresentadas por Platão em diálogos anteriores à *República*. A primeira se encontra no *Górgias*, quando Sócrates investiga qual o objeto da arte da palavra política[1]:

Quando em uma cidade há uma reunião para a escolha de médicos, construtores de navios ou outro grupo de especialistas, não é preciso que o orador deixe de dar conselhos[2]? Com efeito, é claro que em toda

---

1   *Górgias*, 455 b-d. Na transliteração dos caracteres gregos, optamos por indicar o acento tônico; mas, no caso de ditongos, respeitamos o acento colocado na segunda vocal, diferentemente do critério de pronúncia em português (escrevemos *paideía* e não *paidéia*; *theoreîn* e não *theoréin*).

2   A assembleia (*ekklesía*) é chamada aqui reunião (*sýllogos*), enquanto antes se falava de reunião política (*politikòs sýllogos*) e de agrupamento (*ókhloi*, de *ókhlos*, massa, multidão). Note-se, nos textos aqui citados, os termos recorrentes para referir as ações na e da assembleia, como: a escolha ou eleição de indivíduos (*haíresis*, ação da assembleia em seu conjunto); o conselho (*symboulé*) por parte de um membro da assembleia (o orador ou o "competente"); o ato de deliberar (*symbouleúein*), por parte da assembleia; e, enfim, a "ação" (*praxis*), ou decisão (sempre por parte da assembleia). Nem sempre há uma clara distinção entre o "conselho" (dos oradores) e a "deliberação" (coletiva). ▸

XIV   ARQUEOLOGIA DA POLÍTICA

escolha é necessário escolher o mais competente[3]. Tampouco deve aconselhar quando se trata da construção dos muros, dos portos ou dos arsenais, pois a escolha cabe então aos arquitetos[4]; assim também quando o conselho diz respeito à escolha dos comandantes militares, à tática contra os inimigos ou à ocupação de terras: não são os competentes na arte retórica que darão conselhos, mas os competentes na arte militar[5]. Não dizes o mesmo, Górgias? Dado que proclames ser um

> ▷ É importante notar, além do mais, em todo o passo, a ambiguidade do uso do termo *rhétor*, referido tanto ao orador quanto ao mestre de retórica: ou seja, como quem efetivamente toma a palavra na assembleia e apresenta propostas, e como quem possui a habilidade do discurso, independentemente da efetiva participação na esfera política (somente neste sentido, em Atenas, Górgias é *rhétor*).

3   Ou: "que o mais competente (*tekhnikótaton*) escolha". A leitura que trazemos no texto é a preferida por Dodds, 1959, *ad loc.* (seguido pela maior parte dos editores), segundo a relação entre "conselho" e "escolha" na frase anterior; mas esta relação não permanece clara. O texto conserva a ambiguidade também em seguida (escolhem-se os comandantes militares, mas os comandantes militares escolhem as táticas de guerra), o que revela seu problema de fundo: os "técnicos" como sujeito ou objeto da escolha ou deliberação. No primeiro caso (os técnicos como sujeito), anulam-se as competências políticas da assembleia; no segundo, cria-se o paradoxo da competência da assembleia na escolha de quem é competente. Quem possui o saber dos outros saberes, sem ter competências específicas? Platão mostra-se consciente do problema em diálogos como o *Cármides*, ou na determinação da figura do político como tecelão, ver infra p. 63 n. 25. Pode-se também pensar que a ambiguidade do texto seja proposital.

4   Diferentemente do caso anterior, agora não se trata da escolha (competente) de alguém que tem competência, mas da decisão, por quem é competente, a respeito de problemas atinentes à esfera de competência. Mas permanece claro, nos exemplos, que se trata de problemas relativos à cidade em seu conjunto: a sua proteção e a guerra (ou o comércio). Sócrates procura delimitar os aspectos "técnicos" no âmbito da política.

5   "Competentes na arte retórica" (*rhetorikoí*) deve ser distinto de "oradores" (*rhétores*): Platão afasta, assim, a ambiguidade presente em grego. Por analogia, *strategikoí* distingue-se de *strategoí*, a competência no que diz respeito ao comando militar diferenciando-se do próprio comando, um aspecto menos claro, comparado ao anterior. Veja-se a distinção, no início do *Político* (259 a-b), entre a arte real, que pode ser possuída também por quem não é rei, e o exercício efetivo do poder.

      Com a figura do comandante militar, chega-se ao foco da deliberação política: a competência na guerra. Os campos agora se misturam. *Em primeiro lugar*, fala-se da escolha dos comandantes militares: estes não eram escolhidos, em Atenas (a situação descrita é certamente ateniense), pelos comandantes, ou pelos "competentes na arte militar", mas pelos cidadãos reunidos em assembleia. Todavia, os comandantes militares eram eleitos, não sorteados (conta, pois, a competência), sendo reconhecido, neste caso, um elemento "técnico" na escolha. *Em segundo lugar*, fala-se de matérias sobre as quais deliberam os comandantes militares, como a tática de guerra, e que não são objeto de deliberação por parte da assembleia. Mas a assembleia decide sobre a guerra e sobre a responsabilidade dos comandantes pelas suas ações.

INTRODUÇÃO   XV

orador [*rhétor*: mestre de retórica], tornando os demais competentes nisso [*rhetorikoí*: competentes em oratória ou retórica], é bom que nos informemos sobre a tua arte [...] Talvez alguém aqui presente queira se tornar um teu discípulo [...] imagina que te pergunte: "o que seremos, Górgias, se te frequentarmos? Sobre quais argumentos poderemos dar conselhos para a cidade? Somente sobre o que é justo ou injusto, ou também sobre as coisas de que Sócrates agora falava[6]?"

Górgias responde de modo preciso, pontual, à pergunta socrática – ou seja, ao problema da competência técnica na esfera das decisões políticas. Os muros de Atenas e os portos foram construídos não em razão da opinião de especialistas, mas graças ao conselho de Temístocles e, em parte, de Péricles, os quais eram frequentemente lembrados pelos atenienses como oradores e comandantes militares. Afirmou-se que a expressão "orador e comandante", presente na literatura histórica e política ateniense do século IV a.C., se aproxima do nosso uso de "homem político"[7]. Sócrates parece concordar com Górgias: "é o que se diz de Temístocles, e, quanto a Péricles, ouvi quando ele mesmo considerava a construção dos muros do meio". O filósofo se "maravilha" com uma tal potência (*dýnamis*) da retórica. Em outras palavras, com a relação entre arte (ou técnica, *tékhne*), palavra (*lógos*) e poder (*arkhé*)[8].

Dois elementos principais emergem nesta descrição de uma cena modelo da ação política: a função do comando militar e o papel da habilidade oratória. Arte da guerra e retórica são os dois termos de comparação quando é preciso entender a natureza da política e as formas de atribuição do poder na cidade democrática. Nos apêndices aos ensaios que aqui apresentamos, mostraremos como Platão leva às extremas consequências a

---

6   A natureza do justo e do injusto, indicada por Górgias como objeto da retórica, pode, portanto, aparecer como elemento distintivo relativamente às escolhas "técnicas" da assembleia: ou seja, por uma outra perspectiva, como o objeto da política. Justiça, sentimento de respeito e virtude são mencionados por Protágoras, em sua resposta às observações de Sócrates que citamos adiante. Lembremos que o tema de investigação na *República* é a *justiça*.

7   *Rhétor kaì strategós*: cf. Hansen, 1989, p. 39. O termo *politikós* não é utilizado no trecho citado do *Górgias*.

8   *Górgias*, 455 e – 456 a. Sócrates demonstra assim que não apresenta suas reflexões somente a partir das respostas de Górgias, as quais confirmam o que o deixava anteriormente perplexo. Traduziremos o termo *tékhne*, em todo este trabalho, indistintamente, como "arte" e como "técnica".

XVI   ARQUEOLOGIA DA POLÍTICA

reflexão sobre estes dois campos do poder político: o "poder" da retórica e os limites políticos da habilidade militar.

O problema da justiça e da excelência ou virtude (*areté*) do cidadão aparece como questão central em um outro debate na assembleia, desta vez apresentado no diálogo *Protágoras*[9]. Trata-se, agora, de um instrumento para observar criticamente a justificação que o sofista Protágoras oferece de seu saber[10].

É a descrição da assembleia que provoca a discussão sobre a formação da cidade e sobre a origem dos conhecimentos "técnicos", por um lado, e do conhecimento "político", por outro. Diferentemente da cena do *Górgias* que mencionamos acima, Sócrates não fala agora de retórica, mas de arte política:

Protágoras: [...] Os outros [sofistas] tratam mal os jovens: quando estes fogem dos conhecimentos técnicos [*tékhnas*], eles os obrigam a voltar para eles, ensinando-lhes cálculo, astronomia, geometria e música (e neste momento olhou para Hípias). Mas quem me procura aprende somente aquilo em razão do qual veio[11]. Minha matéria de ensino é o bom conselho[12], tanto no que diz respeito às questões familiares, para que se possa administrar na melhor maneira possível a própria casa,

---

9   *Protágoras*, 318 e – 319 e. Não é relevante, aos nossos fins, a discussão sobre a ordem cronológica entre estes dois diálogos platônicos.

10 A resposta de Protágoras vai consistir em uma "narração" (*mýthos*) (320 c – 323 a), uma verdadeira genealogia da política, e um "discurso" (*lógos*) (324 d – 328 c). Não sabemos se esta resposta corresponde ao que o sofista de fato dizia ou escrevia, ou se se trata de uma leitura platônica desenvolvida com o fim de trazer à luz os paradoxos da política. Mais de uma vez veremos que a crítica platônica da política, como exposta em outros diálogos, se baseia nas reflexões apresentadas sob o nome de Protágoras.

11 A oposição entre as várias artes (específicas) e a (arte) política emerge nas palavras de Protágoras, na resposta de Sócrates, e, enfim, no *mýthos* do sofista. Enquanto, em seguida, vai se falar das várias habilidades práticas e artesanais, não incluídas no ensino sofista, aqui se trata dos vários *mathémata* ou das várias ciências (parte do currículo dos filósofos, segundo a *República*): está em discussão o que conta na formação dos cidadãos.

12 *Euboulía*: não é simples traduzir este termo, no âmbito do conselho, da deliberação e, portanto, da sabedoria. Trata-se de um conceito fundamental na caracterização da educação dos cidadãos e na definição de um saber político. É retomado por Platão na *República*, quando define a sabedoria da cidade. Ver infra, p. 50.

INTRODUÇÃO XVII

quanto no que diz respeito às coisas da cidade, para se tornar capaz de decidir e deliberar da melhor forma sobre isso[13].

Não sei se compreendo o seu discurso – respondi. Parece-me que te referes à arte política e pretendas tornar os homens bons.

É exatamente este, Sócrates, o propósito que eu proclamo[14].

Belo objeto, a arte que possuis – retruquei –, se a possuis. Mas quero dizer o que penso a este respeito.

Eu não acreditava, Protágoras, que fosse possível ensinar essa arte, mas não posso duvidar, já que o dizes. É justo que eu diga porque considero que ela não possa ser ensinada e porque os homens não a transmitem aos demais. Eu, como os outros gregos, creio que os atenienses sejam sábios. Vejo, pois, que quando nos reunimos em assembleia, se é necessário que a cidade decida [*prâxai*, campo da ação] a construção de edifícios, os construtores são chamados como conselheiros sobre as construções; quando se trata da construção de navios, os construtores de navios, e assim por diante, em tudo o que é considerado objeto de aprendizado e ensino. Mas se alguém pretende dar conselhos sobre algo de que não é especialista [*demiourgós*], mesmo sendo muito belo, rico e de origens nobres, não o escutam absolutamente, mas zombam dele e protestam[15], até que o pretendido orador se afaste, ou por conta própria, por causa do tumulto criado, ou sendo retirado da tribuna e expulso pelos arqueiros, sob as ordens dos prítanos. Agem deste modo diante do que acreditam depender de uma arte [*tékhne*].

Mas quando é necessário deliberar [*bouleúsasthai*, aconselhar] sobre a administração da cidade[16], aí o marceneiro, o serralheiro ou o sapateiro, o rico e o pobre, quem possui origens nobres ou baixas, levanta-se e aconselha [*symbouleúei*], e ninguém é criticado como antes, se se trata de aconselhar sem ter aprendido nada, sem ter ninguém

13 *Tà tês póleos... práttein kaì légein*: "fazer política". O ensino sofista cobre, portanto, os dois campos: a administração da casa e a política. Mas ambos aspectos, "economia" e "política", poderão ser denominados, por Sócrates, "arte política".

14 Protágoras não recusa a denominação que Sócrates dá de seu saber – arte política – e tampouco a identificação do fim deste saber com a virtude ou excelência do cidadão. A arte política não diferencia, aqui, os cidadãos e os homens políticos, mas os bons e maus cidadãos.

15 "Protestam": sobre a importância do *thórybos* (rumor, tumulto, nas assembleias e tribunais) nos diálogos platônicos, ver Butti de Lima, 2004, cap. 3. Note-se que, no início, Sócrates usa a primeira pessoa do plural – "quando nos reunimos" –, ao passo que, quando fala da assembleia em tumulto, prefere a terceira pessoa: "zombam", "protestam". O filósofo não podia se incluir entre os que assumem tais comportamentos, mesmo quando causados pelo justo respeito da competência técnica.

16 Se antes a "arte política" incluía a "administração" (*dioíkesis*) da casa, agora o campo próprio da política é indicado como a "administração" da cidade. Não fica completamente claro quais sejam as questões incluídas neste âmbito, enquanto diferenciadas das anteriores (construção dos muros e dos portos).

como mestre. É evidente que não consideram que tal argumento possa ser objeto de ensino[17]. Isso acontece não somente no que diz respeito à cidade no seu todo; também em privado os mais sábios e os melhores entre os cidadãos não são capazes de transmitir aos demais a virtude que é por eles possuída.

Seguem os exemplos de Péricles, de seus filhos, e de Alcibíades: também agora o campo da educação privada, com o fim de tornar bons os cidadãos, não diz respeito somente à administração da casa, mas à preparação para o governo[18]. E, considerando os exemplos apresentados, à preparação para o comando militar.

Estes dois textos nos falam da cidade, dos cidadãos e das competências técnicas. Ou seja, falam da possibilidade de uma arte, ou conhecimento, que diz respeito à atividade dos cidadãos (*polîtai*), em sua relação específica com a cidade (*pólis*). No *Protágoras*, esta arte é denominada por Sócrates arte política, mas sua natureza permanece objeto de discussão. No final do *Górgias*, em sua resposta a Cálicles, Sócrates assume a pretensão de Protágoras: "considero ser um dos poucos atenienses, para não dizer o único, que possui realmente a arte política, e o único hoje a fazer política"[19]. Neste trabalho, observaremos as dificuldades implícitas em uma tal pretensão, que se diz ateniense, mas que é, ao mesmo tempo, dirigida *contra* a "sabedoria" ateniense.

Mais do que uma vez, nos capítulos seguintes, lembraremos estas duas descrições platônicas do processo de deliberação na assembleia. Os mecanismos democráticos de decisão permanecem paradigmáticos na compreensão da natureza da reflexão política, enquanto trazem à mente dos ouvintes a lembrança do destino de Sócrates.

---

17   Após a primeira pessoa no início ("nos reunimos"), Sócrates volta à terceira pessoa ("consideram"), retomando, portanto, a sua posição de puro observador da política.

18   A questão permanece na base da reflexão aristotélica, como se vê no "proêmio" à política que é constituído pelo trecho final da *Ética Nicomaqueia*, 1181 a 5-7.

19   *Górgias*, 521 d. "Fazer política": *práttein tà politiká*.

1. Pastores e Guardiões

Para observar a natureza do poder na cidade, Platão introduz, na *República*, a figura do guardião. Não se trata de uma figura criada para a realização da cidade mais simples, a cidade "sã", mas como condição inelutável para a conservação de uma cidade complexa – uma cidade mais próxima à dos interlocutores do diálogo e na qual se procura satisfazer desejos refinados. Procurando sobreviver, a cidade "luxuosa" é naturalmente levada à apropriação das terras vizinhas e, portanto, à guerra. "Encontramos a origem da guerra", afirma Sócrates, adiando a reflexão sobre os males por ela causados (*República*, II, 373 e). Para edificar uma cidade justa, ou, pelo menos, uma cidade onde se possa observar a natureza da justiça e da injustiça, se deve passar pela conquista e pelo conflito, reconhecidos como indesejáveis.

Não parece ser possível introduzir o elemento propriamente *político* da cidade sem recorrer ao controle e à violência exercitados pelos seus defensores. A gestão das atividades comuns dos cidadãos – a organização da vida comunitária – pressupõe a definição do espaço próprio à força física e a sua aplicação.

O projeto platônico elimina, após o primeiro momento de fundação da cidade, a ilusão da convivência harmoniosa entre os indivíduos, enquanto participantes bem integrados e pacíficos da vida comunitária mais simples. Afastando-se da primeira forma de organização social, os homens põem-se inevitavelmente a agredir e a apropriar. Não é difícil observar que é em virtude de um ímpeto agressivo, mais do que por exigências de defesa, que se afirma a figura dos guardiões. Com estas personagens, Platão atribui a um grupo de indivíduos a prerrogativa da força e cria o espaço da política.

Entrando em cena por um viés incômodo, o guardião não mantém por muito tempo o seu papel essencialmente beligerante. A posição superior do governo da cidade vai se afastar de quem, em princípio, era responsável pela apropriação de terras alheias. As tarefas dos governantes, guardiões "perfeitos", não serão as mesmas dos guardiões "auxiliares", com funções propriamente militares[1]. Mas, por enquanto, no início da construção de uma cidade justa, nada sabemos desta ramificação vigorosa da figura do guardião que é o filósofo no governo. Sem o resgate do papel do guardião por meio do conhecimento e do saber, permaneceríamos no nível da simples aplicação da força. Como sabemos – e é importante relembrar –, a criação da cidade por Sócrates e seus interlocutores instaura a política na base da questão moral: deve-se considerar a imagem da justiça para além dos limites estreitos do indivíduo (*República*, II, 368 a – 369 a). Mas esta ampliação do objeto – do indivíduo à cidade – apresenta logo seus percalços, devendo enraizar-se em uma personagem incômoda e provisória como o guardião. Enfim, presenciamos uma fundação um pouco canhestra da cidade, por meio da guerra e de seu protagonista, atividade e personagem destinadas a serem mais tarde ofuscadas, durante o processo de construção da "bela cidade".

Eis, em princípio, a peculiaridade da figura do "homem político" quando faz sua aparição na *República*. Momento não secundário, mas ao mesmo tempo inquietante, do que deve se tornar, para leitores de épocas sucessivas, primeiro exemplo de utopia. Mas também momento de transição, pois encontramos, no decorrer do diálogo, uma outra figura guia, com sua própria formação: o filósofo. Entre as figuras do guardião

---

1 A distinção é introduzida explicitamente em *República*, III, 414 b, e depois aprofundada.

e do filósofo, Platão introduz uma reflexão sobre a natureza do poder. Pode parecer paradoxal, do ponto de vista socrático, que uma tal reflexão se baseie na guerra. Frequentemente os leitores da *República*, seguindo o movimento do diálogo, esquecem da fundação da cidade justa no conflito e na apropriação. Como agora veremos, o guardião não é somente um instrumento para que Platão possa apresentar o verdadeiro homem político nas roupas do filósofo. Não se trata de uma astúcia socrática, permitindo-lhe justificar com o conhecimento o uso da força, e realizando uma passagem sutil do guerreiro ao filósofo. A figura do guardião é também o modo através do qual podemos encontrar, além do diálogo socrático, outros e mais amplos diálogos. Em particular, aquele entre Platão e seus contemporâneos, quando observam, a partir de uma longa tradição de representação do poder, a natureza da relação entre o homem e a cidade.

A POSIÇÃO DO GUARDIÃO NA "REPÚBLICA"

Sócrates introduz a figura do guardião no segundo livro da *República*, desenvolvendo o projeto de criar uma cidade "com palavras". De acordo com a antiga divisão da obra em livros que chegou até nós, o segundo livro possui um início que não depende de razões exclusivamente editoriais, como a medida do rótulo ou do código. A cesura possui também um significado preciso no interior da argumentação, e Platão chama a atenção para este fato.

O primeiro livro se conclui com a vitória aparente de Sócrates sobre o seu antagonista, Trasímaco, na discussão sobre a natureza da justiça e na demonstração da superioridade da vida do homem justo sobre a vida do homem injusto. O livro seguinte inicia com uma definição "literária" – ou melhor, "musical" – desta primeira parte: Sócrates afirma que o diálogo na casa de Céfalo, em que teve como interlocutores o dono da casa, seu filho, Polemarco, e, principalmente, o mestre de retórica Trasímaco, era somente um "proêmio", diríamos, um "prelúdio" à análise do problema proposto: a definição da justiça. Começa, deste modo, a mais conhecida recriação literária de uma comunidade política com o fim de estabelecer o modo justo de exercício do poder entre os homens.

Em seguida a este "prelúdio", e como que na origem de um verdadeiro "canto", tomam a palavra os irmãos Gláucon e Adimanto, lembrando a discussão anterior[2]. Por meio das palavras dos irmãos, aprendemos que a justiça não representa um bem que os homens perseguem por si mesmo, mas que as ações "justas" são realizadas em vista das consequências que delas derivam. Todo indivíduo renunciaria a tais ações, se não obtivesse alguma vantagem ou se não fosse obrigado a agir deste modo. Pode-se constatá-lo quando se representam os motivos pelos quais os homens passaram a viver em sociedade, e também quando se observa o que está por trás das práticas consideradas justas e dos elogios tradicionalmente dedicados às ações justas na cidade. Também estes elogios revelam que a justiça não consiste em um bem em si, mas é praticada em vista de outros bens ou castigos[3].

A separação material entre os dois primeiros livros da *República* corresponde, pois, a uma interrupção concreta na sequência dos argumentos, em vista da qual foi possível supor que o primeiro livro circulara de forma independente, apresentando-se, como outros trabalhos da primeira fase da produção platônica, na forma de um diálogo aporético. Um livro que se revelaria completo *graças* a sua falta de conclusão, e cujo tema, retomado em seguida como uma tentativa de definição da justiça, é, enfim, reinserido, de forma abrupta, no campo da política. Para responder às observações de Gláucon e Adimanto, e para obedecer ao pedido feito por eles de definir a justiça como um bem em si, Sócrates recorre à analogia entre o homem e a cidade: assim como as letras grandes

---

2   Para a análise do primeiro livro como composição independente do resto da obra, é suficiente lembrar aqui a análise de P. Friedländer, que ao diálogo *Trasímaco* dedica um capítulo de seu volume sobre Platão (Friedländer, 2004, v. II, cap. 3). Outras interpretações podem ser encontradas na bibliografia citada infra, n. 18.

3   *República*, II, 358 c – 362 c (discurso de Gláucon); 362 e – 367 e (discurso de Adimanto). Para a oposição aristotélica entre o que é digno de elogio e o que é digno de honra, ver *Ética Nicomaqueia*, I, 1101 b 10-33. A teoria dos bens elaborada por Gláucon parece ser mais do que uma vez retomada por Aristóteles na distinção entre bens secundários e bens últimos, perfeitos e autossuficientes.

PASTORES E GUARDIÕES

permitem, a quem não possui boa visão, decifrar as pequenas, assim também a observação da cidade consente "ler" a justiça no indivíduo (II, 368 d – 369 a). Com esta proposta explícita de observação da *pólis*, cria-se uma verdadeira ruptura no interior do diálogo, separando o tema anterior de seu prosseguimento propriamente político.

Sócrates não vai se esquecer desse momento, em que passa a olhar para a formação da cidade para definir a justiça (V, 451 c, citado adiante). Pode-se, portanto, interpretar a expressão socrática "procuremos *inicialmente* nas cidades" (II, 369 a) como o princípio da construção política do qual derivam os livros seguintes do diálogo. A observação da cidade, proposta após os discursos de Gláucon e Adimanto, confere significado ao projeto *político* da *República*. Todavia, neste novo início, *político*, os interlocutores não perderão a lembrança do que fora anteriormente afirmado[4].

Tendo introduzido a figura do guardião, durante o percurso de fundação da cidade e de sua ampliação em uma sociedade mais complexa, Sócrates trata da educação desta personagem na música e na ginástica, um argumento que absorve intensamente os interlocutores. Somente no final do processo educativo dos guardiões coloca-se a pergunta, repentina, mas que não parece suscitar a perplexidade dos presentes, sobre quem deverá *governar* a cidade (III, 412 b). A quem, dentre os cidadãos, se deve conferir o poder sobre os demais? A ação dos guardiões não se dirige somente em direção ao exterior, às outras cidades, como parecia inicialmente. E o verdadeiro poder de comando não pode ser atribuído a todo o grupo dos guardiões. Trasímaco já falara dos que "verdadeiramente governam", justificando sua definição de justiça (I, 343 b): também para Sócrates uma tal definição exige que se delimite o exercício efetivo do poder político. Descobrimos que não é suficiente, para a cidade que deve ser fundada, a presença de somente dois grupos distintos, os guardiões e os demais cidadãos. A cidade será tripartida:

4   Podemos notar que os discursos de Gláucon e Adimanto representam já uma ruptura, em relação ao prelúdio da obra, o primeiro livro, e o tema da cidade, agora no centro da análise, que já fora tratado na discussão com Trasímaco quanto à natureza da justiça e do poder. Trasímaco não abandona a casa de Céfalo quando é aparentemente derrotado por Sócrates, e presencia o prosseguimento da discussão com Gláucon e Adimanto, da qual era responsável.

os governantes constituirão uma parte do grupo dos guardiões, mesmo se, em vários aspectos, sua vida quotidiana vai sofrer os mesmos condicionamentos da vida militar requeridos para a proteção da cidade. Nasce, assim, o verdadeiro poder político. Somos levados, dessa maneira, à fundação definitiva da cidade e, por conseguinte, à definição da justiça. Segundo o percurso de análise anunciado no início, pode-se então (e somente então) observar, com a analogia entre a cidade e o indivíduo, a alma dos homens, de modo a encontrar nela as mesmas qualidades constatadas na cidade. Somente então se apresenta, como no final do primeiro livro, uma nova interrupção na ordem das argumentações, coincidindo com a divisão em livros da obra.

Entre o segundo e o quarto livro da *República* conhecemos, portanto, a figura dos guardiões, e aprendemos a dupla natureza de sua função. Sócrates acentuará, em seguida, os aspectos unitários na análise de sua vida comunitária, até o momento em que a parte superior desse grupo vai ser identificada com os filósofos. O guardião torna-se o espelho do filósofo em seu papel político, no âmbito de sua atividade desenvolvida *no interior* da cidade e *em função* da cidade. A educação do verdadeiro guardião governante nada mais é do que a educação filosófica, e o poder é atribuído unicamente a quem se dirige, com a mais intensa dedicação e com um desejo obsessivo, ao conhecimento do que é.

Seria errôneo, porém, concluir que a figura do guardião é somente um elemento de transição, graças ao qual é possível observar a natureza do poder e indicar o filósofo como quem é realmente capaz de exercê-lo, segundo justiça. A imagem do guardião não é abandonada com o filósofo, e permanece a expressão "política" do governo mais justo na cidade.

Por este motivo iniciamos esta série de estudos com a análise da figura do guardião. Graças a ela, Platão discorre sobre a natureza da política e sobre o exercício do poder. Na escolha do termo guardião, o filósofo exprime as funções de cuidado e proteção (*epiméleia* e *therapeía*), com as quais justifica a divisão da cidade e a dominação de alguns homens sobre os demais.

O PASTOR NA "REPÚBLICA"

Para entender quem é a personagem escolhida por Platão quando deve estabelecer o "lugar" preciso do exercício do poder político, convém partir de um contexto mais amplo. No termo "guardião" (*phýlax*), encontramos as peculiaridades de um uso anterior, implícito na retomada platônica. Mas o uso deste termo, em Platão e em outros autores gregos, deve ser visto não somente em seu aspecto imediatamente lexical, mas também comparando as diferentes representações do poder. Na confluência de escolha lexical e imagens da política pode--se entender o diálogo que se desenrola entre Platão e seus contemporâneos, e a tradição em que o filósofo se insere, no momento em que escolhe os termos para construir seu diálogo.

Para melhor observarmos a natureza do guardião podemos iniciar com a análise de uma outra figura, introduzida por Trasímaco no primeiro livro, quando deve explicitar a natureza do poder: o pastor.

Em um primeiro momento, para justificar a própria tese, segundo a qual a justiça corresponde ao interesse do mais forte, e ressaltando o seu sentido propriamente político, Trasímaco se refere às três formas de governo: nas cidades democráticas, oligárquicas ou tirânicas, quem governa exercita o poder segundo o próprio interesse (I, 338 d). Retomando o tema mais tradicional de análise da política, Trasímaco não expõe as vantagens de cada uma das formas de governo, mas indica o que as aproxima: o útil do mais forte. Em vez de nos levar a refletir sobre o fato que a noção de justiça muda em cada sociedade e não possui um parâmetro comum, o sofista reitera, ao contrário, o que é universalmente válido para todas, ou seja, a relação entre as normas de justiça e o benefício para quem as cria.

Em um segundo momento, Trasímaco retoma sua tese, após esta ter sido aparentemente refutada, dada a equiparação entre técnica, conhecimento e poder (e nenhuma técnica, ou arte, existe em função de si mesma, do interesse de quem a possui). O sofista insiste sobre a natureza política da justiça (um aspecto essencial também para Sócrates), e lembra o campo em que o poder exprime claramente sua natureza de "arte": "Diga-me, Sócrates – disse Trasímaco – não possuis uma ama?

Como? – respondi. Não era necessário que tu respondesses, mais do que fazer tais perguntas? É porque – disse – ela descuida de ti, quando o teu nariz escorre e é preciso limpá-lo; nem conheces, graças a ela, rebanhos e pastor".

A partir desta referência a um contexto narrativo tradicional e popular, entram em cena, na *República*, a figura do pastor e seu rebanho. Pouco permanece, porém, de inocente e infantil na lembrança do sofista. A imagem leva-nos diretamente à comparação com os que governam na cidade:

> "Mas por que isto?", retruquei.
>
> "Porque tu consideras que os pastores e boiadeiros procuram o bem do rebanho ou da manada, os engordam e deles tomam conta, visando algo que não seja o bem de seus donos ou seu próprio bem; e assim também os que governam nas cidades, os que verdadeiramente governam, crês que, em relação aos governados, pensem de forma diferente dos pastores, e que, dia e noite, não estejam procurando algo de que tirar proveito". (I, 343 a-b.)

O exercício do poder é agora descrito segundo a sua expressão mais tradicional: o pastoreio. A referência é clara, mesmo se Platão oportunamente evita introduzir a esperada imagem do rei como pastor[5], para impedir que, com uma visão monárquica, a discussão sobre a natureza do poder leve de volta ao debate sobre as distintas formas de governo e as vantagens de cada uma. Evita não por muito tempo, pois a argumentação de Trasímaco encaminha logo a referência pastoral ao seu destino: o tirano. Como sabemos, é no cancelamento da vida política com o tirano que se realiza, paradoxalmente, a visão da política segundo o interesse[6].

Como resposta, Sócrates reflete, inicialmente, sobre o campo próprio à aplicação das artes ou técnicas. A arte do governo é representada pelo *cuidado* e pela *atenção* que o governante dedica aos governados. Fica por definir qual o interesse dos indivíduos por esta arte. Enquanto tal, cada arte consiste unicamente no interesse por aquilo que é seu objeto. A vantagem deve, necessariamente, pertencer a uma outra arte. O médico pode ser dito médico enquanto dedica sua atenção ao

---

5   Lembrada, por exemplo, em *Teeteto*, 134 d-e.

6   *Górgias*, 466 b-d. Polo: os oradores como tiranos.

PASTORES E GUARDIÕES

paciente, independentemente das vantagens que obtém por meio de sua atividade. É a imagem tradicional do rei como pastor que impede identificar a procura do próprio interesse com a política. A sugestão de que haja uma arte distinta relativa ao proveito, ao lucro, evita a aproximação entre este fim particular e a arte pastoral exercida pelos homens de poder.

Com a lembrança do salário democrático recebido em Atenas pelo exercício das funções públicas, o *misthós*, Sócrates passa a falar de *misthotiké*, arte do proveito, ou do salário. Parece tratar-se de uma arte universal, que se adiciona a cada arte particular, a qual é dirigida exclusivamente ao seu objeto. Mas uma tal arte, ou uma tal compensação concreta aplicada à arte política, não poderia certamente satisfazer Platão. Como justificar o exercício do poder e a atividade política em termos de prazer ou na procura de bens ou dinheiro? A "arte do salário" deixa sem solução o problema da *política justa*. Eis, portanto, a referência à construção de uma cidade que não existe e que existirá no pensamento, um tema que, por enquanto, recebe somente uma alusão: "se houvesse uma cidade de homens bons..."[7].

Nesta cidade de homens bons, lutar-se-ia não para governar, mas para ser governado, visto que o governo miraria não à própria utilidade, mas à utilidade de quem é sujeito a sua ação. Eis, enfim, a resposta à noção de poder como interesse, segundo Trasímaco. Mas é uma resposta insatisfatória, naturalmente, pois supõe que os homens "bons", não desejando governar, queiram intimamente realizar os próprios interesses – que eles *lutem* para isso –, colocando-se no que seria, neste mundo "invertido", a posição favorecida: a posição dos que não detêm o poder. A contradição vem logo à tona, pois, em seguida, Sócrates substitui "homens bons" com homens "que conhecem o próprio útil": a este nível da discussão, não se trata, obviamente, da mesma coisa[8].

Graças à imagem tradicional introduzida por Trasímaco – o exercício do poder comparado ao pastoreio dos homens –, a

---

7 *República*, I, 347 d. A importância desta referência foi oportunamente marcada por Vegetti, 2007, *ad loc.* Para a noção de *tékhne* e *misthotiké*, ver os ensaios de M. Vegetti e S. Campese em Vegetti, 1998-2007, v. 1.

8 *República*, 347 d. Seria suficiente lembrar a figura do filósofo na digressão do diálogo *Teeteto* (173 c s.), o qual, reconhecendo o próprio "interesse", enfrenta inúmeras dificuldades na sua vida na cidade.

10 ARQUEOLOGIA DA POLÍTICA

questão central dos livros seguintes da *República* está colocada: qual o objetivo do governo na cidade e como resolver o problema do *interesse* dos indivíduos pelo exercício do poder. O que parece agora um paradoxo ou uma contradição, torna-se, depois, o signo de todo o diálogo platônico: o poder será justo somente se atribuído a quem *não* quiser exercitá-lo[9].

XENOFONTE E A IMAGEM PASTORAL

A imagem pastoral é o elemento condutor de uma das obras mais interessantes de um outro discípulo de Sócrates: a *Ciropedia* de Xenofonte. Convém nos determos, por um momento, nas páginas iniciais desta obra, com sua referência ao poder como pastoreio dos homens, para melhor compreendermos como esta imagem constitui o fundamento da *República*, mesmo quando, aparentemente, é abandonada, após o primeiro livro, com a introdução da figura dos guardiões.

No exórdio da *Ciropedia*, Xenofonte retoma uma longa tradição de reflexão grega sobre a *pólis*: a diferença entre as várias formas de governo e a passagem de uma forma para a outra, na crítica à instabilidade das cidades quanto à distribuição do poder. São problemas presentes na *República*: em um caso – as diferentes formas de governo –, o tema é indiretamente mencionado por Trasímaco (I, 338 d); no outro caso – a *passagem* entre as formas de governo –, o problema é levantado bem mais adiante no diálogo, no oitavo livro, quando se fala dos mecanismos que estão na origem da transformação e corrupção dos governos constituídos. Encontramos, além do mais, no início da obra de Xenofonte, a referência à questão tradicional da felicidade dos tiranos – um tema bastante difundido na reflexão grega antiga, central para as considerações de Trasímaco e presente na oposição platônica entre o tirano e o filósofo.

Convém acompanhar a argumentação de Xenofonte:

Estava, um dia, refletindo sobre quantas democracias foram derrubadas por homens que preferiam regimes diferentes da democracia, e quantas monarquias e oligarquias foram abatidas pelo povo, e quantos

9   Ver infra p. 105-106.

indivíduos, após tentarem instaurar um regime tirânico, foram eliminados imediatamente, enquanto outros, mesmo conservando por pouco tempo o poder, ainda hoje são admirados como sábios e felizes.[10]

Xenofonte coloca-se na posição de observador externo dos acontecimentos descritos. Não se preocupa em decidir sobre a justiça das mudanças ou sobre os motivos que podem levar a preferir um modo ou outro de organização do poder. Parece implícito que somente colocando-se do ponto de vista de quem é estranho às razões dos conflitos pode-se observar corretamente a sua natureza. Diferentemente da primeira discussão sobre as formas de governo que chegou até nós – o diálogo entre os revoltosos persas, em Heródoto, em que as preferências políticas de cada um são expostas em um debate e submetidas à escolha dos vencedores da revolta (são, pois, sucessivas ao conflito e expressão de um acordo prévio no interior do grupo que decide o governo a ser estabelecido)[11] –, na *Ciropedia*, a diversidade dos regimes políticos é a expressão mesma de um conflito insanável e da impossibilidade da escolha.

À dificuldade insuperável da política, segundo a observação de um espectador externo, corresponde a dificuldade de toda dominação sobre os homens, ampliada à esfera privada e exemplificada pela constante insubordinação dos escravos: "Parecia-nos certo que também os senhores, nas casas privadas, quer possuindo muitos escravos, quer pouquíssimos, não conseguem obter a obediência nem mesmo destes poucos."

Após tratar, de forma distanciada e com tom pessimista, o que parece ser intrínseco a toda tentativa de instaurar o poder na vida dos homens em comunidade, Xenofonte observa, em seguida, com admiração, a relação pacificada e domesticada entre homens e animais:

E após isso, refletíamos que sobre os bois comandam os boiadeiros, e sobre os cavalos os cavalariços, e que todos os que definimos pastores podem com razão ser considerados os chefes dos animais de que cuidam. Todavia, parecíamos constatar que todos os bandos de animais se mostram mais dispostos a obedecer a seus pastores do que os homens a seus governantes.

---

10   *Ciropedia*, I, 1, 1.
11   Heródoto, III, 80-82, sobre o qual, ver as observações de Asheri, 1990, *ad loc*, e 2006, 86 s. Sobre as diferentes leituras deste debate cf. Butti de Lima, 2005.

ARQUEOLOGIA DA POLÍTICA

Os animais oferecem as regras da boa obediência, segundo os interesses de seus proprietários:

Os rebanhos se movem para onde os pastores os conduzem, e pastam nos campos onde os conduzem, apartando-se de onde os afastam; e além do mais, consentem que se use dos produtos que deles provêm. Nunca ouvimos dizer que um rebanho se revoltasse contra o seu pastor, recusando obedecer-lhe, ou impedindo que se explore os seus produtos.

Entre os homens dominados e os rebanhos, a diferença reside, portanto, na aceitação ou recusa dos fins de quem detém o poder: "Ao contrário, um rebanho se revolta menos contra quem o comanda e dele tira proveito do que contra os demais[12], enquanto que os homens se revoltam mais facilmente contra quem parece querer dominá-los."[13]

Obediência, disponibilidade, aceitação de todo desígnio e de toda exploração tornam-se, para Xenofonte, parâmetro de reflexão sobre as experiências fracassadas de imposição do poder nas cidades. A imagem tradicional do pastor é homérica – os heróis gregos e troianos são "pastores de povos" –, mas os gregos não parecem esquecer seus traços orientais, relacionando-a, no caso, aos soberanos persas[14]. Para Xenofonte, trata-se da forma positiva de uma relação que acentua, por oposição, os limites da vida política, e evidencia o ideal aparentemente impossível da dominação sobre os homens. A consideração da natureza humana parece explicar a inevitável instabilidade da vida política: "No curso destas meditações, reconhecíamos que, por natureza, é mais fácil para o homem comandar sobre todos os outros animais do que sobre o próprio homem."

O quadro pessimista assim traçado mostra-se, enfim, funcional à introdução do herói do discurso, o rei persa, que, em sua superioridade, permite que se transponha ao governo dos homens a situação pacificada própria à relação entre homens e animais: "Mas quando consideramos que houve alguém, Ciro de Pérsia, que reconquistou a obediência de muitíssimos homens, e

---

12 Os códigos trazem "os outros" (*toîs állois*) ou "os estrangeiros" (ou quem tem uma natureza diferente, como no caso dos animais em relação aos seres humanos) (*toîs allophýlois*).

13 *Ciropedia*, I, 1, 2.

14 Para a imagem do rei como pastor, e para outras referências bibliográficas, ver Butti de Lima, 2007b.

de muitos povos e cidades, fomos obrigados a mudar de opinião e reconhecer que comandar sobre os homens, desde que se possua o conhecimento, não é algo nem impossível, nem difícil."[15]

Graças, portanto, à imagem pastoral, é possível a representação de um governo pacificado entre os homens, fruto de um conhecimento, ou ciência (*epistéme*) de governo.

O leitor que acompanhará Xenofonte nesta sua "demonstração" – ou melhor, nesta sua narração sobre o grande rei oriental – descobrirá, enfim, bem mais adiante na obra, que aquela imagem, ligando a dominação sobre os homens à do pastor sobre os animais, já era utilizada pelo próprio soberano, que teria falado nestes termos de seu poder e teria procurado conciliar o interesse do mais forte e a "felicidade" do mais fraco:

Transmite-se uma afirmação de Ciro segundo a qual os deveres de um bom pastor e de um bom rei são parecidos: assim como um pastor deve tirar proveito de seu rebanho sem se esquecer de sua felicidade [seja qual for a felicidade dos animais], assim também um soberano deve tirar proveito de seus súditos sem deixar de garantir a felicidade de cidades e homens.[16]

Voltemos agora ao diálogo platônico. Segundo uma interpretação antiga, a *Ciropedia* teria sido composta como uma resposta à *República*[17]. Tratar-se-ia de um episódio revelador da rivalidade entre os dois discípulos de Sócrates, Platão e Xenofonte. Na realidade, seria a resposta de Xenofonte à publicação parcial da obra de seu rival[18].

---

15   *Ciropedia*, I, 1, 3. Sobre a imagem do pastor na *Ciropedia*, ver Tatum, 1989, p. 231-233; Levine Gera, 1993, p. 295, n. 65; Brock, 2004, p. 249-251.

16   *Ciropedia*, VIII, 2, 14. Acrescentemos que também os hebreus, salvos por Ciro de seu exílio em Babilônia, podiam se referir ao soberano persa (portanto, estrangeiro) como "meu pastor" (*Isaías*, 44:28).

17   Diógenes Laércio, *Vidas dos filósofos*, III, 34; Ateneu, *Deipnosofistas*, XI, 504 e – 505 a (provavelmente derivado de Heródico, autor do séc. II a.C., discípulo de Crates: cf. Düring, 1941; e, principalmente, Aulo Gélio, *Noites Áticas*, XIV, 3, 3-4, segundo o qual Xenofonte teria lido "aproximadamente dois livros" da *República*, difundidos em um primeiro momento, aos quais replicou escrevendo sobre uma forma diferente de administração real, chamada *A Educação de Ciro*. Platão, consternado por este fato e por esta obra, teria respondido mencionando o rei Ciro em um livro (ou seja, nas *Leis*, III, 694 c), com o fim de atacar e desvalorizar a obra de Xenofonte. Aí dizia que Ciro fora ativo e corajoso, mas que ele "não se preocupava com a educação correta".

18   Muito se discutiu sobre a notícia de uma publicação parcial da *República*, e sobre a natureza dos "cerca de dois livros" da *República* que teriam provocado ▶

14 ARQUEOLOGIA DA POLÍTICA

Mesmo se as observações sobre as relações entre Platão e Xenofonte são, no mais das vezes, pouco atendíveis, a oposição entre a *República* e a *Ciropedia* devia *parecer plausível* para seus leitores[19]. Esta notícia oferece uma visão antiga das duas obras, uma sua *interpretação*. Qual "representação" da *República* induziria a associá-la à *Ciropedia*? O que os leitores antigos notavam nestas obras, quando aí vislumbravam uma competição expressa por meio de um percurso editorial?

Não se trata de uma oposição quanto à forma de governo indicada como superior ou mais justa. Platão admite que a forma monárquica poderia ter seu lugar entre as constituições justas, mesmo se, mais frequentemente, se refere a uma aristocracia (*República*, IV, 445 d). Já Ciro não parece oferecer razões para defender uma das formas de governo, objeto da discórdia entre os gregos. Xenofonte põe em evidência que a figura

▷ a resposta de Xenofonte. Para Birt, 1882, p. 477, n. 2, o "cerca de", *fere*, de Gélio, indica o seu conhecimento pouco preciso da real extensão desta primeira publicação da *República*. Ritter, 1910, p. 278, considera que se tratava, na origem, de uma referência ao *primeiro* livro da *República*. Outros estudiosos pensaram numa diferente divisão em livros da *República*. Possuímos indícios (graças ao léxico *Antiaticista*, do século II d.C., publicado por Bekker, 1814, I, p. 75-116) de pelo menos uma divisão alternativa da obra, em seis livros. A informação sobre os "quase dois livros" poderia se referir a esta divisão, o que permitiria pensar em uma separação mais coerente entre os livros "dois" e "três", que se colocaria entre os livros atuais três e quatro. Esta tese foi defendida, em particular, por Diès, 1943, p. XXXIX-XLIII, seguindo Alline, 1915, p. 15-17. Wilamowitz-Moellendorff, 1919, II, p. 182, supôs uma possível divisão para os dois primeiros livros na página 427 c, mas concluiu que esta divisão não resolvia os problemas colocados pela notícia implausível de Gélio. Constata Wilamowitz que "os dois primeiros livros (da *República*) dificilmente contêm algo que poderia provocar uma tal réplica. O segundo propriamente nada, e o primeiro, no máximo, enquanto Trasímaco nega que o governante tenha alguma consideração pelos súditos; mas isto já tinha sido corrigido por Sócrates". Uma hipótese diferente em Thesleff, 1997, p. 150-151. Ver também, na ampla bibliografia, Emonds, 1941, p. 364-366; Hirsch, 1985, p. 96-100; Tatum, 1989, p. 38-41; Levine Gera, 1993, p. 12-13. Para o problema das duplas redações em Platão, ver Pinto, 2003, p. 159.

19 Outro elemento pouco atendível, indício do viés antiplatônico da fonte destas notícias em Gélio, pode ser visto na oposição sugerida entre o retrato de Mênon em Platão e na *Anábasis* de Xenofonte. Na realidade, também aqui se trata de uma comparação imprecisa: os traços pouco favoráveis com que Xenofonte apresenta o comandante da Tessália não são, afinal, tão diferentes, como se afirma, de sua representação no diálogo platônico. Mesmo se com outros tons, Platão não esconde a natureza ambiciosa e ávida do jovem interlocutor de Sócrates. Ver infra, p. 126-127.

de Ciro é o modelo que leva a *superar* o paradoxo dos modos distintos de governo.

A comparação poderia ser relativa ao campo da "educação": *paideía* do soberano, em Xenofonte, e *paideía* dos guardiões, em Platão[20]. Mas estes permanecem aspectos parciais das duas obras e aqui também as interpretações antigas mostram suas falhas[21]. A educação de Ciro, na obra que leva este nome, corresponde somente a uma parte pequena desta estranha "biografia", atenuando deste modo a força crítica da resposta ao projeto platônico.

Mais do que a educação, e antes dela, um outro argumento podia levar a comparar as duas obras socráticas. O que parece aproximar a *Ciropedia* à *República* é a atenção por um tema que, logo enunciado por Xenofonte, mostra-se essencial para a sua narração e para o diálogo platônico: o "bom governo". É, em vista dele que se discute sobre a educação dos governantes e a aplicação da força por parte de quem exerce o poder.

Todavia, também aqui podemos constatar uma diferença: ou seja, a aparente incompatibilidade entre a figura *coletiva* dos guardiões e a *singularidade* do governante em Xenofonte, detentor exclusivo da ciência de governo sobre os homens. Em um caso, temos a representação do rei oriental, e a metáfora do rei como pastor; no outro, uma espécie de guerreiro e o governo coletivo dos melhores. Mas, como agora veremos, esta oposição não parece se sustentar, após uma leitura atenta da figura do guardião, introduzida por Platão no segundo livro

20 Note-se que *phýlax* é um termo sem uma particular relevância na *Ciropedia*: a atenção pela educação do soberano persa põe em segundo plano uma tal categoria de indivíduos. Isto não significa que termo e verbo correspondente estejam ausentes: guardas e sentinelas são figuras recorrentes na narração sobre a vida de Ciro. Ver, por exemplo, IV, 1, 7; IV, 5, 14; V, 1, 30; V, 3, 44 etc.; como instrumento da *arché* de Ciro, VII, 6, 69-70; VIII, 6, 9.

21 Não é verdade que a referência crítica à educação de Ciro, no terceiro livro das *Leis*, seja a réplica de Platão à *Ciropedia*. Ao contrário, Platão parece aqui estar de acordo com Xenofonte e com o que devia ser opinião corrente entre os gregos, quando constata a decadência do Império Persa durante o reino de Cambises, filho de Ciro. Na realidade, Platão, nas *Leis*, se refere não à educação recebida por Ciro (como acontece em Xenofonte), mas à educação que o soberano teria dado a seus filhos – tema platônico, relacionado à natureza do conhecimento político e sua função "moral". Um argumento que coincide, neste caso, com a menção crítica da decadência do império após Ciro, no capítulo final da *Ciropedia*. A forma um pouco vaga do verbo utilizado por Platão – *héphthai*, de *hápto* – pode ter contribuído à ambiguidade.

da *República*, e propedêutica à apresentação do filósofo governante. Pois também o guardião platônico vai encontrar sua justificação no pastoreio dos homens.

PLATÃO E OS GUARDIÕES

Aparentemente, não é só a discussão com Trasímaco que é abandonada com o primeiro livro da *República*, mas também os temas que eram por ele introduzidos, como o do pastor enquanto representação do exercício do poder. Após as objeções que Gláucon e Adimanto, no início do segundo livro, dirigem às posições socráticas, somos conduzidos às questões da "política" – a atenção pelos assuntos comuns da comunidade e de seu governo – através dos guardiões. Presença coletiva, de controle, defesa e agressão, o guardião parece conduzir-nos para longe dos temas tradicionais com que se procurava anteriormente caracterizar a arte do governo.

A cidade justa não precisará de pastores, mas de guardiões. Platão recorre a esta figura como expressão imediata do poder político. Trata-se de um termo genérico e recorrente: *phýlax*. Seria arriscado procurar uma fonte precisa para a referência ao que se mostra como um componente necessário da vida social mais complexa; ou propor um contexto de proveniência para o que devia permanecer experiência comum, quotidiana, e para uma palavra de uso frequente. Todavia, não o mesmo pode ser dito da *construção* platônica da imagem.

Da análise do termo *phýlax* nos vários diálogos platônicos derivam algumas distinções. Convém, antes de tudo, lembrar a figura dos guardiões das leis, que possui um papel relevante na cidade das *Leis*[22]. Não se trata, naturalmente, de uma invenção platônica. Guardião das leis é o nome de uma função política – e, mais especificamente, judiciária – presente em algumas cidades gregas: o termo designa um cidadão encarregado da aplicação das leis e da execução das decisões judiciárias. Para Aristóteles, trata-se de uma função oligárquica ou aristocrática, que Xenofonte

---

22 Chamados *phýlakes tôn nómon* ou *nomophýlakes*. Os guardiões das leis são "instituídos" em *Leis*, VI, 752 e s., e são frequentemente mencionados em todo o diálogo. Ver infra, p. 149-150.

relacionava ao bom governo[23]. O guardião das leis parece indicar, na reflexão política grega, assim como na efetiva prática política, uma forma mais específica de controle legislativo e judiciário, distinta da atividade legislativa propriamente dita, mas que a esta é subordinada segundo a tarefa de guarda ou proteção[24].

Não é totalmente claro o papel dos guardiões das leis em Platão. Podemos, em geral, entrever uma distinção entre as formas de controle legislativo e judiciário. No *Político*, separa-se a posição dos juízes e a do rei: a força da ação judiciária não é de natureza "real", mas relativa à "guarda das leis"[25]. Encontra-se a mesma hierarquia no *Minos*, onde à figura do rei de Creta se atribui a peculiaridade do "rei-pastor", enquanto Radamante se caracteriza como guardião das leis, ou seja, recebe o encargo mais restrito da aplicação da justiça[26]. Radamante não possui a arte real, mas uma arte auxiliar, responsável pelo controle dos tribunais. Também nas *Leis* podemos discernir a subalternidade dos guardiões das leis à figura do legislador, mesmo se, às vezes, eles assumem um certo papel legislativo[27].

Todavia, o guardião da *República* não é somente um guardião *das leis*, mas um guardião *da cidade*[28]. Âmbito diverso e primordial, que lembra – além da esfera normativa e jurídica sugerida pela expressão "guardião das leis" – a concreta defesa física dos cidadãos. Justificada, na origem, pela guerra, a figura do guardião evoca toda ação de ataque e defesa, controle, guarda e proteção dentro e fora da cidade.

Também em consideração da diversidade destas tarefas, não é possível justificar a referência da *República* ao guardião

---

23 Aristóteles, *Política* IV, 1298 b 29 (caráter oligárquico); VI, 1323 a 7 (caráter aristocrático) (cf. também III, 1287 a 21; VI, 1322 b 40). Xenofonte, *Econômico*, 9, 14-15 (bom governo: *eunomía*).

24 Em Aristóteles, *Athenaion Politeia*, 8, 4, o Areópago de Sólon recebe funções de *nomophylakeîn*, sendo já antes *epískopos tês politeías*.

25 *Político*, 305 c.

26 *Minos*, 318 a; 321 c (rei-pastor); 320 b-c (guardião das leis).

27 Alguns exemplos: em *Leis*, II, 671 c-d, o legislador estabelece a ordem nos banquetes, ao passo que os guardiões das leis e os seus colaboradores cuidam de aplicá-las. Em VIII, 847 d, legiferam. Em XII, 961 a (ver 966 b), os guardiões mais idosos possuem uma verdadeira função superior de "guarda das leis". Ver Gernet, 1951, CVI-CVII; Morrow, 1960, p. 195-215.

28 Ver II, 374 e e 376 c (guarda ou guardião da cidade); IV, 421 a; VI, 504 c (guardião ou guarda das leis e da cidade). Em VI, 484 b fala-se dos que são capazes de "defender as leis e os modos de vida das cidades".

somente com as funções correspondentes atestadas nas cidades gregas contemporâneas a Platão.

É o próprio filósofo quem lembra, no diálogo *Crátilo*, os versos de Hesíodo em que aparece a expressão "guardião dos mortais"[29], atribuída aos homens de prata, no contexto do "mito das raças": um mito que vai ser utilizado por Platão, na *República*, como instrumento para impor a aceitação do poder na cidade justa, restrito a uma parte somente dos cidadãos, e para manter a coesão social (III, 414 c s.). A mesma expressão, "guardião dos mortais", reaparece adiante no poema de Hesíodo, atribuída aos deuses, no contexto mais específico do exercício da justiça[30]. Graças a estas menções, podemos distinguir entre o significado mais amplo de proteção implícito no termo *phýlax* e outro mais especificamente ligado às disputas de caráter judiciário.

A figura do guardião, introduzida na *República* com fins militares (ampliados, em seguida, às várias funções de proteção), possui, no seu uso em outros diálogos platônicos e talvez no texto de Hesíodo, as características que levarão a distinguir entre a posição de comando e a aplicação da força. Ou seja, entre os governantes e os auxiliares, uma distinção que permitirá ao filósofo assumir o seu verdadeiro papel de protagonista. Mas, por enquanto, neste momento inicial, esta distinção não fica clara, e a função de guarda não parece estar bem delimitada. Para explicar a natureza dos guardiões humanos, Sócrates introduz a imagem do cão, ao qual é relacionado o atributo "filósofo"[31].

O segundo livro não esclarece o que parece ser, por enquanto, um uso genérico do termo *phýlax*, entre cargos específicos e um sentido amplo de "proteção". Ao contrário, o diálogo vai se concentrar na educação de uma personagem genericamente "protetora". A educação dos guardiões torna-se uma reconsideração *crítica* das formas de "cultura" do cidadão grego e, mais precisamente, ateniense. Preparados para seguir a

29 *Crátilo*, 398 a; Hesíodo, *Trabalhos e Dias*, 123.
30 Hesíodo, *Trabalhos*, 253-254. Em *Teeteto*, 173 a, Platão parece se referir à aplicação da justiça em Hesíodo, *Trabalhos*, 194 (o que leva a pensar em uma correspondência entre *Teeteto*, 172 e, e *Trabalhos*, 192: *díke en khersí*).
31 O cão como filósofo aparece em *República*, II, 376 a: o "reconhecimento" dos amigos se mostra, então, ao mesmo tempo como elemento político – distinção entre amigo e inimigo – e cognitivo – distinção entre semelhante e dessemelhante.

apresentação da imagem do guardião guerreiro, somos desviados para referências a animais que protegem e atacam, como cães, ou, em negativo, lobos, em situações que não são especificamente de guerra (aquelas para as quais era necessária a figura do guardião), e para uma educação que põe em evidência o valor profundamente ético do que é, para nós, literatura. Não há, aparentemente, uma forte coerência no desenvolvimento da imagem. Platão parece recorrer à natureza vaga de um conceito – *proteção* – que funda, ideologicamente, a atividade política em uma situação de guerra, e permite a construção da cidade justa nos fundamentos de uma cidade luxuosa; em outras palavras, a construção de uma cidade justa graças à multiplicação das necessidades dos cidadãos, uma característica da cidade "atual", a cidade dos interlocutores do diálogo [32].

Com a noção de "guarda" ou "proteção", o problema do *interesse*, que anteriormente, no primeiro livro, conduzia a um impasse político, parece agora abandonado, junto com seu teorizador, Trasímaco. Todavia, seria singular se isto acontecesse, pois poderíamos lembrar, criticamente, que a noção de interesse é inerente aos alicerces da cidade justa, ou seja, a cidade luxuosa: uma cidade que é ampliada além das necessidades básicas dos homens, dedicando-se a seus consumos e suas guerras.

Na realidade, Trasímaco continua a guiar, à distância, a apresentação do guardião. Sem esta figura, introduzida no segundo livro do diálogo, toda a construção platônica não teria como subsistir. Mas somente em seguida poderemos entender que, por trás da nova figura e da genérica função de proteção, havia uma *imagem* precisa, que dava sentido aos vários exemplos e tentativas de definição: o pastor de homens.

GUARDIÃO, REI E PASTOR

Sócrates passa da arte da guerra à proteção da cidade, que é também objeto de uma arte e de uma atenção particular[33]; dos guardiões soldados, prontos ao combate, à imagem dos cães

---

32 *República*, II, 372 e ("agora").
33 Arte da guerra: *República*, II, 374 b. Proteção da cidade, que requer arte e cuidado: II, 374 e.

e seus filhotes, que nos lembra outros exemplos da literatura grega sobre a preparação para a guerra[34]. Já no seu início, não é simples localizar o elemento propriamente *político* na construção platônica, e Sócrates parece "tatear" em várias direções, na tentativa de definir os contornos de uma função necessária para a sobrevivência da comunidade quando se expande para além da forma de vida mais simples.

Mas os guardiões permanecem figuras centrais no diálogo, até serem parcialmente "substituídos" por uma outra personagem, ou pelo menos até quando serão indicados sob um outro nome: até o momento em que o filósofo irá tomar a atenção completa dos interlocutores. O "cuidado" dos guardiões para com o resto da comunidade se exprime por meio do duplo aspecto de proteção física e agressão. Sócrates insiste na capacidade de proteção dos cães, opondo-os à figura ameaçadora do lobo. Lobos e cães levam a vislumbrar o campo do conflito e da violência, e indicam a peculiaridade de uma "guarda" que passa a significar, essencialmente, defesa. Mas a imagem do lobo vai também nos mostrar que estamos, enfim, afastados do estado de guerra que nos trouxera até aqui. Ou melhor, mostra-nos que a guerra é representada – eis a ambiguidade deste momento inicial – pela situação *pastoral*.

Com efeito, cães e lobos permitem que se fale do que estava subentendido quando os guardiões eram introduzidos no diálogo. Pois os lobos têm interesse no rebanho, lembra-nos Sócrates no terceiro livro, retomando uma imagem dos cidadãos que parecia ter sido há muito abandonada (III, 415 e s.). Figura ameaçadora, o lobo pode se mostrar na veste de guardiões, e por isso é um bem que *os pastores* – ei-los de novo em cena – não criem seus cães como lobos. Esses cães são *epíkouroi*, ajudantes dos pastores na guarda do rebanho: distingue-se, assim, entre os dois aspectos da função de proteção (III, 416 a). À guarda animal pode ser atribuído tudo o que se relaciona à concreta aplicação da força e da violência na cidade.

Por conseguinte, o estado de guerra vai ser representado, no quarto livro, por meio de cães e rebanho: ou seja, a situação específica que introduzira a figura do guardião (IV, 422 d). Como

---

34 Os cães e seus filhotes: *República*, II, 375 a. Para o uso do cão, ver, por exemplo, o *Cinegético* de Xenofonte, e, na *Ciropedia*, I, 4, 6-25; VI, 2, 5-6; VIII, 1, 34-38.

já então podíamos prever, a guerra permanece um momento incômodo, no esforço socrático de criação de uma cidade que se distingue das cidades existentes porque se realiza "no discurso" e porque pretende ser uma "bela" cidade. A situação inicial – a cidade em expansão que se apropria de bens alheios ou que é agredida por seus vizinhos com a mesma finalidade – volta a ser proposta: como fugir das agressões dos demais? Responde Sócrates que a cidade dos guardiões não suscitaria a cobiça de outras, pois seus defensores deveriam se apresentar como cães magros, que, em vez de serem atacados, seriam tomados como aliados, contra ovelhas gordas e tenras. Uma solução pouco coerente para o conflito externo, situado, assim, no plano dos *interesses*. Sócrates desvia, simplesmente, o lugar da violência (sem eliminá-la), deslocando com ela o objeto do interesse humano: na roupagem de cães magros – ou seja, como puro instrumento de agressão –, os cidadãos não podem se tornar vítimas de homens interessados em ovelhas gordas.

Eis, enfim, revelada, na sua forma mais clara, o plano concreto da imagem que nos conduzia desde o momento de introdução da "política", da atenção pelo exercício do poder na cidade. Significativamente não é Sócrates, mas seu interlocutor, Gláucon, quem tira as conclusões quanto à imagem até então utilizada: "Na nossa cidade, estabelecemos que os guardiões auxiliares, como cães, obedeçam aos governantes como a pastores da cidade." (*República*, IV, 440 d)

Cães "auxiliares", pastores "governantes": pastores, enfim, da *pólis*, como eram, em Homero, pastores de povos. Mais adiante, anunciando a discussão sobre a posição das mulheres na cidade, Sócrates esclarece: "não há outro modo, senão seguindo o impulso inicial. Neste discurso procuramos estabelecer os homens como guardiões de um rebanho"[35].

Eis uma referência interna à constituição do discurso segundo suas razões. Este "impulso inicial", como fica claro, não é o primeiro livro e a discussão com Trasímaco, mas a

---

35 *República*, V, 451 c. Ver ainda V, 451 d-e (proteção e caça são relacionadas); 459 a-b (matrimônio e acasalamento entre os cães de caça possuídos por Gláucon); 459 e (o rebanho excelente e o "rebanho" de pastores sem conflitos); 466 c-d (mulheres – cadelas); VII, 537 a (jovens e filhotes). Para todas estas imagens cf. Louis, 1945.

introdução da figura do guardião no decorrer do segundo livro, sugerida pela expansão da cidade luxuosa. Trasímaco fora o primeiro a lembrar aquela imagem para representar o exercício do poder. Pouco a pouco, vemos que ela estava também na base da construção platônica da cidade justa.

Não se trata somente de momentos provisórios, a serem abandonados quando a *República* irá se dedicar à sua figura maior, o filósofo. Quando for tratar explicitamente do papel "hegemônico" dos filósofos, no livro sexto, Sócrates continuará a observá-los enquanto "guardiões":

Devemos colocar como guardiões estes indivíduos [ou seja, quem não é capaz de ver], ou, ao contrário, os que conhecem o que é...? [...] Como se dizia no início deste discurso, é necessário, em primeiro lugar, entender a sua natureza [dos filósofos]. Acredito que, se estivermos de acordo a este respeito, reconheceremos que os mesmos indivíduos podem ter estas capacidades, e que eles, não outros, devem ser os chefes das cidades.[36]

Esta afirmação sobre o papel dos filósofos na cidade dá sentido a todo o projeto da *República*. Encontramos aí uma referência a um novo início do discurso, fundado na identificação dos filósofos com os guardiões. Como vimos, os guardiões, desde o início, na guerra ou na paz, dentro ou fora da cidade, nada mais são do que pastores, fazendo perdurar, na construção da cidade mais bela, o eco das narrações infantis trazidas à cena, com violência, por Trasímaco.

Estamos agora distantes do tirano e de seus interesses. Mas a atenção ou cuidado do pastor continua a dar sentido à política, ao exercício do poder na cidade. Pastores da cidade, podemos concluir, serão os filósofos. A metáfora homérica e, antes ainda, oriental, mostra aqui o seu valor na origem da reflexão política grega. Ela é retomada, sempre no seu contexto oriental, por Xenofonte e talvez por outros antes dele: provavelmente saberíamos mais da "rivalidade" entre Platão e Xenofonte (por meio da *República* e da *Ciropedia*), se possuíssemos o diálogo de um outro discípulo de Sócrates, Antístenes, chamado *Ciro ou da Realeza*[37].

---

36 *República*, VI, 484 d – 485 a. Em VI, 503 b, os "guardiões mais rigorosos" são os filósofos. O início do discurso deveria corresponder, aqui, a V, 475 e s.: ver Vegetti, 1998-2007, v. 5; 2007, *ad loc.*

37 Os poucos fragmentos estão reunidos em Giannantoni, 1990.

A imagem pastoral, mencionada pela primeira vez na *República* por Trasímaco, não é abandonada com o final do primeiro livro, com a derrota aparente do rival de Sócrates. Esta imagem permanece no momento de formação da cidade, quando se introduzem as funções propriamente políticas, delineando a posição mais alta de governo, com os filósofos governantes e também guerreiros, mas principalmente *pastores*, no exercício de um poder que se exprime como cuidado e proteção.

Chegou-se a afirmar que a imagem do rei como pastor, de origem oriental e destinada a uma tradição secular, permaneceu estranha à reflexão dos gregos[38]. Parece significativo, portanto, concluir que ela não só é evocada por Platão em vários diálogos, mas que a *República*, momento central na reflexão grega sobre a política, encontra nesta imagem o seu fundamento e pode ser descrita, deste ponto de vista, como o *desenvolvimento de uma metáfora*.

---

38 Foucault, 1994. A análise de Foucault, no que diz respeito à reflexão platônica, se detém na imagem pastoral no diálogo *Político*. O fato, porém, que neste diálogo a imagem da arte real como arte pastoral seja em seguida substituída pela referência à arte do tecedor (279 b s.) não implica obviamente sua inutilidade (do mesmo modo que o percurso aporético de outros diálogos não significa que o diálogo tenha sido em vão). Para a imagem pastoral em outras obras do *corpus* platônico, ver *Minos*, 321 c; cf. também *Crítias*, 109 b-c.

2. A Prosa da Cidade

Para indicar o "lugar" da política, Platão recorre a uma figura – o guardião – que deixa entrever os traços de uma imagem antiga de expressão do poder: o pastor. Criado o guardião, Sócrates se preocupa em indicar os aspectos que guiarão sua formação, na música e na ginástica[1]. Muito foi discutido a respeito deste percurso educativo, verdadeira expressão, em sua primeira parte, de uma teoria poética. Procuraremos, aqui, mostrar as profundas implicações deste processo na elaboração de um *discurso político*.

Ao tratar do que deve ser dito "sobre" a cidade, Platão deve também tratar do que é dito "na" cidade, quando referido a esta em seu conjunto. Sócrates, na *República*, considera o discurso dos guardiões a partir de sua "poética" – a primeira verdadeira poética em nossa tradição literária. Enquanto legisladores, Sócrates e seus interlocutores não são poetas, mas prosadores. Enquanto governantes, os guardiões deveriam igualmente se exprimir em prosa. A poética platônica se apresenta *no lugar* da prosa da cidade.

---

1   *República*, II, 376 e – III, 403 c; a formação "musical": III, 403 c – 412 b: a "ginástica" e conclusão.

Não somente as formas poéticas tradicionais, começando pelas narrações sobre os deuses, serão purificadas no processo de educação dos guardiões, em uma purificação que é também instrumento para a cura da cidade "doente". Também as formas prosaicas em que se exprimem os cidadãos em suas atividades públicas serão submetidas ao mesmo processo. Com a finalidade de criar uma cidade justa, a palavra política, relacionada à ação dos homens na cidade, é indiretamente recusada ou, pelo menos, redimensionada. A música dos guardiões apresenta-se como uma defesa contra a prosa pública dos cidadãos: eis o tema que agora procuraremos analisar, na investigação sobre a natureza do saber político.

MÚSICA E FILOSOFIA

A assimilação da filosofia à música, em alguns diálogos platônicos, não deixa completamente claro se a prosa filosófica está incluída entre as formas musicais – a mais alta entre todas – ou se as supera, não sendo propriamente música. Sócrates, próximo à morte, coloca-se, de fato, na posição do músico: transpõe Esopo em versos e compõe um canto (ou seja, põe-se a cantar) para Apolo, o deus que lhe concedera mais alguns dias de vida[2]. Os que se dedicam à filosofia, abandonando suas ocupações normais, cantam hinos aos deuses[3]. Cantar hinos aos deuses e aos homens virtuosos é uma das atividades mais elevadas para o futuro cidadão das cidades criadas na *República* e nas *Leis*[4].

Os tradutores platônicos são obrigados a decidir quando traduzir de modo mais amplo ou restrito o vocabulário grego relativo às musas. A prosa filosófica se representa com o vocabulário especificamente musical – a vida filosófica se desenrola

2   Filosofia como "música suprema": *Fédon*, 61a (e, em geral, para a figura de Sócrates músico e poeta, 60 d – 61 b); cf. *Laques*, 188 c-d; *República*, VIII, 548 b-c; *Crátilo*, 406 a; *Fedro*, 259 c-d (a "música" da filosofia). Sobre a música no *Fédon* e sobre a relação entre música e ética em Platão, ver A.G. Wersinger, em Malhomme; Wersinger, 2007, p. 45-62. Textos platônicos sobre a música foram reunidos e comentados em Barker, 1984, p. 125-169; 1989, p. 53-65. Para a teoria musical em Platão, ver também Meriani, 2003, p. 71 s. Alguns aspectos da relação entre música e prosa em Platão são tratados em Butti de Lima, 2007a.
3   *Teeteto*, 176 a.
4   *República*, x, 607 a; *Leis*, VII, 801 e s.

sob o signo da *harmonia* – e não deve ser confundida com as demais formas da prosa. Não se trata tanto das formas comuns de expressão prosaica, como os contos e o diálogo. A filosofia deve se distinguir das demais formas elaboradas da prosa, que são observadas em sua arte, que se tornam objeto de ensino e são transmitidas por escrito. A prática filosófica não se confunde com o exercício da palavra nos lugares públicos de discurso e decisão. Podemos ter dificuldade em entender o gênero musical da prosa filosófica, mas se a filosofia se representa como tal, em sua harmonia, é porque deve se distinguir da *prosa da cidade*.

Platão constata – o que pode parecer um paradoxo ou uma ambiguidade – que os defensores da poesia (e, diríamos, também da música) se exprimem em prosa[5]. Não deixa claro, porém, o paradoxo, ou ambiguidade, de quem deve evocar a música para exprimir esta suprema prosa filosófica. E que, de fato, deve recorrer aos que se ocupam das formas "inferiores" de música – a música não suprema (ou seja, as formas propriamente musicais) – para considerar o lugar da música e da filosofia na cidade.

Uma personagem desempenha um papel fundamental na reflexão platônica sobre a música. Trata-se do músico Dâmon, cidadão ateniense, mestre de música e conselheiro de Péricles[6]. Costuma-se atribuir a Dâmon os aspectos técnicos da análise musical platônica na *República*: como no caso do ritmo, quando seu nome é lembrado por Sócrates, ou como no caso da harmonia, quando, aparentemente, se retomam temas que eram tratados por ele. Mas tende-se também a atribuir a Dâmon o que serve de fundamento para a proposta socrática de educação dos guardiões e para a análise da função educativa de toda "arte": a relação entre a expressão artística e musical em geral, aí incluídos os movimentos da dança – poderíamos dizer, formas de exteriorização do indivíduo através da arte (*tékhne*) e da "composição" (*poieîn*) –, e o que é interioridade, morada ou habitação, segundo o sentido próprio do termo *éthos* (caráter). Dâmon, ou uma certa tradição relacionada a ele, afirmava que

5   *República*, x, 607 d. Ver infra, p. 46.
6   Sobre Dâmon: Wilamowitz-Moellendorff, 1921, p. 59-66; Lasserre, 1954; Anderson, 1955; 1966; Moutsopoulos, 1959, p. 185-197; idem, em Malhomme; Weinsinger, 2007, p. 39-44; Barker, 1984, p. 168-169; 2005, p. 57 s.; Podlecki, 1998, p. 17-23; Nails, 2002, s.v. *Damon*; Halliwell, 2002, p. 238-240; Wallace, 2004; Brancacci, 2008, em particular cap. 1-2, e sobre a música na *República*, cap. 5.

28 ARQUEOLOGIA DA POLÍTICA

"é necessário que cantos e danças derivem do movimento da alma"[7]. Poderíamos concluir que a harmonia na música – ou, por extensão, na arte em geral – coincide com a harmonia da alma e que a compreensão "técnica" destas formas de expressão conduz a uma certa "psicologia". De fato, a educação musical dos guardiões, na *República*, nos prepara para a observação da alma: neste aspecto, pelo menos, o caminho platônico já estava traçado por este seu predecessor.

HISTÓRIAS DE FAMÍLIA

A correspondência entre os movimentos do corpo e os movimentos da alma, levada às últimas consequências, tornaria cantos e danças formas originárias de expressão humana. O mesmo autor que nos lembra esta relação entre corpo e alma apresenta em seguida um episódio antigo que parece ilustrá--la[8]. Com maiores detalhes, a história é narrada por Heródoto, o qual a insere em uma digressão que, de fato, constitui uma *apresentação* de Péricles: uma história "de família"[9].

O tirano Clístenes desejava que sua filha se casasse com o melhor entre os gregos. Dá o anúncio durante os jogos olímpicos e reúne, em sua cidade, pretendentes que provinham de toda a Grécia. Conhecemos vários nomes destas personagens de altas origens e grandes riquezas. Clístenes os hospeda por um longo período, durante o qual pode observar suas qualidades. Sua preferência é pelos atenienses, e entre eles por um indivíduo chamado Hipoclides, filho de Tisandro. Todavia, no dia da escolha, após o banquete – portanto sob o efeito do vinho[10] –, o jovem põe-se a dançar ao som do *aulós*. Sobre uma mesa,

---

7   Ateneu, XIV, 628 c, que fala de *hoi perì Dâmona*.

8   Ateneu, porém, não atribui explicitamente esta narração a Dâmon. Ver Lasserre, 1954, p. 70; L.E. Rossi em Gentili; Pretagostini, 1988, p. 242. É curioso notar que, no mesmo contexto destas suas considerações, Ateneu cita versos "socráticos" (XIV, 628 f), com tema "damônico" ("os que mais honram os deuses com as danças são os melhores na guerra"). Junto aos versos "esópicos" citados em Diógenes Laércio (II, 42), trata-se dos únicos versos que possuímos atribuídos a Sócrates.

9   Heródoto, VI, 126-130 (sem mencionar Dâmon).

10 A relação entre bebida e música, no conhecimento e modelagem da alma, é o tema do segundo livro das *Leis* de Platão.

exibe-se em figuras de dança ática e lacônica, o que aborrece o tirano. Por fim, com a cabeça apoiada sobre a mesa, o pretendente realiza movimentos com as próprias pernas, provavelmente querendo demonstrar sua habilidade. Diante da indecência de uma tal coreografia, o tirano não se contém: "filho de Tisandro, dançastes com o casamento". Conclui Heródoto que sua réplica – "pouco importa a Hipoclides" – se tornou proverbial.

A dança de Hipoclides parece revelar o que permanece escondido e que, com o longo período de convivência, Clístenes queria observar. Ou seja, o movimento de sua alma. Talvez pudéssemos dizer o seu "caráter", recorrendo a um termo – *éthos* – que não é aqui utilizado, mas que aparecerá na teoria musical platônica. Em todo caso, a forma exterior e visível dos movimentos humanos, realizados sob a medida rítmica, e eventualmente com o acompanhamento instrumental, revela o que não se mostra e que era procurado pelo tirano quando devia decidir o destino de sua filha. Permanece implícito, mas evidente, que Clístenes fizera a melhor escolha dando sua filha em casamento a Mégacles, antepassado de Péricles.

É possível que esta história fosse narrada por Dâmon, ou que fosse transmitida em um contexto a ele referido, vista a correspondência com o que sabemos de sua teoria musical e suas relações com Péricles. Podemos deduzir, a partir desta teoria e de seu exemplo, que o conhecimento da música é um caminho para o conhecimento da alma. A competência musical se torna assim forma superior de sabedoria, consentindo a observação dos homens em sua natureza mais recôndita. Isócrates, mencionando Dâmon junto ao estrangeiro Anaxágoras, mestres de Péricles, diz que Dâmon era o cidadão ateniense mais sábio de sua época[11].

PROCESSOS POR IMPIEDADE

Agariste, assim se chamava a filha do tirano, será avó de uma outra Agariste, a mãe de Péricles. Um nome recorrente na família dos Alcmeônidas, uma das mais importantes famílias atenienses

---

11 Isócrates, *Antídosis*, 235; ver também Plutarco, *Nícias*, 16.

30 ARQUEOLOGIA DA POLÍTICA

no século v a.C., sobre a qual pesava uma acusação de sacrilégio e à qual pertencia também Alcibíades, por parte materna. Sabemos da existência de uma terceira Agariste, mesmo se através de uma única fonte, um discurso judiciário. Um discurso que teria sido pronunciado por Andócides, cidadão ateniense de posição elevada, no outono de 400 ou 399 a.C. (a data é discutida)[12]. Neste discurso, diz-se que Agariste, mulher de um certo Alcmeônide (ou seja, provavelmente um membro da família das Agaristes que mencionamos), e antes casada com Dâmon (portanto, com grande probabilidade, o músico relacionado a Péricles), denunciara, em 415 a.C., Alcibíades, Axíoco e Adimanto por terem celebrado mistérios na casa de Cármides, no Olimpieion. Retomemos brevemente estes fatos[13].

O escândalo dos mistérios eleusinos, que teriam sido celebrados por não iniciados, ou parodiados, foi denunciado no momento em que estátuas protetoras das habitações em Atenas (as hermas) apareceram mutiladas, às vésperas da partida da expedição ateniense para a Sicília, em 415 a.C. Eram atos de impiedade, que poderiam conduzir à pena capital. Tratava-se de um presságio ruim para a expedição siciliana e uma ameaça potencial para a democracia, sendo atos relacionados à atividade de sociedades secretas, realizados por grupos de cidadãos que se distinguiam por origem, riqueza e posição política[14]. As denúncias põem em risco a realização mesma da expedição, uma das maiores empresas militares atenienses, cujo desastre parece anunciar a derrota final da cidade. O caso dos mistérios e dos mutiladores de hermas mostra-nos que também no plano religioso – no plano da "piedade" – se decidia o destino da grande expedição ateniense e a vida política de vários cidadãos[15].

---

12 Agariste é mencionada em Andócides, *Sobre os Mistérios*, 16. Não sabemos por qual motivo ou quando Andócides decidiu transmitir por escrito seu discurso. Não podemos saber em qual medida este foi modificado, relativamente ao discurso efetivamente pronunciado no tribunal.

13 Cf. Dover, 1970, p. 264-288; MacDowell, 1962; Wallace, 1992; Canfora, 1998; Nails, 2002, p. 17-20. Ver a discussão e a coleção de documentos em Canfora, 2011, cap. 12.

14 Tucídides, VI, 60, 1; 61, 1; para o abatimento da democracia, ver também VI, 27, 3; 28, 2. Para a expectativa da cidade quanto à expedição: Tucídides, VI, 24; Plutarco. *Nícias*, 12, 1; *Alcibíades*, 17, 4.

15 Toda forma de apelo religioso era utilizada no momento da decisão. Diz Plutarco (*Nícias*, 13, 2) que os sacerdotes exprimiram um parecer ▶

A PROSA DA CIDADE

Os atenienses prometiam impunidade e uma recompensa para quem denunciasse os autores dos atos de sacrilégio. Dizem nossas fontes que os denunciadores dos mistérios eram estrangeiros e escravos[16]. No entanto, Andócides, lembrando estes fatos quando foi processado quinze anos mais tarde, menciona também a denúncia de Agariste[17].

O processo a Andócides é realizado poucos meses após o processo a Sócrates. Ambos se baseiam em motivos religiosos, ambos colocam em discussão fatos ocorridos nos anos finais do século V a.c. As personagens acusadas por Agariste estão presentes nos diálogos socráticos[18]. Curiosamente, em um diálogo pseudoplatônico estão reunidos vários dentre estas personagens, além de Dâmon[19].

O principal acusado nos escândalos é Alcibíades, acirrado defensor da expedição siciliana. Alcibíades parte para a Sicília como um dos comandantes da expedição, mas foge quando é convocado para responder em Atenas às acusações de sacrilégio. Após sua fuga, seus bens são confiscados, seus parentes, amigos e conhecidos são perseguidos[20]. No início do século IV a.C., com o restabelecimento da democracia e com a

▷ contrário à expedição, mas que Alcibíades contava com o apoio de outros adivinhos e pôde mesmo trazer do Egito um oráculo em seu favor. As práticas religiosas, acrescenta Plutarco, se transformavam facilmente em presságios.

16 Tucídides, VI, 28, 1; Plutarco, *Alcibíades*, 19, 1; 20, 4. Ver também Tucídides, VI, 53, 2.

17 Andócides acrescenta que, em seguida a esta denúncia, os acusados teriam fugido, o que sabemos não ser completamente verdadeiro.

18 Cármides é provavelmente o filho de Gláucon, irmão de Perictíone, e, portanto, tio de Platão (ver Nails, 2002, p. 93-94, sobre a identificação de Cármides nesta oração). Seu primo Crítias será um dos "Trinta Tiranos" e também Cármides terá, neste período, um papel destacado, tendo sido assassinado no momento em que a democracia é restabelecida. Axíoco, parente de Alcibíades, é pai de Clínias, um dos interlocutores socráticos no diálogo *Eutidemo* de Platão. Adimanto, do mesmo *dêmos* que Axíoco, futuro estratego ao lado de Alcibíades, é mencionado no diálogo *Protágoras* (315 e), ao lado de Pródico. Dover, 1970, p. 283, já nota a presença de "socráticos" entre os condenados. Além dos denunciados por Agariste, encontramos, também denunciados, Fedro e Acúmenos, pai de Erixímaco, personagem do *Banquete* platônico.

19 *Axíoco*, 364 a: aí encontramos Axíoco, com seu filho Clínias, Cármides, filho de Gláucon e amante de Clínias, e Dâmon, como mestre de Clínias.

20 Plutarco, *Alcibíades*, 20, 6; 22, 5.

32 ARQUEOLOGIA DA POLÍTICA

morte, frequentemente violenta, de muitos dos protagonistas do período anterior, procura-se recompor a *memória* destes e de outros acontecimentos. Não era secundário, para as várias personagens envolvidas, delinear sua própria relação com Alcibíades, ou o próprio comportamento de respeito para com os deuses. A relação entre Sócrates e Alcibíades vai se tornar um dos principais temas da polêmica contra Sócrates, elemento de conjunção entre a memória política ateniense de seu passado recente e a memória do filósofo condenado pela cidade[21].

Também os diálogos socráticos, assim como o discurso de Andócides, recompõem a vida política ateniense do final do século V a.C. Nas narrações sobre Sócrates, vemo-lo tomar posição sobre os principais fatos deste período, como o processo das Arginusas ou o governo dos "Trinta Tiranos". Nestes e outros casos, Sócrates é um conselheiro não escutado[22]. Dizem nossas fontes que, no momento da expedição siciliana, Sócrates consultou sua divindade protetora, e previu um destino funesto para os atenienses[23]. Teria revelado esta inspiração para poucos, os quais, por sua vez, a teriam divulgado em toda cidade. Mostrava-se, deste modo, que Sócrates, próximo a Alcibíades, não estava de acordo com suas decisões.

Sócrates não frequentava, porém, somente Alcibíades ou personagens a ele relacionadas. Diz-se que também Nícias, por exemplo, e seu filho Nicérato eram seus interlocutores[24]. Nícias, rival político de Alcibíades, tornara-se um dos maiores opositores à expedição siciliana[25]. Foi, no entanto, eleito comandante militar, e tornou-se, após a fuga de Alcibíades, chefe principal das forças atenienses na ilha. A figura de Nícias vai ser caracterizada, na tradição biográfica, pela sua moderação e por seu temor dos deuses, visto também, com frequência, como

---

21 Xenofonte, *Memoráveis*, I, 1, 12; Isócrates, *Busiris*, 5-6; relação entre Sócrates e Crítias: Ésquines, *Contra Timarco*, 173.

22 Isto acontece também em relação a Xenofonte e a sua decisão de partir para a expedição dos Dez Mil na Ásia: *Anábasis*, III, 1, 5-7.

23 Plutarco, *Alcibíades*, 17, 5; *Nícias*, 13, 9.

24 Nicérato é personagem muda da *República*, e aparece, entre as obras socráticas, também no *Laques* platônico e no *Banquete* de Xenofonte. Na *Retórica* aristotélica (III, 1413 a 7) é objeto de uma comparação feita por Trasímaco. Ver Nails, 2002, s.v. *Niceratus II*.

25 Tucídides, VI, 15, 2; Plutarco, *Alcibíades*, 14.

A PROSA DA CIDADE

temor excessivo, supersticioso[26]. O comportamento religioso de Nícias, acentuado pelas fontes, revela a sensibilidade dos atenienses, neste período, por uma tal temática.

No diálogo platônico *Laques* (180d), Sócrates encontra Nícias. Sócrates parece frequentar Nícias regularmente, pois consegue um professor de música para seu filho. Este professor é Dâmon, o primeiro marido de Agariste, a acusadora de Alcibíades. Dâmon, neste diálogo, parece influenciar Nícias com teorias sofistas (198d).

Curiosamente, é Laques quem nota a relação, que observamos através de Dâmon, entre o que é manifestação externa e artística e a "interioridade" da alma. Mas a expressão harmoniosa do indivíduo, apreciada por Laques, não corresponde às formas tradicionais da arte, à música ou à dança. Trata-se agora do "*diálogo* sobre a virtude ou sobre alguma forma de sabedoria". Laques observa tanto o que é dito sobre a virtude – diríamos, a "música" socrática – quanto quem o diz: Sócrates (apesar de que Laques ainda não conhece os seus discursos). Um tal homem virtuoso, que se exprime sobre a virtude, parece ser exatamente um músico, cuja harmonia não diz respeito à lira ou a outros instrumentos infantis, mas à própria vida, na *symphonía* entre palavras e atos[27].

MÚSICA E RETÓRICA

As celebrações dos mistérios, lembremos, eram sempre formas de expressão musical[28], e as práticas ímpias que deram origem ao escândalo deviam ser celebradas em música. Não sabemos se Dâmon estava vivo no momento da denúncia de Agariste[29]. Estaria o conselheiro de Péricles atrás das acusações a Alcibíades (e a outros "socráticos")? Dâmon, como mestre do filho

---

26 Tucídides, VII, 50, 4; Plutarco, *Nícias*, 4, 1-2.

27 *Laques*, 188 c-e. Para o *general* Laques, trata-se de uma harmonia dórica, não jônica, frígia ou lídia, ou seja, a única harmonia verdadeiramente "grega". No *Banquete* (221 a-b), Alcibíades constata a superioridade de Sócrates sobre Laques durante a batalha.

28 Ver A. Hardie em Murray; Wilson, 2004.

29 Ver Wallace, 1992, em particular p. 334-335, com várias hipóteses sobre os motivos da denúncia de Agariste; Nails, 2002, s.v. *Agariste III*.

34 ARQUEOLOGIA DA POLÍTICA

de Nícias, e Agariste, como denunciadora, são as únicas informações que possuímos relativas ao músico nos anos sucessivos à morte de Péricles, ou seja, no período principal da atividade de Sócrates.

Segundo Diógenes Laércio[30], Dâmon teria sido professor de música de Sócrates. Mas esta menção de Sócrates como discípulo de Dâmon permanece isolada. O Sócrates platônico declara-se aluno do músico Conos[31]. Ao mestre de música se opõe o mestre de retórica, papel desempenhado por Aspásia[32]. Sócrates, no *Menéxeno*, não hesita em colocar estes seus dois mestres em posição superior a Lampros, o músico que ensinava Sófocles, e Antifonte, o orador elogiado em sua arte por Tucídides[33]. Os dois ensinos – música e prosa – se complementam na formação socrática. Na descrição socrática da arte da prosa – no caso, o elogio fúnebre –, Sócrates acentua os termos comumente referidos à atividade poética e musical. Pois esta prosa se "enfeita com as palavras no modo mais belo", "enfeitiça a nossa alma" e a "encanta", o que se diz com um verbo propriamente musical (*keléo*). As palavras e sons do discurso penetram nos ouvidos "como o som do *aulós*"[34].

Aspásia, a segunda mulher de Péricles, é representada como sua conselheira política e professora de retórica: teria ensinado o maior orador ateniense a se exprimir publicamente ou teria mesmo escrito seu discurso[35]. Ou seja, Aspásia seria responsável pelos discursos de Péricles – por sua prosa – e por suas decisões políticas. Podemos notar que Aspásia é também representada como mestra de cortesãs[36]. Uma relação entre a prosa e a atividade vulgar – as "habilidades" de Aspásia – que se

---

30 Diógenes Laércio, *Vidas dos Filósofos*, II, 19, onde se cita as *Diadokhaí* de Alexandre Polístor.

31 Conhecemos Conos, filho de Metróbio, somente através das poucas referências platônicas e, se se trata da mesma personagem, por algumas menções na comédia: Platão, *Menéxeno*, 236 a; *Eutidemo*, 272 c; 295 d; *Conos* é o título de uma comédia de Amípsias, apresentada no mesmo ano das *Nuvens*. Em Aristófanes, *Cavaleiros*, 534, fala-se de um "Konnâs".

32 *Menéxeno*, 235 e – 236 b; ver também Plutarco, *Péricles*, 24, 5; Ateneu, V, 219 b.

33 Tucídides, VIII, 68, 1.

34 *Menéxeno*, 235 a; 235 c. O *aulós* é um instrumento de sopro, às vezes erroneamente identificado com a flauta.

35 Cálias, *Pedêtai*, fr. 21 K.-A.; Platão, *Menéxeno*, 236 b; Plutarco, *Péricles*, 24, 7.

36 Plutarco, *Péricles*, 24, 5-6.

A PROSA DA CIDADE 35

transpõe, no campo musical, na relação entre as tocadoras de *aulós*, forma corrompida ou corruptível de expressão musical, e a prostituição.

Conos e Aspásia ensinam, respectivamente, música e oratória a Sócrates. Dâmon e Aspásia ensinam, respectivamente, música e oratória a Péricles. Esta aproximação entre Conos e Dâmon não parece ser casual. Sócrates mostra-se ridículo diante das crianças porque, velho, tomava lições de música de Conos, o qual se tornava, assim, um "mestre de velhos". Mas também Dâmon ocupa esta posição, dando aulas de música a um Péricles "velho", o qual teve outros mestres quando jovem[37]. Como vimos, diz-se que Dâmon e Anaxágoras eram os mestres de Péricles[38], o qual teria adquirido sua habilidade oratória com o ensino de Anaxágoras[39]. Fica clara a correspondência entre os supostos mestres de Péricles – Dâmon, Aspásia, Anaxágoras –, e os supostos mestres de Sócrates – Conos, Aspásia, Anaxágoras. Podemos acrescentar que, para Alcibíades, a "música" socrática era superior, em seu encanto, à prosa oratória de Péricles[40].

O que significa ensinar música a Péricles? Por qual motivo aprende música o maior orador de Atenas? Dâmon é representado como mestre de música e conselheiro de Péricles. Ou melhor, como mestre de música e, portanto, como conselheiro. Ou ainda, como um conselheiro político que agia sob o disfarce de sua função musical. Diz-se de Dâmon que foi o inspirador de uma das medidas mais democráticas de Péricles: o pagamento dos cidadãos que desempenhavam o papel de juízes nos tribunais[41]. A influência *política* de Dâmon era tal que ele sofreu o ostracismo por volta de 450 ou 440 a.C. [42]

---

37 Ver Platão, *Eutidemo*, 272 c, para Sócrates e *Alcibíades I*, 118 c, para Péricles (os mestres aqui mencionados são Pitoclides, na música, e Anaxágoras).

38 Isócrates, *Antídosis*, 235.

39 Platão, *Fedro*, 270 a.

40 *Banquete*, 215 e – 216 a.

41 Cf. Aristóteles, *Constituição dos Atenienses*, 27, 4, onde *Damônides* é habitualmente corrigido em *Dâmon*. Dâmon foi frequentemente relacionado à "política" musical de Péricles, e, em particular, à construção do Odeion (ver Plutarco, *Péricles*, 13), mas não há referências específicas a este respeito.

42 A condenação de Dâmon teria sido comparada com a de Sócrates, na polêmica contra o filósofo: Libânio, *Declamações*, I, 157.

MÚSICA E POLÍTICA

Dâmon, músico e teórico da música, é mestre de Péricles, expressão emblemática da política ateniense. Por meio desta relação podemos observar, de forma esquemática, quatro possíveis representações do lugar da música na cidade.

Em primeiro lugar, a música pode se mostrar como atividade *inútil*, sem significado, para quem se dedica às formas (prosaicas) da política. Por conseguinte, a atividade musical pode ser vista como um *disfarce* para a atividade política. Podemos discernir uma terceira posição, em que se considera a música como um momento essencial da preparação oratória e prosaica dos cidadãos: em sentido restrito, quando se *representam* as formas da prosa a partir de suas características musicais; em sentido largo, quando se fala da formação musical dos futuros cidadãos. Segundo uma quarta representação possível, as formas musicais não seriam elementos inúteis ou secundários, tampouco preparatórios ou ilustrativos, mas se sobreporiam aos modos tradicionais da política, substituindo ou reduzindo as formas de expressão em prosa na cidade.

Encontramos, em Aristófanes, um exemplo da educação musical vista em sua inutilidade[43]. Constatamos, neste caso, uma equiparação implícita entre Dâmon e Sócrates. A *primeira* lição de Sócrates a Estrepsíades, nas *Nuvens*, diz respeito à métrica, aos versos e aos ritmos[44]. Ou seja, à medida da poesia declamada e aos ritmos da música, aspectos intimamente relacionados. A cada tentativa de Sócrates de conduzir seu aluno à análise musical, Estrepsíades retorna com insistência aos fatos da vida quotidiana, interpretando as "medidas" musicais como medidas de alimentos nas feiras. Estrepsíades quer chegar logo ao "discurso injusto", expressão da retórica política e judiciária, em vista do qual procurara o auxílio de Sócrates. Mergulhado em sua prosa quotidiana, inculta, Estrepsíades quer se educar para as formas altas da prosa, e permanece descontente com a análise musical. A carência de formação musical de Estrepsíades revela seu modo tosco, segundo uma relação tópica – a

---

43 Ver o exemplo de Temístocles, cuja excelência política não é afetada pela falta de formação musical: Plutarco, *Temístocles*, 2, 4; *Címon*, 9, 1.

44 Aristófanes, *Nuvens*, 636 s.

A PROSA DA CIDADE

formação musical como "cultura" – que é retomada também por Sócrates na *República* (III, 411 d-e). Sócrates, nas *Nuvens*, insiste em falar ao seu novo aluno de ritmos específicos, citando duas formas, o enóplio e o dátilo, que são as primeiras a serem lembradas por Sócrates, na *República*, entre os ritmos analisados por Dâmon[45]. Como foi notado, nos exemplos rítmicos socráticos em Aristófanes encontramos os elementos típicos da teoria pedagógico-musical de Dâmon[46]. A nossa fonte mais antiga sobre Sócrates, mostra-o, no que é o princípio de seu ensino, desempenhando o papel do músico que era mestre de Péricles.

A consideração da inutilidade do ensino musical conduz à segunda possível representação desta relação entre música e política: ou seja, a atividade musical considerada como um *disfarce*, ou uma *máscara*, para o que é claramente prosaico. A fonte de Plutarco, em sua biografia de Péricles, diz que Dâmon era um dos maiores *sofistas*, mas que ele se escondia sob o nome da música para ocultar à multidão a sua habilidade[47]. Dâmon dá lições para Péricles como para um atleta, treinando-o nas coisas da política. Um disfarce imperfeito, continua Plutarco, pois, "escondido sob a lira", Dâmon foi descoberto e punido com o ostracismo, enquanto agitador e favorável à tirania, detraído – ou seja, posto em público – pelos poetas cômicos.

O disfarce musical é, segundo Protágoras, no diálogo homônimo, uma das várias máscaras da sofística, uma atividade perigosa, que desde os tempos mais remotos devia ser acobertada: com a poesia, com iniciações e profecias, com a ginástica, ou, enfim, com a música[48]. Máscara, cobertura ou disfarce, que, no campo da música, protegeram personagens de fama, como Agátocles e Pitoclides de Cos. A "veste" musical do *lógos* – que o protege e esconde – lembra-nos o "discurso nu" (*psilòs lógos*), expressão que, em grego, podia designar a prosa[49].

---

45 Aristófanes, *Nuvens*, 651; Platão, *República*, III, 400 b. Ver infra, p. 40.

46 Cf. Wilamowitz-Moellendorff, 1921, p. 59-60 ("Damons Buch lag dem Aristophanes auch am nächsten"); Gentili, in Gentili; Pretagostini, 1988, p. 6-9.

47 Plutarco, *Péricles*, 4, 2-3.

48 Platão, *Protágoras*, 316 c-e.

49 Em *República*, x, 601 b, fala-se dos poetas "despojados" (ou seja, nus) das cores da poesia. Ver a interpretação do trecho do *Protágoras* em Brancacci, 2008, p. 21 s.

Terceira representação: o mesmo ensino musical pode ser visto não tanto como um disfarce, mas como um instrumento essencial na preparação para as atividades políticas e oratórias. Como vimos, pode-se observar a prosa oratória, em seus exemplos mais ilustres, através do vocabulário musical[50]. Por outro lado, é possível considerar o ensino da música como uma etapa necessária para a preparação política dos futuros cidadãos. Em mais do que um aspecto as teorias pedagógicas do sofista Protágoras, no diálogo platônico, parecem corresponder ao que era atribuído a Dâmon, e mesmo em seu vocabulário estas teorias apresentam uma clara relação com a *República*. Diz Protágoras que os mestres de cítara cuidam da "temperança" das crianças, e que, após o ensino da cítara, ensinam-nas a cantar as poesias dos bons poetas, entoando-as com o instrumento. Esses mestres, usando a força, tornam ritmos e harmonias familiares às almas infantis, para que elas, mais dóceis, rítmicas e harmônicas, sejam competentes em "falar e agir" (expressão que designa o campo da política). Toda a vida humana precisa de um bom ritmo e de uma boa harmonia[51].

DÂMON NA REPÚBLICA

A música pode ser vista em sua inutilidade ou marginalidade para as atividades político-judiciárias, como cobertura para uma ocupação perigosa como a política ou como uma etapa em um processo educativo que prepara o cidadão para a prosa pública. Podemos, enfim, entrever uma quarta leitura do valor da música na vida dos homens, segundo a qual a música "substitui" a prosa política e judiciária. Sócrates parece afirmá-la no terceiro livro da *República*, retomando, aparentemente, as teorias de Dâmon[52].

Com efeito, a música não representava somente um "disfarce" para a atividade política de Dâmon: conhecemos, mesmo se de forma limitada, o que devia ser a sua teoria musical, mencionada

---

50 Platão, *Menéxeno*, 235 a-c.
51 *Protágoras*, 326 b.
52 Poderíamos conceber ainda uma posição em que a música seria vista no seu distanciamento da política, ou na indiferença em relação a esta: mas tal possibilidade não transparece na relação entre Dâmon e Sócrates.

A PROSA DA CIDADE

por várias fontes antigas, a começar pelo próprio Platão[53]. Na teoria musical platônica, exposta no terceiro livro da *República*, e particularmente na retomada platônica das teorias de Dâmon, as formas rítmicas e harmônicas parecem se sobrepor à realidade da política, condicionando os modos tradicionais de expressão prosaica e modelando a vida dos homens em sociedade.

O filósofo Filodemo menciona um discurso de Dâmon que teria sido apresentado, concretamente ou de forma fictícia, no tribunal do Areópago. Conhecemos, através de Isócrates, o modelo retórico do discurso *areopagítico*. Considera-se, habitualmente, que Dâmon transmitisse nesta obra suas ideias sobre a música. Todavia, não temos elementos para concluir que neste discurso estivesse exposta toda a teoria de Dâmon e tampouco estamos seguros que Filodemo se referisse diretamente a Dâmon, e não, como se supôs, à personagem de um diálogo socrático[54]. Em todo caso, Filodemo suspeita que os destinatários do discurso de Dâmon fossem fictícios – como no caso de Isócrates, o orador fingiria dirigir seus discursos aos membros do tribunal insigne, que possuía também competências educativas – e que, além do mais, o conteúdo do discurso constituísse um engano: uma dupla "ficção". Seria significativo se a teoria musical, exposta em prosa, assumisse a forma do discurso judiciário. Ao contrário do que consideramos anteriormente, neste caso, quer se refira a Dâmon, quer a uma personagem literária, a forma judiciária seria um "disfarce" para a teoria musical. Como veremos, Platão deixará claro que se fala da poesia em prosa, e prosaico devia ser o discurso de Dâmon. Os filopoetas e os filomúsicos – assim como os filósofos – são prosadores.

Retomemos, em suas linhas gerais, a análise platônica da educação dos guardiões. Trata-se da formação dos defensores

---

53 Os fragmentos foram parcialmente editados por Wilamowitz-Moellendorff, 1921, Diels-Kranz, n. 37; Lasserre, 1954. Outras indicações podem ser encontradas em Wallace, 2004, que, no entanto, é cético quanto à autenticidade da maior parte das referências, que seriam influenciadas por teorias platônicas.

54 Discurso *Areopagítico*: Wilamowitz-Moellendorff, 1921, p. 60; Diels-Kranz, 37 B (*Fragmente des Areopagitikos*); Lasserre, 1954, p. 74-79. Segundo Wallace, 1991, p. 43-44; 2004, p. 256, Dâmon não teria deixado nenhum escrito: mas não há argumentos decisivos a este respeito. Ver também Brancacci, 2008, p. 9-10. Para Rossetti, 1974; Wallace, 1991 (a partir do texto – corrigido – de Libânio, *Declamações*, II, 25), Filodemo se referiria a um diálogo da segunda metade do século IV a.C., em que Dâmon aparecia como personagem principal.

da cidade, dos que serão responsáveis por sua salvação: indivíduos que, para desempenhar tal função, deverão ser superiores na sabedoria e na capacidade guerreira (*República*, II, 376 e). A "fábula" socrática – a educação dos guardiões – terá, na realidade, uma base concreta, partindo da educação dos cidadãos atenienses. Dirá mais tarde Sócrates que se trata da "purificação" da cidade luxuosa, a qual fora criada para satisfazer as exigências dos homens contemporâneos diante da vida pobre e pacífica da cidade sã (III, 399 e).

A análise platônica da educação dos guardiões é conduzida de forma esquemática. O processo educativo se divide em duas partes: música e ginástica[55]. Por sua vez, a educação musical se divide na análise do que deve ser dito (*lógos*), de como deve ser dito (a *léxis*), e dos aspectos especificamente musicais – canto e melodia, harmonia e ritmo[56]. A análise da ginástica se apresenta menos esquemática, pois conduz logo ao exame da dieta e, em seguida, às formas de "correção": a medicina, para o corpo, e, seguindo uma analogia habitual, as práticas judiciárias, para a alma. Mas a aplicação de procedimentos corretivos, médicos e judiciários, pressupõe um desvio, uma corrupção, que, como tal, pode ser evitada graças à educação: com a ginástica, no caso da doença; com a formação musical, no caso da justiça.

No interior da análise da educação dos guardiões, no que diz respeito aos aspectos musicais, e especificamente do ritmo, Sócrates recorre a Dâmon como *conselheiro*: "a este propósito, aconselhemo-nos também com Dâmon" (III, 400 b). Por meio de Dâmon, conselheiro de Péricles, afirma-se a importância dos ritmos na cidade que Sócrates está por fundar e da qual é, portanto, legislador.

O que Sócrates recebe como conselho devia corresponder ao que, *de fato*, o teórico musical expunha em sua obra ou ao que lhe era atribuído. Trata-se, pois, da relação entre o ritmo e as formas do vício e da virtude. Sócrates se dirige a Dâmon para uma análise detalhada e classificatória dos ritmos de que não se lembra com precisão e que não lhe parece oportuno retomar:

---

55 *República*, II, 376 e – III, 403 c (música); III, 403 d s. (ginástica).

56 *República*, II, 376 e – III, 392 c (*lógos*); III, 392 c – 398 b (*léxis*); III, 398 c – 402 b (música, para a qual não oferece um nome unitário: *mélos* e *odé, rhythmós* e *harmonía*. Ver, porém, Platão. *Leis*, II, 660 e; 669 b: *perì tèn mousikén*).

A PROSA DA CIDADE

É preciso analisar [...] quais são os ritmos de uma vida regulada e corajosa [...] Mas para isso, aconselhemo-nos também com Dâmon, quais são os pés próprios à falta de liberalidade, à devassidão, à loucura e a outros vícios, e quais os demais ritmos próprios ao seu contrário. Acredito tê-lo ouvido falar, mas não tenho certeza, de um ritmo composto [...] Mas quanto a estas coisas, como dizia, deixemo-las com Dâmon. Analisá-las exigiria um longo discurso. (III, 399 e – 400 c)

Se, por um lado, Dâmon se apresenta como o propugnador de uma teoria dos ritmos por demais específica para que Sócrates tenha interesse em segui-la, por outro lado, Sócrates relaciona esta teoria a uma vida "regulada e corajosa". Platão não só aceita o que apresenta como fundamento da teoria musical de Dâmon, mas o leva às últimas consequências. Ritmo e harmonia dependem do "caráter (*éthos*) da alma" (III, 400 d). Na realidade, Sócrates constata que ritmo e harmonia dependem daquilo que se diz e de como se diz, e estes aspectos, por sua vez, derivam do caráter. Toda a "teoria poética" platônica, e não somente a parte especificamente musical, parece dar razão ao músico ateniense.

Nessa relação com o "caráter" e com a vida "regulada", que Dâmon propugnava pelo menos no que se refere ao ritmo, Platão retoma todos os elementos com os quais organiza sua análise da formação poética e musical dos guardiões. O filósofo passa, em seguida, a uma nova generalização, e o que era dito do ritmo e da harmonia torna-se um atributo de cada obra artesanal (III, 401 a-d.). É todo o campo da "arte", toda forma de expressão artística, que deve ser condicionado pelo "bom caráter", *euétheia*: termo este que não mais indica a ingenuidade – neste sentido Trasímaco a atribuíra a Sócrates (I, 343 c) –, mas a superioridade no campo moral.

A teoria de Dâmon, conselheiro de Sócrates, parece oscilar entre uma análise específica – por demais específica – das formas do ritmo, tomada em pouca consideração, e a afirmação da relação entre os ritmos e os vícios e qualidades da alma, que Sócrates procura estender para além da formação musical. Ao mesmo tempo em que Sócrates aceita e generaliza o que parece estar na base das teorias de Dâmon, ele descuida de seus aspectos mais técnicos, distanciando-se assim não somente do conselheiro de Péricles, mas também da personagem Sócrates como representada nas *Nuvens* de Aristófanes.

A música, como toda forma de atividade "demiúrgica" (criativa ou artesanal), mostra-se, pois, expressão do caráter dos indivíduos e elemento de formação deste caráter. Poderíamos acrescentar o que permanece assim implícito: a música não é somente a manifestação momentânea de emoções. É através da música que a *República* pode introduzir algumas "qualidades" da alma que não mais encontraremos reunidas ao longo da obra: a boa graça (*euskhemosýne*), a bela harmonia (*euarmostía*), o belo ritmo (*eurhythmía*), o bom caráter (*euétheia*), o conjunto bem integrado das vozes (*symphonía*). Vocabulário musical e ético parecem coincidir. Afirmando qual o fim superior que se encontra na educação musical, Sócrates lhe confere um valor formativo, de *modelagem* da alma, o que se diz de forma enfática: "mergulhar na alma", "tocá-la com a maior força" e "compô-la numa bela forma"[57].

Sócrates, porém, não se limita à transformação do indivíduo através da música, mas indica processos de conhecimento que se verificam com esta educação mais alta. Em primeiro lugar, a "percepção profunda" da qualidade do que é produto da arte ou da natureza, o que consente a recepção na alma do que é belo e bom, e, portanto, a transformação do indivíduo. Nesta recepção, podemos situar o aspecto técnico da formação musical, como, por exemplo, o reconhecimento dos ritmos e das harmonias, a especificidade técnico-artística em geral. Em segundo lugar, no momento em que o indivíduo se torna capaz de receber o *lógos*, quem foi educado musicalmente pode acolhê-lo "com alegria", pois é capaz de *reconhecê-lo* como o que lhe é mais familiar (III, 401 e – 402 a). Em outras palavras, é através da música que o indivíduo se relaciona com o belo e adquire a familiaridade necessária para hospedar, em si, o que é superior.

GUARDIÕES E MÚSICOS

Se a música permite a relação com o belo e o acolhimento do *lógos*, é claro que todos os guardiões deverão ser músicos[58]. Estamos prontos para a conclusão socrática da digressão sobre

---

57 *República*, III, 401 d – 401 e. Ver *Timeu*, 47 c-e.
58 Em *Leis*, VII, 799 b, *todos* cantarão hinos aos deuses.

A PROSA DA CIDADE

a educação musical, e mostra-se natural que aí leiamos: "só nos tornaremos músicos – nós [os legisladores, podemos entender] e os guardiões..." (III, 402 b). Sócrates parece, de fato, aceitar, ou mesmo ampliar, o que era o ensino do mestre de música Dâmon. Em qual modo, porém, o *conjunto* destes cidadãos deve se preparar para a atividade musical? O que significa, concretamente, ser músico na cidade justa?

Parece que, em princípio, todos os guardiões serão "intérpretes" musicais. Por vezes, espectadores. Ou ainda, verdadeiros compositores-poetas. De qualquer forma, é na posição do intérprete que podemos compreender plenamente a função ética e pedagógica defendida por Platão. A música sempre presente na nova cidade leva Sócrates a imaginar um indivíduo que passa toda a vida cantando. É verdade que, se se trata de melodias doces e frouxas, isto enfraquece suas virtudes guerreiras (III, 411 a-b). No entanto, todos os guardiões deverão cantar, pois, sem a música *de todos*, não será sequer possível a *filosofia* de poucos no comando (III, 411 c-d). Só com a ginástica, sem a música... e a filosofia, o indivíduo se torna "inimigo do discurso" (*misólogos*) e "alheio às musas" (*ámousos*).

Esta música comum, difundida entre todos os guardiões, evitará os males da vida política e judiciária, a começar pela presença nos tribunais, lembrada no momento em que, com a ginástica e a dieta, fala-se das doenças do corpo e da alma. A desordem da alma é consequência da má educação, da ausência da simplicidade que é produzida pela música, e se manifesta nas disputas judiciárias. Com a educação musical, os cidadãos-guardiões da cidade justa evitarão o recurso a tais práticas. Nesta cidade verdadeiramente musical, Sócrates não deveria compor sua *Apologia*: "Qual maior prova podes encontrar da educação ruim e indigna na cidade do que ter necessidade de médicos e juízes insignes não somente para os homens inferiores e os trabalhadores manuais, mas também para os que pretendem ter sido educados nos moldes de homens livres?" (III, 405 a)

A cidade bem educada não precisará de órgãos judiciários: "Está claro que os jovens evitarão a exigência de ir aos tribunais, recorrendo à música simples que gera a moderação." (III, 410 a)

É toda a "prosa" judiciária que deve ser afastada, segundo os princípios da educação musical propugnados por Dâmon, no esquema por demais específico dos ritmos musicais, e na generalidade da relação entre música e virtude. A educação musical cancela ou restringe a prosa judiciária, reduzindo o conflito e tornando secundário o recurso aos mecanismos públicos de decisão nos tribunais. Sob o signo da harmonia, a cidade, no seu conjunto, torna-se musical.

Através da música modela-se a cidade – e modifica-se a representação grega, e ateniense, da política. Mas a atividade judiciária é somente um dos aspectos envolvidos neste programa damônico-socrático. Outras consequências podem ser constatadas no que diz respeito à estabilidade do governo. Como fundar uma cidade que não se altere, que não transforme imediatamente as bases sobre as quais foi concebida? Mais uma vez, Sócrates recorre a Dâmon e segue seus conselhos.

No quarto livro da *República*, não se tratando mais da educação dos guardiões, Sócrates se dedica às medidas legislativas finais para a cidade ser fundada. É necessário, agora, não tanto impedir o recurso às práticas judiciárias, mas traçar os limites da atividade política. O conflito, externo e interno, encontra sua solução na unidade dos cidadãos. Riqueza e pobreza dão origem a inovações ou revoluções, males a serem evitados. A ausência de riquezas não constituirá um sinal de fraqueza, se a cidade se apresentar unida e harmoniosa, segundo uma harmonia que se mostra, mais uma vez, concretamente musical. Com sua formação *musical*, a cidade, em seu conjunto, adquire força. O "bom início" da constituição, as bases sólidas em que se funda a cidade, garante todo o seu desenvolvimento sucessivo (IV, 424 a). Como proteção para isso, diz Sócrates, os guardiões construirão sua torre de guarda (*tò phylaktérion*) com a *música*. Afirmando este controle musical da política, Sócrates lembra mais uma vez Dâmon: "Pois não se alteram nunca os modos da música sem que ocorra o mesmo com as mais importantes leis da cidade, como diz Dâmon, com o qual estou de acordo."[59]

---

59 *República*, IV, 424 c. Ver *Leis*, II, 656 d s., em que se menciona o exemplo do Egito. Em *Leis*, VII, 799 b, os sacerdotes, as sacerdotisas e os guardiões das leis evitarão que se alterem cantos e danças religiosos. Para a relação entre *harmonía* e *politeía*, ver também Aristóteles, *Política*, IV, 1290 a 20 s. (e em VIII, 1340 a, a relação entre música e alma).

A PROSA DA CIDADE

Se a cidade justa é essencialmente musical, esta música deverá ser vigiada. Os guardiões não serão somente intérpretes ou compositores de música, mas também *supervisores* das obras, dos modos musicais, da atividade musical dos demais. Um controle da música para que a política seja controlada[60]. Os cidadãos, não mais revolucionários diretamente no campo das formas de governo e na luta política, podem não se contentar com suas formas musicais tradicionais. Sócrates não se ilude com a educação antiga, que, em linguagem poética, representava divindades corrompidas, mantendo relações indignas entre si e com os homens. Mas com o controle da poesia e da música – o que, implicitamente, é um controle religioso, da expressão da piedade entre os homens e os deuses –, Sócrates restabelece a educação dos guardiões. É na base de teorias do marido de Agariste que Sócrates decide tornar essencial, para os guardiões de sua cidade, a formação musical. Se o controle das facções na cidade e o apaziguamento dos cidadãos em suas disputas judiciárias podia parecer irrealizável – eis um tema frequente da reflexão política grega –, a instauração, com a força, da harmonia musical se apresentava como uma possível resposta *política*.

ÉTICA E POLÍTICA

Olimpiodoro, comentando no século VI d.C. o diálogo *Alcibíades I* de Platão, observa que "Péricles aprendeu com Dâmon as canções com as quais harmonizou a cidade"[61]. Na *República*, a harmonia da cidade passa pela formação musical dos guardiões, e talvez não só destes. Todavia, quando lemos o diálogo para além dos momentos relativos à formação musical, podemos constatar que a música, que se apresenta em todos os lugares e ocupa a posição principal na educação dos guardiões, encontra seus *limites*, na cidade real em que Sócrates e seus interlocutores vivem, assim como na cidade que está para ser fundada.

60 Já no terceiro livro da *República* (401 b), para além do campo do *lógos*, aparecem outras formas de controle: diz Sócrates que não só a música, mas toda forma de produção artística deve ser subordinada ao controle e à constrição.
61 Olimpiodoro, *Comentário ao Alcibíades de Platão*, 138, 4-11 (uma observação semelhante é também referida a Pítocles); cf. Wallace, 2004, p. 265.

Já no início da análise musical, Sócrates, desejando restringir o campo de seu discurso pedagógico, nota que eles, legisladores, não são poetas: "Oh, Adimanto, eu e ti não somos agora poetas, mas fundadores de cidade [...] Não nos cabe compor narrações poéticas."[62]

Bem mais adiante, no último livro da *República*, Platão considera que também os discursos em defesa da poesia são em prosa: "Deixaremos aos defensores da poesia, os quais não são poéticos, mas filopoetas, falar dela em prosa, dizendo que a poesia não somente é agradável, mas também útil para as constituições e para a vida dos homens."[63]

Em prosa, podemos acrescentar, eram os discursos sobre a música, de Dâmon ou de Sócrates. Observando que também a defesa da poesia se realiza em prosa – e deve ser assim para que possa tratar não só do prazer, mas também da utilidade –, Sócrates indiretamente nos lembra que, neste mundo em conflito – a vida intelectual em Atenas, e não somente ali –, sempre maior era o espaço das formas prosaicas. A prosa ocupa a cena na cidade, nos debates políticos e judiciários (uma prosa que era observada em sua "arte" e que se transmitia por escrito), nas paráfrases e nos comentários da poesia, nas formas narrativas, as quais também ocupam, cada vez mais, os lugares que antes eram reservados aos poetas[64].

Mas não somente os filopoetas, também os filósofos são prosadores. A educação especificamente filosófica, de que se fala no livro sétimo da *República*, não se confunde com a educação dos guardiões. É preciso dizer, em primeiro lugar, o que esta educação superior *não é*, e a este respeito os interlocutores do diálogo não parecem ter dúvidas: *não se trata* de uma educação musical. Pois o aprendizado da filosofia nada possui em comum com a música e a poesia. Diz Gláucon:

[a música] educava os guardiões com os hábitos, oferecendo uma forma harmoniosa, no que se refere à harmonia, mas não a ciência; e segundo o ritmo, com boa ritmicidade, e com outros hábitos semelhantes a estes, nos discursos [harmonia-ritmo-*logos*: os três elementos

---

62 Platão. *República*, II, 378 e – 379 a. Nas *Leis*, a inspiração divina torna os discursos sobre a cidade uma poesia (VII, 811 c) ou uma tragédia (817 b s.).
63 *República*, X, 607 d; ver *Leis*, VII, 810 b.
64 *República*, III, 393 d s. (poesia); 392 b; 392 d; 398 a-b (prosa).

A PROSA DA CIDADE 47

da educação musical], tanto nos fabulosos quanto nos verdadeiros[65]. Não oferecia, porém, nenhum saber que possa conduzir ao que agora procuras. (VII, 522 a)

E Sócrates, de acordo: "na realidade, a música não possui nada disso".

Este afastamento da música, no momento educativo mais alto parece se opor ao que fora dito anteriormente da formação musical, e afasta definitivamente a sombra de Dâmon do projeto educativo platônico. Ou seja, parece nos reconduzir a uma visão da música simplesmente como elemento educativo propedêutico, conforme a tipologia que observamos anteriormente e de acordo com o projeto pedagógico atribuído a Protágoras. O ensino musical se apresenta como primeira ocupação para os que se dedicarão à política; mas quando chegamos a esse momento de educação "política", que se transforma na preparação filosófica dos governantes, a música não tem mais lugar.

Uma contradição entre os dois momentos da educação para o poder na *República*? Talvez não, se relermos com atenção a conclusão da análise da educação através da música. Após ter colocado a formação musical de todos os guardiões como fundamento da harmonia na cidade, Sócrates indica os requisitos para "nos tornarmos músicos". Estes requisitos, lembremos, parecem necessários a *todos*: "Portanto, o que digo assim, pelos deuses, é que, antes de tudo, não nos tornaremos músicos, nós e os que dizemos ser necessário educar para se tornarem guardiões [...]"

Eis, em princípio, uma cidade em que todos os guardiões serão músicos. Segundo o que podemos imaginar, isto não devia desagradar a Dâmon. Continua, porém, Sócrates:

antes de conhecermos as formas da moderação e da coragem, da liberalidade e da grandeza de alma, e daquilo que lhes é afim, assim como o contrário, em todos os lugares em que se apresentem, e percebermos que estão presentes onde estão, elas e suas imagens; sem as desprezarmos no que é pequeno e no que é grande, mas considerando que se trata da mesma arte e ocupação. (III, 402 b-c)

---

65 Note-se que, com esta referência aos discursos verdadeiros, Platão coloca a narração histórica *fora* do campo do saber.

48 ARQUEOLOGIA DA POLÍTICA

Em conclusão, o exercício da música será exigido dos guardiões, na cidade a ser fundada. Para tal, haverá um aprendizado, relativo às harmonias permitidas e aos ritmos que, poderíamos acrescentar, são expressão dos movimentos da alma. Mas para nos tornarmos músicos – retoma Sócrates–, nós, os fundadores e legisladores, e os guardiões (e aqui podemos duvidar que se trate de todos os guardiões), será necessário o *conhecimento* e o *reconhecimento* (*gnorízein, aisthánein, timásthai, oíesthai*). Este conhecimento, porém, não diz respeito à música, aos modos da harmonia, à classificação dos ritmos, como queria Dâmon, com o qual Sócrates até agora parecia concordar. Esta educação não se baseia nos aspectos técnicos, propriamente artísticos, da arte musical que vai ser aprendida pelos guardiões. Mais uma vez, Sócrates parece se mostrar pouco interessado em aprofundar as formas múltiplas e complexas da expressão em música, em torná-las objeto de sua atenção. Partindo de Dâmon, Sócrates inverte o que era propugnado pelo músico e que se mostrava próprio ao seu ensino.

Segundo Sócrates, este conhecimento "para nos tornarmos músicos" diz respeito à virtude, ao conhecimento de sua manifestação unitária na multiplicidade das ocorrências e na diversa importância ou medida dos casos. Se se trata de conhecimento, vai se dizer no sétimo livro, é preciso deixar a música de lado. Por enquanto, Sócrates limita-se a tratar da educação comum dos guardiões. Mas o conhecimento requerido, para estes músicos que não se exprimem em música, é indicado com uma especificidade e clareza que não mais encontraremos em toda a obra. No diálogo *Fedro*, a retórica leva Sócrates (o discípulo de Aspásia) ao conhecimento da alma, distanciando-se do que era, de fato, retórica[66]. Assim também aqui, na *República*, a música leva Sócrates (discípulo de Conos ou de Dâmon) ao afastamento da música e à fundação de um conhecimento que se apresenta, em sua natureza ética e política, como uma nova "prosa da cidade".

---

66 *Fedro*, 270 e – 272 a.

3. A Ciência da Cidade

Após a criação da cidade justa, pode-se observar a natureza dos conhecimentos necessários para o seu governo. O discurso dos guardiões governantes, enquanto tal, é um discurso "político". Na medida em que se trata da expressão de um saber, temos aqui uma "ciência política". Esta ciência de governo não parece, porém, corresponder ao conjunto dos conhecimentos requeridos para fundar uma cidade – os conhecimentos que são possuídos por Sócrates em sua argumentação. Tampouco parece corresponder ao simples conhecimento das leis que estão na base da nova comunidade – a ciência do legislador. Mas a arte dos governantes, no exercício de sua atividade, não dependeria da ciência da lei, quando esta predispõe não somente a organização da cidade, mas a formação mesma dos cidadãos? E não seria o saber legislativo a expressão direta da observação socrática?

A pergunta sobre a natureza da "ciência política" coloca o problema da natureza de todo *lógos* sobre a cidade, entre o saber do filósofo, que cria no diálogo uma cidade justa, o saber do legislador, quando promulga as leis desta cidade, e o saber dos governantes enquanto exercem o poder. E, enfim, o saber de quem é observador da política, como Platão, que narra como Sócrates, depois condenado por seus cidadãos, fundava, por meio do diálogo, uma cidade.

A SABEDORIA DA CIDADE

Tendo concluído a fundação da cidade, Sócrates constata que ela será sábia, corajosa, temperante e justa (*República*, IV, 428 a). Visto que o objetivo do diálogo é a definição da justiça, se forem determinados os três outros atributos – a sabedoria, a coragem e a temperança –, será simples determinar o quarto, a justiça. A justiça parece constituir o momento último não somente porque com ela se realiza o fim almejado da investigação, mas porque se trata do elemento menos evidente, em sua definição, dentre os quatro que, *com evidência* (IV, 427 e), são próprios à cidade "purificada".

É a evidência que guia Sócrates em sua argumentação. É, pois, a evidência extrema que o leva a iniciar pela sabedoria. Que a cidade deva ser sábia: isto é claro, ou evidente, em si mesmo. Junto, porém, com esta clareza, apresenta-se algo estranho (*átopos*). A exposição socrática deste aspecto fundamental da cidade justa, a *sabedoria* da cidade, consistirá em uma evidência e em uma particularidade.

Em primeiro lugar, a evidência. A cidade é sábia porque é de "bom conselho". Permanece implícito que a sabedoria da cidade corresponde à deliberação "boa", ou, poderíamos dizer, "correta". Sócrates diz que a cidade será de bom conselho porque (os cidadãos ou os governantes) deliberam bem, e se o fazem, é porque possuem um determinado saber, e não por causa da ignorância[1].

A sabedoria da cidade é o bom conselho, e, sendo uma ciência, ou forma de conhecimento (*epistéme*), deve ser distinta das várias outras ciências que existem na cidade (IV, 428 b). Como exemplos de ciências, temos a carpintaria, a marcenaria, a arte do ferreiro e a agricultura. Podemos notar que tais formas de conhecimento são próprias aos cidadãos do terceiro grupo, os artesãos e os camponeses. A sabedoria da cidade não

---

1 Na primeira menção da lista de virtudes, no diálogo *Protágoras* (325 a; ver 329 c), não está presente a sabedoria, que aparece em 330 a. No terceiro livro da *República* (395 c 4-5; 402 c 2-4) tampouco se fala de sabedoria em meio às demais qualidades dos guardiões: podemos supor, ou porque aquele é um momento ético-educacional comum a todos os guardiões, ou porque a sabedoria não possui sempre a mesma posição na classificação tradicional das virtudes. Sobre o problema da virtude do filósofo, ver infra, p. 110.

A CIÊNCIA DA CIDADE 51

corresponde a todo saber presente na cidade, não corresponde à soma dos conhecimentos dos cidadãos, nem corresponde aos conhecimentos possuídos pelo seu terceiro grupo, o mais populoso. Como anunciado, Sócrates está para passar da evidência à "estranheza", da sabedoria que a cidade, claramente, deve possuir, à particularidade dos possuidores desta sabedoria[2]. Ou seja, Sócrates está prestes a apresentar a particularidade da *política*, enquanto conhecimento e exercício do poder. Está para propor, na sua forma mais clara, que o governo dos homens seja baseado no conhecimento de alguns, e aí encontre sua razão.

Sócrates afirma que, na cidade fundada, há conhecimentos que são possuídos somente por alguns cidadãos, não relacionados à deliberação sobre algumas das coisas presentes na cidade, mas sobre a cidade inteira. Delineia-se assim o campo do saber político. Em outras palavras, conhecimentos que procuram definir "em qual modo (a cidade) se comportaria (*homiloî*) na melhor maneira em relação a si mesma e em relação às outras cidades" (IV, 428 d). Para indicar este agir coletivo, a atividade da cidade em relação a si mesma e às outras, Platão recorre ao verbo *homiléo*, ter relações, tratar com, frequentar, derivado de *hómilos*, agrupamento, multidão. A cidade age como um todo, sem que isto implique a participação de todos nos processos de decisão.

Na distinção entre deliberar sobre algo que está na cidade e deliberar sobre a cidade em seu conjunto, vemos a diferença entre os conhecimentos ou habilidades particulares – a marcenaria, a carpintaria, a agricultura – e a ciência da política. Pois este termo, *política*, não utilizado na *República* enquanto conhecimento ou arte, pode ser aqui pressuposto, fazendo parte do vocabulário platônico. Por um lado, o saber específico de alguns cidadãos. Por outro, o saber da cidade, que é tal, porém, não porque é possuído por todos, mas porque "todos" constituem o objeto do conhecimento de alguns. A sabedoria da cidade não se confunde com os demais saberes técnicos, assim como seus possuidores se distinguem dos demais cidadãos competentes nas várias artes, ou técnicas. Trata-se de uma dupla separação entre política e técnica, quanto ao conteúdo do saber e ao seu detentor. É por este segundo aspecto que Platão se refere a algo

2   Sobre a natureza extremamente reduzida dos que têm acesso à arte de governar, ver também *Político*, 292 d-e; 297 b-c.

"estranho". Se estava claro que a sabedoria e o bom conselho, ou a boa deliberação, pertencem à cidade, não se aceita que estas qualidades sejam apanágio de uma parte reduzida da população.

Como no caso das outras artes e habilidades, a sabedoria que, genericamente, chamamos política requer um conhecimento preciso. O leitor da *República* pode a este ponto lembrar que, no primeiro livro, graças à aproximação entre o exercício do poder e a arte, ou técnica, foi possível refutar, ao menos aparentemente, a tese de Trasímaco: a prática de toda "arte", quer se trate da medicina, do pastoreio ou do poder político, exige cuidado, atenção para com o seu objeto. O que era então aproximado mostra agora sua diferença, pois a dominação, o controle e a proteção dos homens e da cidade necessitam de uma ciência em princípio, e mais profundamente, distinta de todas as outras. Distinta não só na particularidade de seu objeto, mas também em sua abrangência.

O que poderíamos indicar como a esfera da ação política parece ser representado pelas decisões que a cidade toma sobre o conjunto dos cidadãos, e pelo fato que esta decisão diz respeito ao relacionar-se da cidade consigo mesma e com as outras. Está implícito que também as ações de guerra são parte desta mesma sabedoria. A distinção entre os objetos de conhecimento – ciência de toda a cidade e ciência particular – não parece constituir agora um problema. Sua particularidade corresponde ao fato que a ciência de governo, possuindo "todos" como seu objeto, se encontra somente em uma parte da cidade, e em sua parte mais restrita. A dificuldade, para Sócrates e seus interlocutores, está em indicar a necessária exclusão do poder de uma parte, ou de muitos, ou mesmo da grande maioria, dos que compõem a comunidade. Na realidade, poderíamos dizer que isto não deveria parecer estranho, pois não há *polis* que não funde a noção de cidadania na exclusão da maior parte de seus habitantes[3].

Mas quem objetaria que este é um fato singular, uma *atopía*? A quem Sócrates estaria aqui *respondendo*? Podemos imaginar, àqueles que, participando da comunidade política,

---

3 Permanece, por detrás desta análise, a discussão do *Protágoras* onde a participação de todos nos argumentos de deliberação política (dos quais se excluem os conhecimentos particulares) é dada por evidente, sendo um sinal da "sabedoria" dos atenienses. Ver supra, p. XVI-XVII.

A CIÊNCIA DA CIDADE

ficariam assim excluídos; ou àqueles que não vêem com naturalidade a exclusão de cidadãos na base de um determinado saber. Tendo distinguido o saber da cidade das demais formas de conhecimento, Sócrates interroga Gláucon sobre sua denominação, sobre os cidadãos que o possuem e sobre o nome atribuído à cidade em que vivem e onde, devemos supor, exercitam um tal conhecimento, obtendo como resposta: ciência protetora (*phylakikè epistéme*), eis o nome da ciência; guardiões perfeitos, os seus detentores; de bom conselho (*eúboulos*) e sábia, os atributos da cidade (IV, 428 d).

A ciência protetora reside, pois, na parte mais restrita da cidade "fundada segundo natureza". Graças a esta parte – que "preside e governa" – e graças aos conhecimentos que possui, toda a cidade será sábia. Também *por natureza* este grupo de cidadãos é o menor na cidade, e possui a única dentre as formas de conhecimento que deve ser chamada sabedoria (IV, 428 e – 429 a). Sabedoria aqui traduz *sophía*, ao passo que mais adiante Sócrates recorre ao termo *phrónesis* (IV, 433 b-c). Estes termos caracterizam o saber do grupo dos governantes da cidade justa, identificados, sucessivamente, com os filósofos. Graças a este saber, a cidade será considerada *sábia*. A cidade, em sua natureza, não permite que a sabedoria pertença a todos os seus habitantes: a cidade "natural" exclui um poder compartilhado. Mas se a existência de um saber da cidade parece evidente, esta exclusão é "estranha". Poderia parecer singular, aos olhos dos interlocutores de Sócrates (ou de Platão) que, *por natureza*, seja impossível à maior parte dos homens obter o conhecimento que requer a vida em comunidade em sua forma superior?

Estamos, assim, não somente diante da forma "natural" da vida coletiva – que não é a cidade sã, mas a cidade luxuosa após sua purificação[4] –, mas diante da forma natural em que o

---

4 Estamos, pois, diante de uma cidade *natural*, diz Sócrates, e diante de uma divisão que, também esta, existe por natureza. Na realidade, como sabemos, a função dos guardiões tem origem na cidade luxuosa, como uma consequência da expansão da cidade mais simples. E o processo educativo reconduz a cidade luxuosa à justiça, segundo um percurso de purificação. Platão estaria assim dizendo que a cidade sã não existia por natureza? Que por natureza existe a guerra e, portanto, a necessidade de proteção? Ou que a naturalidade da vida política não está em seu princípio, mas no final de um processo que pressupõe o conhecimento da injustiça?

54 ARQUEOLOGIA DA POLÍTICA

conhecimento relativo à cidade se distribui entre os cidadãos aos quais, segundo justiça (podemos dizê-lo, antecipando o termo que está por ser definido), está destinado o governo dos demais.

Esta ciência da cidade recebe aqui seu nome: ciência protetora, ou ciência dos guardiões – *phylakikè epistéme*. Ocorrência singular, em Platão e também em outros autores. Com *phylakiké* torna-se claro que se trata de conhecimentos possuídos somente por uma parte dos cidadãos, os guardiões. Mas ao mesmo tempo se indica que a ciência dos guardiões é a ciência *protetora*, de *guarda* ou *defesa*. Com este nome se exprime o que é requisito de toda arte, como dizia Sócrates no primeiro livro, e que encontrava ilustração paradigmática no modelo pastoral: o cuidado, a atenção pelo objeto de conhecimento.

Todavia, se, neste momento, o problema platônico parece ser principalmente o da localização da ciência, sua denominação nasce imprecisa: não se trata da ciência de todos os guardiões, mas somente de alguns dentre eles, os perfeitos, que serão escolhidos para as funções de comando. Por outro lado, Sócrates não poderia qualificar esta ciência com atributos dados em outros diálogos, como *politiké*, sem correr o risco de sugerir que se trata de uma ciência possuída por toda a *pólis*, e não por uma sua parte. Tampouco poderia chamá-la ciência "real" (*basilikè epistéme*), visto que não se falou ainda da possível conversão dos reis à filosofia; e quando esta for mencionada, junto à ela permanecerá sempre presente a possibilidade de um governo de poucos, e não de um só. Podemos acrescentar que, preferindo ciência protetora em vez de ciência real, Platão evita dificuldades ainda maiores[5]. Se a ciência "real", enquanto ciência da cidade, tem por fim tornar os demais cidadãos não somente bons, mas sábios (pois o conhecimento é o bem que deriva de uma ciência), esta sabedoria não pode corresponder à posse de uma ciência particular (como a marcenaria ou carpintaria, as ciências dos artesãos): por conseguinte, é sempre sabedoria "da *pólis*". Na *República*, a sabedoria de todos

---

5 A "ciência real" é discutida no diálogo *Eutidemo*, 291 d – 292 e. Toda esta discussão, que não podemos aqui aprofundar, apresenta muitos pontos de contato com a *República* e com a posição do filósofo, na referência a uma "terceira onda" (293 a). Ver infra, p. 99-101.

A CIÊNCIA DA CIDADE 55

através do conhecimento político não tem razão de ser[6]. Se, com o termo guardião, Sócrates exprime a função de cuidado e proteção próprios à política, então *phylakiké* permite indicar na *proteção* dos indivíduos, e não em sua felicidade e sabedoria, a particularidade da ciência da política, ciência da cidade segundo natureza.

A NATUREZA DO DISCURSO POLÍTICO

Convém ressaltar a importância deste momento do diálogo, que define a sabedoria da cidade a partir dos conhecimentos de alguns indivíduos, em preparação para a determinação da sabedoria e seu lugar na alma humana. Pois se era necessário fundar uma cidade no diálogo para melhor observar o indivíduo, então a ciência que tem todos por objeto conduz à analogia com o que é superior na alma. A sabedoria da cidade, residindo em uma sua parte, corresponde à sabedoria do indivíduo, também esta bem localizada, segundo divisão e hierarquia. Assim como há um elemento deliberativo conexo à sabedoria política, assim também, por analogia, há um elemento racional na alma, que a pode tornar sábia[7]. Graças a sua sabedoria, a alma compreende a si mesma, conhece sua divisão e a relação entre suas partes. Deste modo, podemos supor que também a sabedoria da cidade remete ao conhecimento que é necessário para a sua fundação e para o estabelecimento de suas leis, para a divisão dos cidadãos em grupos e a harmonia entre todos. Como imaginar que a ciência protetora, que torna sábia a cidade em seu conjunto, não seja possuída também por quem cria a cidade e determina suas normas mais duradouras, ou seja, seu legislador?

Se pensarmos que o legislador possui a ciência protetora – a ciência dos guardiões governantes –, o saber político que *dá origem* à cidade passa, pelo menos em parte, a ser localizado *dentro* da cidade. Da ação dos guardiões no exercício do poder

---

6   E assim também se evita, ou se deixa menos clara, a circularidade de um processo em que a política tem por fim a educação moral dos políticos, mas que requer políticos já educados: uma dificuldade que permanece também na *República*, mas que é mitigada pela alteridade pressuposta na atividade de guarda.

7   *República*, IV, 440 e – 441 a. O elemento racional é dito *tò logistikón*, a sabedoria política, *euboulía*, o elemento deliberativo, *tò bouleutikón* (em 434 b).

somos levados, por um instante, a olhar para quem guia o diálogo e cria a cidade justa. Pois se o guardião é a "personagem" de Sócrates, e este, personagem de Platão, podemos perguntar se o conhecimento do guardião – relativo ao governo concreto e quotidiano da cidade – será também possuído por estes seus criadores, no papel de legisladores e sábios.

Mas não seria paradoxal ver Sócrates, ou Platão, no lugar de sua personagem principal, o guardião perfeito? Em qual medida o sábio governante, segundo a caracterização de uma sabedoria (filosófica) que tomará nossa atenção durante os livros centrais da *República*, possui os requisitos que possui o legislador para fundar esta cidade? Podemos imaginar o filósofo guardião perfeito, com seu poder, incapaz do conhecimento que possui o filósofo na cidade imperfeita, destituído de poder, no ato de criar sua cidade "em teoria"?

São questões às quais não sabemos se o texto platônico, neste momento da *República*, permite responder, mas que indicam a importância da determinação da sabedoria da cidade e sua relação com o que era, para os gregos contemporâneos, reflexão sobre a política. A partir do guardião somos levados a observar Sócrates, e a partir de Sócrates, seus contemporâneos. Ao perguntarmos qual é a natureza do saber da *pólis*, da ciência política na cidade criada no diálogo, devemos considerar também sua presença na cidade concreta (Atenas), segundo a relação entre a "boa deliberação" do guardião perfeito e a representação do filósofo na figura tradicional do sábio conselheiro, no mais das vezes não escutado. Ou seja, na figura, representada em uma longa tradição, de quem fala dos "assuntos da cidade" (*tà politiká*) sem possuir o poder de decisão.

É possível, porém, seguir o caminho contrário e considerar o que separa o legislador da cidade de seu governante, o guardião perfeito. Convém observar, por um momento, o que se diz da segunda qualidade da cidade justa, ou seja, a coragem. Coragem e sabedoria estão continuamente relacionadas, como aprendemos em vários diálogos platônicos[8]. Força e conhecimento devem se unir para que possa ocorrer uma justa atribuição do poder. A coragem política consiste em uma

---

8   Ver, por exemplo, *Laques*, 192 b-d; 194 d s.; *Protágoras*, 330 a; *Leis*, XII, 963 d-e. Em *Político*, 259 c, fala-se de "inteligência" e "força". Cf. Reeve, 1988, p. 239.

A CIÊNCIA DA CIDADE

"força" ou "capacidade" (*dýnamis*) que em tudo salva a opinião relativa ao que se deve temer, e que corresponde ao que era prescrito pelo *legislador* durante a educação (*República*, IV, 429 c – 430 b). Como foi notado, esta referência ao legislador pode suscitar perplexidade. A atividade dos guardiões auxiliares não parece, neste caso, obedecer ao que é decidido pelos guardiões perfeitos, mas ao que é, em princípio, estabelecido pelo legislador. Mesmo se os supormos concordes em pensamentos e ações, legislador e guardiões se mostram como personagens distintas. O legislador instaura, de uma só vez, as normas que serão seguidas por todos, inclusive pelos guardiões perfeitos. Em princípio, também os governantes acreditarão no que diz o legislador, ou seja, que a diferença social possui uma origem natural, segundo a diferente constituição física dos indivíduos, os quais nascem da terra, sendo filhos da mesma mãe – a não ser pelo fato que, enquanto sábios, não poderão ser enganados.

Chegamos assim a uma constatação inversa à anteriormente afirmada. Com efeito, a sabedoria do legislador corresponde à sabedoria de quem dita as leis e as regras que organizarão racionalmente e segundo natureza a vida futura dos cidadãos. Já a sabedoria dos guardiões perfeitos diz respeito à boa deliberação, pelo menos aparentemente distinta do bem legiferar. Não é seu fim oferecer as normas universais que regularão a vida na cidade, mas indicar as ações políticas apropriadas para cada momento. Deste modo, entre o legislador e o guardião se afirma uma diferença que, por sua vez, distancia Sócrates de sua personagem. Ou seja, por este viés constatamos que o saber de Sócrates e do legislador da cidade ideal – um saber próprio a personagens que vivem na cidade injusta – não corresponde ao saber que torna sábia a cidade e que é possuído pelo guardião perfeito na cidade justa[9].

Estamos diante do problema da definição da natureza do conhecimento político – o problema que vai orientar mais tarde todo o diálogo *Político* –, mas não sabemos qual resposta dar a este problema, aqui, na *República*, e no contexto das questões colocadas após a fundação da cidade. Ou melhor, devemos também perguntar: qual resposta Sócrates *quer* dar, neste momento, ao paradoxo da política?

9   Segundo o *Político* (294 c), a arte de legiferar é somente *uma parte* da ciência política ou real.

O BOM CONSELHO

Uma única ciência, entre todas, graças à qual a cidade, em seu todo, é sábia. A *política*, enquanto conhecimento, não poderia encontrar declaração mais digna para seu nascimento, nesta sua "arqueologia". Mas a natureza deste saber não permanece clara: se o aproximarmos dos conhecimentos do legislador, o saber político parece corresponder a normas universais, determinadas segundo justiça ou segundo natureza. Se o afastarmos do saber legislativo – um saber que nasce na cidade injusta e é também conhecimento da injustiça –, então ele parece consistir em normas transitórias, referidas a cada ação singular e a cada momento do exercício do poder.

A sabedoria da cidade e o governo por meio da ciência apresentam-se como elementos evidentes, quando, na realidade, constituem a particularidade do projeto político platônico. Mas não se trata simplesmente de atribuir o poder aos indivíduos mais sábios. Pois podemos imaginar que uma cidade de exímios astrônomos ou matemáticos, médicos ou artesãos, não seria considerada sábia, se não possuísse a ciência que diz respeito ao conjunto da cidade. Ou, ao contrário, podemos imaginar que uma cidade, possuindo este saber, seria sábia mesmo em ausência daqueles indivíduos com suas competências específicas. Uma cidade seria sábia em suas ações, mesmo se em seu interior não dispusesse de indivíduos sábios em todo conhecimento particular.

A menos que um leitor precavido, ciente do desenrolar do diálogo, não procure advertir: tal conhecimento superior, possuído por poucos indivíduos, mas extensivo à comunidade, deve referir-se, necessariamente, ao bem, a cuja contemplação os filósofos vão se dedicar na cidade justa[10]. Uma cidade poderia, sem o conhecimento do bem, ser governada com sabedoria? "Cuidar e proteger", este vai ser o governo do filósofo, pois ele conhece o que é belo, justo e bom (VII, 520 a-d). Mas o conhecimento do bem, verdadeira sabedoria, não se confunde com o que é transitório e mundano, submetido à corrupção na

---

10 Cf. Guthrie, 1975, v. 4, p. 472: "uma compreensão das formas e, em definitiva, da suprema 'Forma do Bem' que só o filósofo pode atingir". Já Hegel, nas *Lições Sobre a História da Filosofia* (1833): "a ciência dos responsáveis e governantes, que delibera quanto ao todo e que conhece o universal" (IV, C, 3bb, α).

A CIÊNCIA DA CIDADE

natureza e na vida entre os homens, com o "comportar-se" da cidade que se torna objeto de reflexão por seus governantes. É difícil evitar, mesmo neste momento do diálogo, a relação ambígua entre o que é destinado à intelecção mais pura e o que se põe entre as ações mutáveis dos homens em sua vida comum, segundo as determinações de quem detém o poder.

A esta possível interpretação, que prevê os rumos do diálogo, e supõe no uso transposto de "sabedoria" o que torna, de fato, possível o governo sábio e justo da cidade – ou seja, os conhecimentos possuídos pelo filósofo *aplicados* à realidade da cidade –, pode-se objetar a pressa em tratar do que ainda não é considerado, no momento em que se define a ciência de governo, e que será apresentado como o mais paradoxal dentre todos os temas. Acrescente-se que a sabedoria da cidade possui outros nomes, inteligência (*phrónesis*) e bom conselho (*euboulía*), e mais do que no ato de observar, parece realizar-se na deliberação, e por entre ações e palavras dos homens em suas relações recíprocas, e nas recíprocas relações entre as cidades.

É assim que, ao contrário de quem vê neste momento do diálogo uma primeira referência ao conhecimento do bem, muitos dentre os que se dedicaram a comentá-lo pensam discernir nesta ciência os traços de uma sabedoria relativa à deliberação e ao agir político, conhecimentos provisórios, sujeitos à ocasião[11]. A sabedoria da cidade não corresponderia,

---

11 Assim segundo Adam, 1963, notando, porém, certa ambiguidade platônica, em um contexto que prepararia o conhecimento filosófico do sétimo livro. Para Friedländer, 2004, p. 821, trata-se de um "conhecimento prático dos negócios internos e externos da comunidade estatal". Para Annas, 1981, p. 113, "Platão está completamente interessado na sabedoria como planejamento prático geral [...] Não há aqui nenhuma indicação de que este raciocínio prático exigiria um grande estudo teórico". Segundo Vegetti (1998-2007), v. 3, p. 180, "o saber/poder dos *árkhontes* è sobretudo uma técnica prática-política de bom governo [...] a sua *euboulia* se inscreve no horizonte da justiça e ignora o fundamento ético-ontológico que será representado pela ideia de bem". Conforme Kahn, 1998, p. 168, n. 22, "a maior parte das definições da *Rep.* IV se referem à opinião correta, mais do que ao conhecimento, pois o conceito de conhecimento filosófico [...] é introduzido quando encontramos o filósofo rei no final do livro v". Para Ferrari, 2003, p. 44, "a sabedoria do guardião governante é conhecimento do que é bom para a sua cidade, arte de governo [...] uma sabedoria limitada pelo contexto do livro 4 à razão prática (442 c)". Rosen, 2008, p. 142, a propósito de *euboulía*, lembra a *phrónesis* e a noção de juízo prático em Aristóteles. Schofield, 2006, mesmo dedicando um capítulo ao "governo do conhecimento", não considera especificamente o►

60 ARQUEOLOGIA DA POLÍTICA

pois, à sabedoria dos filósofos que a governam. Os termos aqui utilizados parecem indicar o que tradicionalmente era representação da ação política, a partir da qual recebem, mais tarde, uma definição específica na reflexão aristotélica. Mencionemos alguns exemplos.

Podemos lembrar que já Temístocles, segundo Heródoto, mostrava-se "sábio e de bom conselho"[12]: como indicação de prudência na ação, este "bom conselho" frequentemente se une à indicação de sabedoria e inteligência, opondo-se à pressa e à ação não meditada[13]. Protágoras, segundo Platão, indicava no bom conselho o elemento essencial de um ensino que é em parte – mas, provavelmente, na maior parte –, instrução política[14]. A "administração da cidade", mencionada incisivamente no *Protágoras*, parece corroborar a natureza relativa, segundo ocasião, desta sabedoria. Não por acaso o "bom conselho" é o tema de um dos diálogos entre Sócrates e a principal figura política ateniense após Péricles, Alcibíades, diálogo no qual se procura definir a ciência política[15]. É o valor tradicional desse termo que leva Trasímaco a usá-lo, quando fala, em modo aparentemente paradoxal, das vantagens da injustiça (*República*, I, 348 d).

Na *Ética* aristotélica, analisa-se cuidadosamente a *euboulía* no contexto das virtudes intelectuais[16]: "é preciso apreender o que é o bom juízo, se é uma ciência, opinião, prontidão de

▷ trecho platônico do quarto livro sobre a *sophía* da cidade (ver, porém, Schofield 1986, sobre as referências a *euboulía* anteriormente a Platão). Segundo Woodruff, 2006, p. 181, Platão não possui nenhum interesse na *euboulía*. É significativo notar que Leo Strauss não considera especificamente este trecho da *República* em *The City and the Man* (Strauss 1964), cuja interpretação no sentido aqui mencionado – que, como vemos, não é sem ambiguidade – põe de qualquer forma em dúvida a sua radical separação entre o filósofo e a política.

12 Heródoto, VIII, 110, 3: *sophós te kaì eúboulos*; cf. Platão, *Alcibíades I*, 127 d: *sophoús te kaì euboúlous*.

13 Sabedoria e inteligência: *tèn sophèn euboulían*: Ésquilo, *Prometeu Acorrentado*, 1038; *euboulían kaì xýnesin*: Tucídides, II, 97, 6. Ação não meditada: Tucídides, III, 42, 1. Outros passos em Gauthier; Jolif, 1970, II, 2, p. 509-510 (comentário a VI, 1142 a 34).

14 Ver supra, p. XVI-XVII.

15 Platão, *Alcibíades I*, 125 e: *politeías koinonoúnton* [...] *epistémen*. Ver também o diálogo *Sísifo*, ou "sobre a deliberação".

16 *Ética Nicomaqueia*, VI, 1142 a 32 s. Traduz-se, aqui, *euboulía* por "bom juízo", e não por "bom conselho", porque ela se dá antes de sua "expressão" (*phásis*). Mas o juízo (*krisis*) é, em princípio, relativo ao passado, enquanto a deliberação é relativa ao futuro.

espírito ou outra coisa". A análise aristotélica procede por exclusões, e significativamente a primeira diz respeito à ciência: "não se trata de uma ciência, pois não se procura o que já se sabe, mas o bom juízo é uma deliberação, e quem delibera procura e calcula"[17]. Recusa-se também a equivalência entre o bom juízo e a prontidão de espírito, pois esta não requer um raciocínio, é rápida, enquanto a deliberação requer tempo: diz-se "que é necessário aplicar rapidamente o que foi deliberado, mas deliberar lentamente". Não se trata, enfim, de agudez, nem de opinião. Aristóteles colocará, pois, o bom juízo como a correção no pensamento, antes de sua expressão. Determina-se, com ele, um bem e o modo de consegui-lo. Trata-se, portanto, da correção segundo o útil para (obter) um fim[18].

Também outros termos utilizados por Platão, quando deve caracterizar a sabedoria da cidade, recebem uma análise específica na reflexão ética aristotélica. Por exemplo, a deliberação, que é tratada por Aristóteles como um dos vários momentos que se colocam entre a intelecção e o ato[19]. Delibera-se sobre o que depende de nós e é realizável, não se delibera, por exemplo, sobre as ciências exatas e autossuficientes. Delibera-se sobre o que pode ser diversamente. Não se delibera sobre um fim, mas sobre o que leva ao fim, e nem toda pesquisa é uma deliberação. Como fica claro, tampouco a deliberação corresponde a uma ciência.

Enfim, o termo *phrónesis* (sabedoria ou inteligência), que substitui *sophía* no raciocínio platônico, ocupa um lugar central na reflexão aristotélica. A *phrónesis*, em Aristóteles, caracteriza o saber "prático", ou seja, a sabedoria quando é referida à ação (*praxis*), e seu objeto diz respeito ao bem e ao mal *humanos*. Tomada em sentido largo, dela faz parte a política, como atividade legislativa, segundo a acepção superior do termo "política"; ou como atividade deliberativa e judiciária, segundo sua acepção própria e mais restrita. A natureza *prática* do saber como *phrónesis* o contrapõe, pois, às outras noções relacionadas às virtudes intelectuais, como a ciência, a

---

17 A investigação (*zétesis*) exclui, para Aristóteles, a ciência, que é algo já possuído, e assim também o cálculo (*logízesthai*), que é relativo à ação. Sobre a *euboulía*, ver também os *Magna Moralia*, 1199 a 4-9.

18 *Ética Nicomaqueia*, VI, 1142 b 30-31.

19 *Ética Nicomaqueia*, III, 1112 a 18 s.

intelecção e a sabedoria[20]. Trata-se de um saber que diz respeito ao momento apropriado, à decisão momentânea, à deliberação política segundo ocasião. A sabedoria da cidade, residindo em seus governantes, leva à paz e à guerra, ao comércio e ao isolamento, ao controle dos habitantes e a sua educação.

Todavia, se os termos definidos por Aristóteles, quando analisa o lado prático do saber, estão, em parte, presentes em Platão, e provavelmente dele derivam, a retomada aristotélica inverte o sentido das relações que eram esboçadas por seu predecessor. A primeira dentre as distinções propostas por Aristóteles, quando define o bom juízo, refere-se, como vimos, à ciência. Em Platão, ao contrário, o bom conselho é a ciência que torna sábia a cidade. Assim também a distinção entre sabedoria (teórica) e saber prático permanece no fulcro da reflexão ética e política aristotélica, enquanto, na *República*, são termos utilizados indistintamente, sem que se note uma diferença qualquer. E, enfim, a noção de um conhecimento "prático", repetida pelos comentadores modernos de Platão, é certamente de derivação aristotélica; e Aristóteles, por sua vez, parece tomá-la do *Político* de Platão. Mas em Platão esta noção é introduzida para caracterizar, por oposição, o saber político, o qual não é prático, mas "cognitivo" ou "teórico", relacionando-se com a ação somente porque é relativo ao comando[21].

Se, como vimos, este aparente paradoxo não parece constituir um problema para os que atribuem à ciência dos guardiões um valor puramente prático, é porque se supõe que o percurso platônico permanece por enquanto incompleto, e que é preciso, para bem compreender o diálogo, respeitar a diferença entre seus momentos, sem pretender que haja, nesta fase provisória e "política", a consciência do tema filosófico e da reflexão ontológica apresentados nos livros centrais.

---

20 *Ética Nicomaqueia*, vi, 1140 a 24 – b 30; 1141 b 23 – 1142 a 30. Para a determinação do campo da *phrónesis* em Platão, *a partir* do ponto de vista aristotélico, ver Broadie, 1991, p. 257-258.

21 Sobre o saber "prático" em Platão, cf. Márquez, 2007, com bibliografia. Para alguns, a natureza "não prática" do saber político é questionada no decorrer do diálogo *Político*; porém, a ciência real é explicitamente caracterizada em oposição aos conhecimentos práticos no início do diálogo, sem que esta afirmação seja em seguida explicitamente desmentida. Sobre o problema do saber prático, ver infra, p. 102-106.

A CIÊNCIA DA CIDADE 63

Todavia, tampouco a questão se resolve atribuindo esta peculiaridade ao momento dialógico ainda imaturo, com os interlocutores não preparados para a questão filosófica a ser desenvolvida sucessivamente. Pois os problemas aqui constatados vão ser retomados, sob novas formas, quando o diálogo chegará à análise propriamente filosófica. Se a exigência da "vista aguda" para os governantes parece anunciar o conhecimento do bem[22], a imagem do piloto do navio, apresentada em seguida, se realiza através da relação entre governo (da cidade ou do navio) e conhecimento, como no caso da sabedoria da cidade, e na crítica à participação de todos neste governo[23]. Quanto ao percurso sucessivo do diálogo, seria curioso imaginar que a vida política, à qual os filósofos se dedicam por obrigação, possa ser objeto de uma ciência: poderia o filósofo fugir do que se apresenta como forma de conhecimento?[24] Mas se não admitirmos que se trata de uma ciência, ou de uma sabedoria, é toda a analogia que dá sentido ao diálogo que se torna inviável, e a divisão da alma e a definição de sua virtude não mais aparecerá como consequência da compreensão "política"[25].

22 *República*, VI, 484 c. Ver infra, p. 106. Lembre-se que a cidade, na *República*, é criada por causa da dificuldade de visão de quem deve conhecer a natureza da justiça no indivíduo e que, por isso, procura contemplar a imagem nas dimensões maiores da cidade (II, 368 c-d).

23 *República*, VI, 488 a-e. Ver infra, p. 113.

24 É verdade que a *polemiké*, a arte da guerra, vai ser objeto de ensino específico para os filósofos (*República*, VII, 522 c); em outros diálogos, podemos constatar a sua pertinência à esfera da política (*Protágoras*, 322 b). A arte da guerra não se apresenta, na *República*, somente como parte do percurso educativo de todos os guardiões – portanto, como exercício ou ginástica –, mas como elemento da formação própria aos que guiarão a cidade, assim como as disciplinas matemáticas ou a astronomia.

25 Diante desta aporia, seria possível retomar uma distinção que, recentemente, tornou-se objeto de discussão quanto à reflexão política platônica. A partir do *Cármides*, seguindo o *Eutidemo*, e, enfim, com o *Político*, procurou-se esquematizar uma oposição entre um saber "arquitetônico" da política – um saber que consiste na distribuição de tarefas, nas atribuições dadas às várias ciências na cidade – e um saber político que é conhecimento do bem, como enunciado na *República* (e de certo modo presente nas *Leis*). Esta distinção entre as duas formas de conhecimento político foi particularmente acentuada por Schofield, 2006, não se referindo, porém, à ciência dos guardiões no livro IV. Mas tampouco deste modo as dificuldades acima mencionadas podem ser esclarecidas. Pois não somente esta nova distinção permanece problemática, não claramente explicitada nos diálogos, mas não revela sequer, aqui, a natureza do "bom conselho": não sabemos se se trata do conhecimento do bem, ou de um conhecimento "prático" indefinido, ou do comportamento ▶

64 ARQUEOLOGIA DA POLÍTICA

Se podemos, com certa facilidade, constatar que Platão não pode ser explicado por meio de Aristóteles, e que não seria coerente enquadrar a sabedoria da cidade platônica entre as formas aristotélicas do saber prático, permanece a dúvida sobre a natureza de um saber que é ligado à (boa) deliberação e que, por isso mesmo, não parece estabelecer uma distinção entre observação e *praxis*.

CRITÉRIOS DA POLÍTICA

A conciliação entre conhecimento e poder que parece dar sentido ao projeto da *República* e que funda para nós a ciência da política – ou seja, a política enquanto conhecimento – se realiza com dificuldade, tanto na apresentação da ciência dos guardiões, quanto sucessivamente. Porém, se não há conciliação, a argumentação de Trasímaco permanece sem resposta – e já no primeiro livro a tentativa de refutá-lo passava necessariamente pela aproximação entre o poder e o conhecimento próprio à arte ou técnica. É através desta aproximação que a leitura platônica da política adquire seu sentido enquanto *leitura crítica*, em seu duplo distanciamento: dos modos concretos de deliberação política e dos discursos sobre as "coisas da cidade". Pois com Trasímaco, como lembram Gláucon e Adimanto no início do segundo livro, é toda a cidade que se exprime, em palavras e ações, de forma coral.

Significativamente, este aspecto central da *República* – a definição de uma ciência da política – permanece pouco claro e não parece ter continuidade, quando, em seguida, se trata com maior atenção do saber possuído pelos indivíduos destinados

▷ "arquitetônico" do governante prudente diante dos demais saberes na cidade. Note-se, além do mais, que a distinção realizada no *Político* entre a ciência real e a retórica, a arte da guerra e a justiça, quer não tanto definir os termos de um saber "arquitetônico", mas solucionar o problema da pretensão destes saberes a se constituírem enquanto conhecimento "do que se refere à *pólis*", conhecimento político. Em particular, trata-se da pretensão da retórica, como constatamos, por exemplo, no *Górgias* (ver supra, p. XIII-XV). Já a distinção entre a política e as artes é desenvolvida na imagem da assembleia no *Protágoras*, onde os atenienses se mostram sábios porque distinguem entre os saberes técnicos e a política; esta capacidade de distinção é o elemento próprio da sabedoria política.

A CIÊNCIA DA CIDADE 65

ao governo da cidade. Este saber acentuará a separação entre o homem sábio e o poder. Uma separação tão necessária quanto a *constrição* à vida política. A afinidade entre o sábio e o poder é, aparentemente, refutada pelos que são escolhidos para governar, assim como pelos que são excluídos do governo[26]. A figura do "político" e a natureza de seu saber permanecem obscuras.

Será preciso esperar por outros diálogos (como o *Político*) para responder ao que a *República* não deixa claro? Ficaria por resolver aqui, no diálogo sobre o melhor governo, a questão da natureza do homem político e do conhecimento que lhe é próprio? Ou é a figura mesma do "político" que revela toda a sua complexidade, em sua posição esquemática, entre o filósofo e o sofista? É possível identificar o saber político, enquanto *destinado* ao poder e referido à capacidade de tomar decisões por toda a comunidade, com o saber de quem é excluído da política, Sócrates, de forma paradigmática? Entre o saber "da" política e o saber "na" política, para Platão como para nós, a relação não se estabelece sem ambiguidade.

Voltamos, assim, à questão inicial sobre a natureza da ciência dos guardiões, podendo observá-la sob uma nova perspectiva. Qual a relação entre a ciência de governo na cidade justa e a ciência de governo na cidade injusta? Apresentam-se duas hipóteses. Em primeiro lugar, pode-se imaginar que a verdadeira ciência protetora só existirá na cidade justa. Neste caso, a "utopia" platônica seria referida não só à justiça na cidade, mas também ao conhecimento: somente na cidade justa haveria a perfeita ciência da justiça (e da política). Mas o saber de governo na cidade justa inclui provavelmente a relação com a injustiça – devendo a cidade relacionar-se com outras – e com a ausência de saber – devendo os guardiões relacionar-se com as demais partes da cidade. Também neste momento torna-se necessário o conhecimento do negativo.

Como segunda hipótese, pode-se imaginar que a mesma ciência se encontre na cidade justa e na cidade injusta, diferenciando-se somente na atribuição do poder. Esta parece ser a resposta do *Político* (259a). Se não é necessário esperar pela cidade justa para sabermos o que é a ciência de governo

---

26 Ver infra, p. 99 e 106.

66   ARQUEOLOGIA DA POLÍTICA

(destituída do poder, obviamente), então podemos dizer que a ciência dos guardiões terá uma sua *tradição*, forjada nos conhecimentos do homem sábio na cidade corrompida. Mas este conhecimento será então conhecimento da cidade injusta e também conhecimento do que dizem os homens não sábios, ou só aparentemente sábios, sobre esta cidade.

Se bem considerarmos, Platão reconhece que só assim pode falar da ciência dos guardiões: a partir deste lugar, a cidade injusta, e a partir das palavras dos homens nesta cidade. É possível constatá-lo, em conclusão, através de três diferentes momentos da reflexão platônica.

Em primeiro lugar, podemos observar que, se a ciência dos guardiões tem seu lugar bem definido na cidade justa, a concepção desta cidade parece ter também um lugar preciso entre as formas concretas – e injustas – de governo. É a cidade imperfeita, com suas injustiças, com a determinação do poder segundo o interesse e segundo a força, que permite a compreensão da política segundo justiça. Sócrates o diz claramente quando trata do governo democrático, no oitavo livro da *República*. A forma justa de governo exclui a participação de todos, visto que, por natureza, o saber se restringe a poucos cidadãos. Todavia, é somente na democracia que se pode encontrar toda forma de governo ou constituição (*politeía*): "Quem quer constituir uma cidade – como fazíamos agora – deve necessariamente ir a uma cidade democrática e escolher a constituição que mais lhe agrada, como se fosse a uma feira de constituições, e tendo escolhido, fundá-la."[27]

O que é esta "feira de constituições" se não a forma *tradicional* de reflexão sobre a política entre os gregos, desde pelo menos Heródoto ou provavelmente já antes? Para determinar "logicamente" esta teoria tradicional das constituições – e definir a justiça no indivíduo – a *República* (*Politeía*) constrói a cidade justa e define, a partir desta, a *teoria tradicional* das formas de governo, já mencionada por Trasímaco no primeiro livro (338 d). Mas esta origem "lógica" – as formas corrompidas de governo como derivação da forma justa – não corresponde à origem efetiva, se, necessariamente, é na cidade

---

27   *República*, VIII, 557 d. Para a discussão sobre a democracia na *República*, sobre a qual não nos detemos aqui, ver Ferrari, 2008.

A CIÊNCIA DA CIDADE · 67

democrática e na concepção da multiplicidade das formas de governo que se pode encontrar a forma justa. Escolhida por entre a variedade das formas "pensadas" da política (a feira), a cidade justa da *República* é, em princípio, uma exclusão desta variedade, pois nega que o poder seja conferido a muitos, sendo poucos os que possuem o saber. Mas se a teoria do *governo justo*, nascida na democracia, elimina a forma democrática, seria errôneo dizer que se trata de uma "opção" pelas formas restantes, sendo, ao contrário, *crítica* dos projetos anteriores de compreensão da política.

Podemos constatá-lo retomando um segundo passo platônico, que deixa claro que não se trata somente de uma rejeição dos mecanismos concretos de decisão coletiva na cidade democrática, mas da negação dos critérios habituais de julgamento sobre a política. No *Político*, a discussão sobre as formas de governo leva a considerar não somente a natureza do conhecimento político, mas a definição ou o limite (*hóros*) do que está na base deste conhecimento. Elementos de distinção, na visão tradicional da *política*, segundo as formas de governo, são o número (um, poucos, muitos), a riqueza ou pobreza, a constrição tirânica ou a aceitação do governo, a presença ou ausência de leis[28]. Mas estes elementos (com exceção das leis, sobre as quais se falará adiante no diálogo), correspondendo a critérios "tradicionais" de reflexão sobre a política, mostram-se ineficazes: "O elemento discriminante [*hóros*], ao qual é necessário recorrer neste caso [ou seja, quando se discute a natureza da política e a superioridade das formas de governo], não é 'poucos ou muitos', 'voluntário ou involuntário', 'pobreza ou riqueza', mas uma determinada ciência [...]"[29]

Torna-se claro, com esta afirmação, que Platão reflete sobre o que era o modo *tradicional* de observação política. Esta tradição é retomada tanto em seu aspecto geral, quando se fala das várias formas de governo segundo o número de indivíduos que exercem o poder, quanto na sua relação com as virtudes[30]; mas é

28 *Político*, 292 a.
29 *Político*, 292 c. Em 296 e, novamente se menciona o *hóros* que determina a correta administração da cidade, por oposição aos demais critérios: violência e persuasão, rico ou pobre, leis escritas e não escritas, útil e não útil.
30 Falava-se já de virtude, *areté*, no debate constitucional em Heródoto (III, 80-82), enquanto a *República* parte da virtude principal, a justiça.

68 ARQUEOLOGIA DA POLÍTICA

criticada em seu critério de distinção. Se o debate sobre as formas de governo nasce na cidade democrática, é na *correção* do critério que orienta a determinação do melhor governo que pode ser definida a cidade justa, definida, naturalmente, na cidade injusta.

Todavia, a forma democrática pode também ser, paradoxalmente, *modelo* para a cidade justa, mesmo se sujeito à correção. Podemos constatá-lo mencionando um terceiro e último momento, no diálogo entre Sócrates e Protágoras, na obra homônima.

Comecemos pela definição que Protágoras oferece de seu saber, do que permite a ele motivar o seu ensino: como vimos, o sofista chama *euboulía*, bom conselho, a capacidade de administrar no modo melhor a própria casa e as coisas da cidade[31].

Ao procurar definir o bom conselho, Sócrates afirma que corresponde à arte política[32]. Estamos, pois, em presença da mesma noção que define a sabedoria da cidade justa, na *República*. Bom conselho e saber político caracterizam tanto o ensino de Protágoras quanto a ciência protetora dos guardiões perfeitos. Mas se a ciência dos guardiões torna sábia a cidade justa, a arte do sofista se realiza no que é considerado "sabedoria" na cidade injusta. Os atenienses são sábios, diz Sócrates, e é necessário entender que somente em parte esta afirmação é irônica. Protágoras parece de acordo: trata-se de uma condição para que se possa refletir, no diálogo, sobre a natureza da política[33]. Como notamos, Sócrates explica esta sabedoria dos atenienses distinguindo entre conhecimento técnico e conhecimento político (quando a competência não é considerada e todos tomam parte nas decisões)[34]. Esta mesma distinção entre competência técnica e campo da decisão política permite afirmar a particularidade da ciência dos guardiões. No *Protágoras*, esta ciência tem seu lugar próprio de expressão na assembleia ateniense.

Mas o que caracterizaria a sabedoria *política* dos atenienses, a sua *euboulía*, é a capacidade de distinguir entre o que é *técnico* e o que é *político*. Para Sócrates, os atenienses são sábios não

31 *Protágoras*, 318 e. Ver supra, p. XVI.
32 *Protágoras*, 319 a.
33 Em *República*, IV, 435 e – 436 a, menciona-se o "amor pelo conhecimento" grego, ou ateniense.
34 *Protágoras*, 319 d: "quando é necessário deliberar sobre a administração da cidade". Ver também *Alcibíades* I, 107 a s.; 124 e s.

A CIÊNCIA DA CIDADE   69

tanto porque tomam decisões sábias na assembleia, mas porque respeitam a distinção entre conhecimento técnico e conhecimento político, e esta distinção permanece clara no lugar por excelência da política. Poder-se-ia pensar que a distinção entre técnica e política é, ela mesma, parte do conhecimento político. Os atenienses, em sua atividade política, realizam a distinção de Sócrates quando oferece as leis da cidade justa. Na realidade, nem o *Protágoras*, nem a *República*, esclarecem completamente a natureza da *euboulía*, que caracteriza o saber político: podemos, porém, supor que haja bons motivos para evocar este modo do *conselho* no exemplo da assembleia democrática.

São muitos os pontos de contato entre a descrição do ensino do sofista mais famoso e a apresentação do saber do guardião na cidade justa. O último livro da *República* comprovará que o argumento da administração da cidade, assim como o da educação dos cidadãos, não era uma invenção platônica atribuída a uma personagem, mas uma pretensão real dos sofistas[35]. Não é preciso pensar, como farão outros mais tarde, que toda a *República* já estivesse presente na obra de Protágoras[36]. Mas a expressão da política na cidade sábia e justa, e do saber que lhe é próprio, não pode se desvincular da cidade democrática e de quantos aí pretendiam falar "das coisas da cidade".

Lembremos, em conclusão, que Protágoras – pelo menos a personagem platônica, mas provavelmente também o estrangeiro de Abdera – relaciona sua arte política à atenção pela virtude e por suas divisões. Sócrates, personagem da *República*, parece seguir neste aspecto o ensino do sofista. Se, na feira democrática, Sócrates podia encontrar a forma justa de governo, seus vendedores nem sempre eram atenienses.

---

35   *República*, x, 600 d: "mas Protágoras de Abdera, ou Pródico de Cos ou muitos outros poderão convencer quem os frequenta que, para administrar uma casa ou cidade, é necessário que eles dirijam sua educação".

36   Diógenes Laércio III, 37 e 57 (= D.-K. 80 B 5), citando Aristóxenos e Favorino. Uma "maledicência" que segue o espírito antiplatônico de Aristóxenos, mas que devia se basear em efetivas correspondências entre as duas obras.

4. Comunidade

A identificação de um corpo de governantes-pastores, a descrição de sua formação, a análise de sua "ciência" fazem parte de um percurso em que Sócrates procura responder ao desafio de Trasímaco, ou seja, à visão da vida política fundada na divisão entre os cidadãos e no exercício do poder segundo interesse. Elemento determinante nesta construção de uma resposta às teses do sofista permanece a noção de "comunidade", por meio da qual são colocados os problemas da unidade e da divisão entre os cidadãos. Os diferentes sentidos de "comunidade" a que recorre Platão através do diálogo revelam aspectos centrais de sua reflexão política.

Platão discute a natureza da comunidade política em dois momentos distintos da *República*, no segundo e no quinto livro. Todavia, o sentido de *koinonía* e de termos afins passa por mudanças profundas ao longo do diálogo. Entre o momento de fundação da cidade e a análise da comunidade dos guardiões, apresentam-se dois modelos distintos de comunidade, que poderíamos chamar, um, "econômico", outro, propriamente "político": ambos referidos a uma sociedade "justa", a sociedade em que cada um faz o que lhe é próprio. Na análise da comunidade política é preciso perguntar quem toma parte dela, o que

72 ARQUEOLOGIA DA POLÍTICA

é colocado em comum e qual a natureza deste ato de "colocar em comum".

A COMUNIDADE "ECONÔMICA"

Sócrates funda uma cidade a partir das exigências comuns dos homens e das diferentes funções de cada indivíduo. Por causa das carências, ou necessidades de cada um, muitos "põem[- -se] em comum e se ajudam", passando a habitar um mesmo território, vivendo em uma única "habitação". Esta é a origem da vida comunitária. Partilhando um mesmo lugar, os homens formam uma "coabitação" que denominam *pólis* (*República*, II, 369 c). O vocabulário da fundação (*oíkesis* e *synoikía*) parece sugerir que a vida em comum dos homens na cidade pressupõe a comunidade familiar (*oîkos*).

Sócrates fala da "nossa carência", ou seja, da carência de todos os homens. É algo que faz parte da natureza humana. É por sua causa que a cidade passa a existir, pois, por si só, cada um de nós não é autossuficiente. Podemos enumerar as necessidades que levam os homens a se aproximar uns dos outros: alimento, habitação, roupas – aos quais se acrescentam os calçados e a medicina[1]. Exigências mínimas, que tornariam suficiente uma cidade de poucos indivíduos. A cidade se forma porque precisamos do resultado do trabalho destes indivíduos, e, para obtê-lo, cada um "põe em comum" a própria obra.

Este ato de "pôr em comum" (*koinoneîn*) revela a superioridade da participação e da troca, em relação ao isolamento. É melhor realizar uma só atividade durante todo o dia, compartilhando o resultado do próprio trabalho com os demais habitantes da pequena comunidade, do que, sozinho, dividir o próprio tempo e prover, em momentos distintos, a tudo aquilo de que temos necessidade.

Isto é "mais fácil", concorda Adimanto, referindo-se à formação da comunidade. Ou seja, é mais eficaz. Pois Sócrates acrescenta que "cada um de nós por natureza não é semelhante

---

1 Trata-se do "cuidado do corpo": ver III, 409 e – 410 a: medicina como *therapeía* do corpo.

COMUNIDADE 73

ao outro" (II, 370 b). Percebendo esta distinção *natural*, os homens descobrem a utilidade da vida comunitária. Se cada um faz o que lhe é próprio e no momento oportuno, dedicando--se livremente a isso, sem a obrigação de realizar atividades diferentes, fará então "mais", de forma mais bela e com maior facilidade (II, 370 c).

Em outras palavras, a superioridade da vida em comunidade depende de duas particularidades de nossa natureza: de nossas carências e de nossa vocação. Lembremos que "vocação" traduz aqui *érgon*, que significa não somente aptidão para realizar algo, mas também atividade, trabalho, e o resultado deste trabalho. A capacidade de realizar este *érgon* corresponde à arte, *tékhne*: é impossível que um só homem pratique bem muitas artes (II, 370 b; 374 b-c).

O que impede, porém, que tenhamos todos o mesmo *érgon*, e que os habitantes futuros desta pequena cidade, em vez de se aproximar segundo o entrosamento das diferentes funções e dar origem à comunidade, não acabem exercendo a mesma atividade, tornando impossível a vida em comum? Aparentemente, a diferença entre as funções é natural e a natureza parece ser perspicaz, equilibrando as nossas várias inclinações. Posteriormente, Sócrates constatará que não se trata de fazer o que cada um quer, mas de obrigar cada um a se dedicar ao que lhe é próprio: é necessário que a lei realize o que a natureza dispõe[2]. Tal solução pode nos deixar perplexos: precisamos de uma lei que nos obrigue a fazer aquilo para o qual somos "naturalmente" dotados? Precisamos de uma lei que nos obrigue a comer ou a respirar?[3] Na realidade, a natureza racional do homem consiste também na regra e na ordem, e, por conseguinte, no controle, e não somente na realização dos desejos: uma lei não nos deve obrigar ao que somos levados a fazer segundo desejo, mas o controle dos desejos é objeto da lei, realizando, ao mesmo tempo, o que está na nossa natureza.

É, portanto, a diferença natural entre as funções que permite a criação da comunidade. Se os homens não fossem

---

2 *República*, VII, 519 e – 520 a "não para permitir que cada um se ocupe do que quer, mas segundo o fim da coesão da cidade".
3 Cf. Strauss, 1975, p. 63.

diferentes por natureza, e se essa diferença não correspondesse às diferentes funções, não haveria cidade.

Com o desenvolver do diálogo, iremos descobrir que uma ocupação dos homens, em particular, se distingue das demais, quando relativa à proteção de toda a comunidade. Descobriremos também que nem todas as diferenças entre as atividades humanas parecem ser realmente importantes, como no momento de fundação da cidade. Com a afirmação do elemento propriamente "político", a diferença entre as aptidões conta principalmente na separação entre um grupo e outro. Por um lado, haverá os guardiões, cuja função impede toda e qualquer especialização técnica. Por outro, sapateiros, construtores, e todos os que, participando da troca, deram origem à comunidade. Estes, aparentemente, pertencerão a um só grupo, pois, mesmo possuindo habilidades distintas, não por isso se distinguem quanto à própria natureza: são homens feitos de terra misturada com bronze e ferro. Menos clara é a posição dos médicos, cujo saber vai ser comparado ao dos juízes (III, 408 c – 409 b): por um lado, não seria pensável um juiz que não pertencesse ao grupo dos guardiões; por outro, não parece coerente propor uma especialização técnica entre os governantes e seus auxiliares.

Antes, porém, da criação dos guardiões, Sócrates constata que o princípio da divisão do trabalho, segundo natureza, exige um número maior de indivíduos de quantos estavam envolvidos no primeiro momento de formação da cidade. Cada uma das funções básicas exigirá, para se realizar, outras funções: como, por exemplo, fabricantes de instrumentos para a produção agrícola. Se os próprios camponeses precisassem produzi-los, não seriam fiéis à ocupação para a qual são dotados. Novos indivíduos passam desse modo a participar da comunidade (*koinonoí*), e a cidadezinha original torna-se populosa (II, 370 d).

Todavia, tampouco esta cidade será autossuficiente. É necessário relacionar-se com cidades vizinhas, obter o fruto de outros territórios. Mas o comércio entre comunidades que assim se desenvolve requer uma produção não limitada ao consumo. São necessárias novas ocupações, não direcionadas à produção de bens para os habitantes, como, por exemplo, os mercadores, homens encarregados de realizar as trocas entre cidades.

Pode-se observar que não é simples pôr em comum as próprias obras e carências, para dar origem à comunidade. A troca requer uma medida comum, que torna iguais não os sujeitos, mas os objetos do ato de pôr em comum. Pergunta Sócrates: "E na própria cidade, como trocarão uns com os outros o que cada um produzirá? Em vista disto criamos uma comunidade [*koinonía*], fundando uma cidade." "Evidentemente, respondeu Adimanto, vendendo e comprando." (ii, 371 b)

Esta é a primeira vez que Sócrates fala de comunidade no segundo livro, e logo acrescenta: "A praça e a moeda, símbolo em vista da troca, vão ter aí sua origem."

Há um elemento que torna possível "pôr as coisas em comum", ou seja, realizar a troca: a moeda. Cabe à moeda e à praça aproximar o que é originariamente distinto.

Mas não se conclui assim a tarefa de fundar a cidade, que se realiza com a mediação da moeda e da praça, na troca de bens e funções. É necessário acrescentar, na construção da comunidade, ocupações inferiores, que derivam da falta de uma função específica, porque alguns indivíduos são incapazes, por natureza, de oferecer algo próprio e distinto aos demais. A eles será atribuído o trabalho de comerciantes, ocupação inativa, que efetua, sem nada produzir, a troca entre produtos e moeda. Já outros, que igualmente não possuem uma própria vocação, mas que dispõem da capacidade física, recebem uma retribuição para a realização de trabalhos braçais: são os assalariados (ii, 371 c-e).

Poderíamos objetar que também um médico, por exemplo, receberá uma retribuição (*misthós*) pelo exercício de sua função, mas não por isso é chamado assalariado (*misthotós*). No fundo, Sócrates distingue a retribuição que é dada a quem exerce uma *arte* e a quem não a possui. São dois os grupos que na cidade se caracterizam por esta distinção, sendo chamados assalariados: os trabalhadores braçais e os guardiões. Os cidadãos mantêm, com um salário, os que carecem de uma arte específica porque não possuem um *érgon* (assim os trabalhadores braçais) e os que carecem de uma arte específica porque este é o seu *érgon* (os guardiões).

Nesta "primeira" cidade, Sócrates e Adimanto serão incapazes de encontrar a justiça. Inicialmente, Adimanto permanece em dúvida: a justiça deveria estar em alguma *khréia* dos homens entre si. O que podemos entender: na *necessidade*, que dera origem à vida em comum, e no *uso* que, por conseguinte, os homens fizeram uns dos outros, e, enfim, na *relação mútua* que caracteriza a comunidade. Nesta primeira comunidade, não ouvimos ainda falar de política, de atribuição do poder.

Tampouco se falou de contratos entre os indivíduos: basta, por enquanto, a moeda para que a troca se realize. Mas se há moeda, não haveria naturalmente "contratos" entre os homens? E se há *pólis*, não haveria política?[4] Na realidade, será necessário esperar pela aparição de uma função "política" na cidade para poder considerar a forma de comunidade constituída pelos contratos. É necessário que apareça a figura dos guardiões[5].

Mas antes que se fale dos guardiões e do exercício do poder, Sócrates descreve a vida feliz dos primeiros habitantes da cidade. É então interrompido por Gláucon, o qual evidencia, com sarcasmo, a natureza inferior da comunidade assim constituída. Uma cidade de porcos, quando se deseja uma cidade luxuosa. Ou, nos termos socráticos: tratava-se de uma cidade sã, oposta à cidade inchada de que agora falará. Fica finalmente claro, com esta última imagem, o que estava por trás desse processo, que conduzia à aproximação dos vários indivíduos *unidos* pela diferença de funções. Cada um exerce sua função assim como cada parte do corpo humano saudável. O excesso de funções não necessárias corresponde ao inchamento do corpo. É somente com a analogia corporal – corpo e cidade podem ser saudáveis ou doentes – que podemos compreender a primeira vida em comum dos homens na cidade.

---

4 Aquilo de que se observa agora a gênese era dado por certo na discussão com Trasímaco no primeiro livro. Eram, então, os contratos, e naturalmente o poder, que constituíam os dois campos de prova da superioridade do homem injusto. Os contratos criam uma "comunidade" (I, 333 a-b: fala-se de *koinonémata* e de *koinonós*). Trasímaco procurará, sucessivamente, mostrar as vantagens do homem injusto, e mais uma vez a discussão começa com os contratos (I, 343 d). Quando há um contrato, ou seja, quando se forma uma comunidade entre dois ou mais indivíduos, no momento da dissolução nunca o justo vai levar vantagem. Os contratos, associando alguns indivíduos, constituem a face privada de uma justiça que terá sua face pública na cidade e nas determinações do poder.

5 Contratos privados *versus* política, na definição de justiça: ver *República*, IV, 443 e; lei sobre os contratos: VIII, 556 a-b. Os contratos parecem implicar sempre a dimensão privada, distinta da política: cf. *Leis*, V, 738 a 6.

OS MODOS DA COMUNIDADE

Cada um possui sua função, e respeitá-la é o fundamento da justiça. O que dá origem à comunidade sã guarda seu valor na cidade justa e purificada, transposto dos indivíduos para os grupos que compõem a cidade. Com o decorrer do diálogo, aprendemos que a cidade é sábia porque possui o grupo de governantes, é corajosa por causa de seus defensores, moderada pela concórdia entre seus grupos, justa porque cada grupo realiza a sua função. Somente a justiça não parece depender de um grupo específico ou de uma relação entre grupos. Com efeito, sem que o soubéssemos, a primeira comunidade seguia o princípio da justiça em sua fundação, cada um realizando o que lhe é próprio. O homem vive em comunidade segundo natureza e segundo justiça.

A primeira cidade da *República* é dita uma comunidade, antes mesmo que saibamos da existência ou exigência de guardiões, governantes ou governados. É uma comunidade que se funda na troca dos diferentes bens e funções trazidos à praça pelos cidadãos. Mas pode a cidade tornar-se unitária somente a partir dos interesses pessoais e da troca? Após a criação da cidade justa segundo a diferença entre os homens e a aceitação por todos da divisão social, e após a definição da justiça, na cidade e no indivíduo, Adimanto interroga Sócrates, no início do quinto livro, sobre o "modo da comunidade"[6].

Se Adimanto pede para Sócrates esclarecer o modo da comunidade – e entendemos: da comunidade da cidade justa –, é porque lembra o que anteriormente foi dito pelo filósofo por meio de um provérbio: "as coisas entre os amigos são comuns". Sócrates recorre à tradição para mencionar, no quarto livro, temas de natureza paradoxal: a posse das mulheres, os matrimônios e a procriação[7]. Para homens justos não se deve

---

6   *Trópos tês koinonías*: *República*, v, 449 c. Para a importância da questão da *koinonía* no quinto livro, ver, por exemplo, Halliwell, 1993, p. 7; 19-22; 134, e os estudos de Silvia Campese em Vegetti, 1998-2007, v. 4.

7   *República*, iv, 423 d; 424 a. O provérbio é lembrado em outras obras platônicas: *Lísis*, 207 c; *Fedro*, 279 c; *Leis*, v, 739 c. Ver infra, p. 91. Este provérbio é atribuído por outras fontes a Pitágoras (Diógenes Laércio, *Vida dos Filósofos*, viii, 10; escólio a *Lísis*, 207 c, 120 Greene etc.) e teria sido aplicado à forma de vida nas comunidades pitagóricas. Uma comunidade caracterizada pela

legislar sobre tudo. Poderíamos objetar que para homens justos nenhuma lei seria necessária. Mas neste caso se trata de um subterfúgio, para evitar uma questão cuja dificuldade volta agora à tona.

Adimanto, no início do quinto livro, pede que se trate do que "tu, Sócrates, chamas comunidade de mulheres e filhos". Gláucon reitera o tema a ser tratado: "a comunidade de mulheres e filhos dos nossos guardiões, e a criação dos mais jovens, entre o nascimento e a educação, momento mais difícil" (v, 449 c; 450 c). Um tema de interesse comum, visto que outros presentes aderem ao mesmo pedido de discussão. No entanto, este será agora somente um dos modos de comunidade que serão tratados. Para dizê-lo com as palavras de Sócrates, esta forma de comunidade corresponde à "posse e uso dos filhos e das mulheres"[8].

A pergunta inicial de Adimanto não é evidente: sugere que Sócrates se referisse explicitamente à comunidade, quando mencionava, de forma genérica, o provérbio; e pressupõe que haja vários modos de vida comunitária. Quais seriam estes modos? Não se trata, certamente, de distinguir a cidade de outras formas de vida comunitária, como, por exemplo, a família, pois estamos sempre no âmbito político.

Se bem observarmos a argumentação socrática, vemos que as comunidades se diferenciam em três aspectos. Em primeiro lugar, no que diz respeito aos que dela tomam parte, tanto quanto ao número quanto à natureza. Podemos observar comunidades formadas por poucos, muitos, ou todos os indivíduos; ou por homens e mulheres. Em segundo lugar, podemos distinguir o que é posto em comum: por exemplo, funções diversas, ou bens e propriedades, ou ainda seres humanos. Pode-se tratar, enfim, da natureza do ato de pôr em comum. Cria-se uma

participação em um determinado saber, e por práticas de vida relacionadas a conhecimentos restritos a poucos. Mas o mesmo provérbio, que tem uma difusão extremamente ampla na literatura antiga, é retomado, por exemplo, por Aristóteles, em um contexto diferente do platônico, para falar das diferentes formas de comunidade guiadas por relações de amizade e justiça: ver *Ética Nicomaqueia*, VIII, 1159 b; IX, 1168 b; *Política*, II, 1263 a 30. Para outras citações antigas do provérbio cf. Gauthier; Jolif, 1970, *ad loc*. A relação entre comunidade e amizade, sem mencionar o provérbio, é considerada por Platão em *Górgias*, 507 e – 508 a.

8   *República*, V, 451 c; IV, 424 a. Cf. I, 333 a ("uso" ou "posse" da justiça).

COMUNIDADE

comunidade através da ação de troca, o que pressupõe a propriedade; ou com a exclusão da troca e da propriedade, quando há uma comunhão de bens[9].

Consideremos, a partir destes aspectos, a primeira comunidade, tal como apresentada no segundo livro:

- quem participa da comunidade: todos os cidadãos (de sexo masculino?);
- o que é posto em comum: *érga* (funções, habilidades, aptidões, trabalho, produtos do trabalho);
- natureza do ato de pôr em comum: troca (com propriedade).

Podemos imaginar que esta comunidade seja constituída de outras comunidades (*oîkoi*), e que entre os objetos de troca não estejam propriedades de terras ou de indivíduos (escravos).

Por que a primeira comunidade não é suficiente para Sócrates e seus interlocutores? Por que o tema da comunidade é retomado no quinto livro? Trata-se sempre da vida comunitária na cidade, do que os cidadãos põem em comum para que a cidade se realize. Podemos logo constatar que a diferença depende do grupo dos guardiões, que não estava presente no momento de formação da cidade, e que constitui o objeto principal da reflexão do quinto livro. Falar dos guardiões significa, naturalmente, falar do lugar do poder, militar e político, na cidade. Na primeira comunidade, que podemos, de forma aproximativa, denominar "econômica", pois fundada na troca e na moeda, não se falava deste poder. Somente a partir da figura dos guardiões foi possível determinar o que é a justiça, mesmo se esta definição retoma um princípio vigente desde a primeira comunidade: fazer o que é próprio a cada um. Mas seria este o único motivo pelo qual Sócrates decide tratar especificamente, no quinto livro, do "modo" da comunidade? A resposta a esta pergunta será positiva se a comunidade aí apresentada estiver realmente restrita ao grupo dos guardiões.

9 Na sua crítica à noção de comunidade na *República*, Aristóteles distingue o que é colocado em comum – tudo, nada ou algo (*Política*, II, 1260 b 37 s.) – e, indiretamente, quem participa plenamente da comunidade – todos os cidadãos ou somente os guardiões (1264 a 11 s.). Aristóteles critica também a formação da primeira comunidade platônica: ver *Política*, IV, 1291 a 10-19.

80 ARQUEOLOGIA DA POLÍTICA

Na realidade, o princípio de justiça, estando presente desde a primeira forma de vida comunitária, não requer um corpo distinto de indivíduos, responsável pela aplicação do poder. Esta era uma possibilidade concreta na reflexão dos antigos: um poder político não separado do conjunto dos cidadãos[10]. Também na *República* esta possibilidade permanece implícita: se a primeira cidade existe a partir da divisão natural entre as várias ocupações de seus habitantes, por que é necessário um governo?

A existência de uma "comunidade" separada de guardiões, responsável pela "sabedoria" e pela "coragem" de toda a cidade, e, portanto, pelo seu governo, leva Sócrates a retomar, no quinto livro, um tema que está na base de toda a sua reflexão política. A comunidade dos guardiões deverá naturalmente se distinguir da comunidade "econômica" dos cidadãos. Mas não nos defrontamos, deste modo, com uma formulação unívoca da noção de comunidade. Nem sequer, como agora veremos, com uma formulação restrita da forma de vida comunitária.

AS DIFERENTES "COMUNIDADES"
NA CIDADE JUSTA: HOMENS E MULHERES

Podemos distinguir pelo menos três sentidos de comunidade apresentados ao longo da argumentação socrática no quinto livro da *República*.

---

10 O exemplo mais significativo pode ser encontrado em Aristóteles (*De motu animalium*, 703 a 29 – 703 b 2), o qual, analisando o princípio que governa o corpo dos animais, transpõe, em um contexto de história natural, o que devia pertencer ao campo da reflexão política: "É necessário julgar a constituição do animal como uma cidade bem governada. Na cidade, quando a ordem está estabelecida, não é necessário que haja um monarca distinto, que deve dar conselhos sobre cada acontecimento particular, mas cada um realiza o que lhe é próprio, como preestabelecido, e os atos se realizam segundo o costume. Nos animais, o mesmo acontece segundo natureza, pois cada órgão é feito naturalmente para realizar a própria função, de modo que não é preciso uma alma; mas, visto que a alma está em algum princípio do corpo, as demais partes vivem segundo a sua união natural com ele, e realizam por natureza sua função própria." (ver também *Política*, VII, 1328 a 21-25: os "compostos naturais" em uma comunidade) Trata-se de uma harmonia, ou melhor, de uma justiça que não deriva de um princípio político distinto, mas da realização do *érgon* de cada um, como na primeira comunidade da *República*.

COMUNIDADE

Sócrates procura inicialmente responder à pergunta de Adimanto sobre o "modo da comunidade", dizendo-se inseguro quanto à verdade do que está por dizer (v, 450 e – 451 a). Dispõe-se a tratar da "posse e uso dos filhos e das mulheres", mas dirige sua atenção não às mulheres como *objeto* da comunidade, mas como *sujeito*. Sócrates, em sua primeira resposta, não parece atender ao que lhe fora pedido e ao que ele mesmo propôs. Parte-se da comparação com os animais que "agem em comum" (v, 451 d). A diferença entre homens e mulheres não impede que tenham em comum (*koinoneîn*) suas funções ou ocupações[11]. As mulheres devem participar das tarefas masculinas, dado que a diferença sexual não implica a diferença de funções na cidade. A primeira forma de comunidade indicada por Sócrates não é relativa a indivíduos ou bens, mas a atividades, como já ocorria na primeira comunidade. Agora, porém, é a semelhança, não a diferença entre as funções que está na base da vida comunitária. As mulheres na cidade justa deverão participar (*koinonetéon*) da guerra e de outras funções dos guardiões na cidade (v, 457 a).

Trata-se somente das mulheres dos guardiões ou de todas as mulheres? Sócrates fala de "natureza humana", o que deixa claro que a igualdade de funções diz respeito a todas as mulheres, e não somente às dos guardiões (v, 453 a). Além do mais, Sócrates dá o exemplo de médicos e arquitetos, tanto homens quanto mulheres (v, 454 d), e não sabemos em qual "classe" estão estes cidadãos: seria singular que fossem guardiões, pois não é esta sua função própria, mas tampouco pareceria adequado que participassem da terceira classe indivíduos que, para conhecer corretamente o corpo dos homens, devem conhecer sua alma (iii, 408 e). Mas logo os exemplos socráticos se dirigem à música e à ginástica, portanto à filosofia e à guerra, que são atividades exclusivas dos guardiões (v, 455 e – 456 a). Se somente as mulheres dos guardiões, filósofas e guerreiras, têm em comum com os homens suas funções, deve-se supor que, no terceiro grupo de cidadãos, as mulheres continuem a ocupar seu lugar "tradicional". Mas se todas as mulheres desenvolverem as mesmas funções que os homens, podemos imaginar

---

11 *República*, v, 453 a (*érga*); 455 d (*epitedeúmata*).

82 ARQUEOLOGIA DA POLÍTICA

que a transformação da vida familiar, da qual Sócrates fala em seguida, não se restrinja ao grupo dos guardiões. A comunidade das funções transpõe às mulheres as dificuldades que o projeto platônico criava no processo de seleção masculina dos guardiões[12].

A partir das mesmas relações que observamos na comunidade descrita no segundo livro, podemos resumir as características da vida em comum como proposta no primeiro momento de discussão no quinto livro (451 d – 457 c):

- quem participa da comunidade: todos os homens e mulheres (a "natureza humana", com o exemplo de médicos e arquitetos), ou especificamente homens e mulheres do grupo dos guardiões (atividades de música e ginástica, filosofia e guerra);
- o que é posto em comum: *érga* (atividades, funções);
- natureza do ato de pôr em comum: comunhão (as mesmas funções são possuídas por homens e mulheres).

Em relação à primeira comunidade, vemos que o que está em questão são sempre as funções ou aptidões dos indivíduos que compõem a cidade, mas diferentemente do que ocorria no início, agora a comunidade não se baseia na troca, mas no ato de compartilhar.

A COMUNIDADE FAMILIAR

A comunidade das funções entre homens e mulheres é comparada, pela primeira vez, no final desta discussão, a uma "onda" que ameaçava afogar os interlocutores, mas que assim conseguem superar (457 b-c). A esta onda segue outra, maior do que a anterior, enunciada por Sócrates como uma lei: "Que todas estas mulheres sejam comuns [*koinás*] a todos estes homens e que nenhuma mulher habite junto com nenhum homem. E que também os filhos sejam comuns, e que o pai não reconheça o filho como seu, nem o filho reconheça o pai." (457 c-d)

---

12 Ver Aristóteles, *Política*, II, 1264 a 11 s.

COMUNIDADE 83

Trata-se, agora, de uma diferente forma de comunidade: não mais relativa às funções dos cidadãos, mas a indivíduos – mulheres e filhos. Esta segunda onda diz respeito às relações familiares. A ela se referia Adimanto e os demais, quando pediram a Sócrates para tratar da comunidade; a ela devia pensar Sócrates, quando falava da "posse e uso" de mulheres e filhos. Não mais se diz que as mulheres "realizarão em comum" as atividades junto com os homens, mas que as mulheres "serão (pertencerão?) em comum" aos homens: assim também as habitações e os filhos. É evidente que se trata de um bem: pode-se duvidar somente que seja realizável (457 d).

A discussão terá por objeto o modo desta comunidade: reprodução, nascimento, nutrição dos filhos. Ter em comum mulheres e filhos comporta regras mais detalhadas do que pôr em comum as funções entre homens e mulheres. Enquanto, no primeiro caso, era preciso revelar a verdade quanto à natureza dos gêneros, agora se deve mentir, cobrir a verdadeira razão dos processos de acasalamento, criando ritos e práticas nupciais. Mais ainda do que na primeira onda, a oposição da justa norma comunitária aos hábitos bem enraizados dos homens torna premente a questão de como vai ser possível realizar a cidade justa, o que conduzirá, mais tarde, à terceira e última dificuldade.

Sócrates conclui sua análise: "Esta, Gláucon, é a comunidade das mulheres e dos filhos *para os guardiões da cidade*" (461 e). Reitera-se assim, em primeiro lugar, que esta comunidade diz respeito à posse das mulheres, e não às funções comuns; em segundo lugar, que é restrita ao grupo dos guardiões. Com a segunda onda (457 c – 461 e) podemos observar o seguinte esquema:

+ quem participa da comunidade: todos os guardiões (homens);
+ o que é posto em comum: mulheres, filhos, habitações;
+ natureza do ato de pôr em comum: comunhão (indivíduos e bens).

Pouco resta, agora, do projeto da primeira comunidade: ao contrário do que ocorria então, não mais participam da comunidade todos os indivíduos, mas poucos, não se põem

84 ARQUEOLOGIA DA POLÍTICA

em comum as funções, mas seres humanos e bens, não se realiza a troca, mas tudo é possuído em comum. Ao contrário da primeira comunidade, não se trata de uma igualdade de relação entre indivíduos *diferentes*, dada pela moeda, mas de uma igualdade entre indivíduos *semelhantes*, derivada da particularidade da vida comunitária. Devemos, porém, acrescentar que o vocabulário da igualdade, que aqui parece implícito, não faz parte da análise platônica da vida comunitária.

A COMUNIDADE DOS SENTIMENTOS

Sócrates não conclui completamente a sua discussão da "segunda onda" com a descrição dos matrimônios, da procriação e educação dos filhos, mas prossegue com considerações sobre a natureza da comunidade e da participação. Deste modo, porém, apresenta uma nova visão da vida comunitária. Sócrates procura determinar qual o maior bem e o maior mal para a cidade. Por um lado, o que torna a cidade unitária. Por outro, o que a divide em tantas outras. O que leva a cidade a sua unidade é a "comunidade" de prazer e dor: "É a comunidade de prazer e dor que une, quando todos os cidadãos se alegram e sentem dor pelas mesmas coisas que se criam e que desaparecem, o mais possível e de forma mais próxima."[13]

Note-se que até aqui se tratava da comunidade de mulheres e filhos para os guardiões. Ouvimos falar, pela primeira vez, de sua extensão *a todos os cidadãos*. Afinal, seria possível que os cidadãos do terceiro grupo não sentissem como própria a cidade como um todo? Seria possível uma cidade onde os responsáveis pela produção e comércio não participassem dos mesmos sentimentos dos que a governam? A particularidade ou privacidade dos sentimentos dissolve a cidade, quando, diante das mesmas afecções da comunidade e dos que aí vivem, alguns sentem dor e outros se alegram. Isto ocorre porque todos não pronunciam ao mesmo tempo as mesmas palavras, "meu" e "não meu", e assim também "de outro" (462 b-c). A cidade

---

13 *República*, v, 462 b. Alguns tradutores interpretam "o que nasce e perece" como "os mesmos nascimentos e mortes": ver Vegetti, 2007, *ad loc.*

COMUNIDADE 85

melhor administrada será a cidade em que a maioria – o que não parece se referir, naturalmente, aos guardiões, mas a todos os cidadãos – diz o mesmo do mesmo, o meu e o não meu, sentindo-o como comum.

Esta cidade se assemelha a um só homem. A imagem corporal, que parecia valer já para a cidade "sã", é agora retomada de forma mais concreta:

Como quando um nosso dedo é ferido, toda a comunidade do corpo até a alma, estabelecida em uma única ordem de governo, sente o mesmo e sofre, ao mesmo tempo, em seu conjunto, a dor da parte; e assim dizemos que o homem tem dor no dedo. E o mesmo discurso serve para todo o resto do homem, quer se trate da dor que sofre uma parte, quer do prazer quando é aliviada. (462 c-d)

Na realidade, não é cada parte de meu corpo que sente a dor da outra parte, os meus pés, por exemplo, não sentem as dores sofridas pelo dedo. Por isso, Sócrates fala daquilo que governa o corpo, e que se encontra na alma. Mas sequer desta maneira o problema encontra uma fácil solução. Sabemos que os sentimentos de prazer e dor, assim como os desejos, pertencem à terceira parte da alma, que deverá ser submetida ao controle da razão. Somente algo que pertence à terceira parte poderia ser "sentido" pelo todo: seria absurdo atribuir a ela o que é próprio à parte superior. Mas os sentimentos da terceira parte seriam assim os sentimentos de toda a alma? Ou também em seus sentimentos a alma realizaria "comunidades" distintas, cada qual com seus desejos e prazeres? (*República*, IX, 580 d – 581 c)

Em todo caso, assumindo a harmonia entre as partes de nossa alma, Sócrates nos mostra que a comunidade não pode depender de *conhecimentos* que não são possuídos por todos, mas somente de *sentimentos* compartilhados. Também na primeira comunidade não se compartilhavam as mesmas habilidades, mas cada um conservava a própria e efetuava a troca com o que produzia. Porém, se os sentimentos são comuns, e se sentimos prazer por aquilo que em nós é superior, devemos imaginar que, de algum modo, também o que em nós é inferior participa deste prazer. Se todos os cidadãos, como diz Sócrates, sentem prazer pelas mesmas coisas, isto significa que todos os cidadãos, também os que pertencem ao terceiro grupo, sentirão os prazeres dos guardiões perfeitos. Não certamente como algo que é próprio a eles, pois não pertence a sua natureza. A comunidade de todos não se realiza completamente nem no que diz respeito à vida política, nem às relações entre as partes da alma.

O que se aplica a todo corpo (e não somente ao corpo saudável) deve se aplicar à *melhor* cidade. O que é próprio a um cidadão será sentido como tal por toda a cidade, que é, porém, uma cidade dividida em diferentes grupos, como um corpo em suas partes. Com efeito, por que Sócrates não podia se contentar com a primeira forma de comunidade? Acostumados com a naturalidade deste grupo que nascera somente na cidade inchada – os guardiões –, vemos que a imagem corporal se relaciona às divisões concretas da comunidade dos cidadãos. Seria possível lembrar outros exemplos, na literatura antiga, do uso da imagem corporal para tratar da comunidade política. Fala-se do corpo quando se quer acentuar a naturalidade ou necessidade da divisão social[14]. É neste momento, pela primeira vez na *República*, que Platão utiliza o termo "povo" (*dêmos*) e identifica com este grupo uma parte presente em toda cidade, correspondente aos que *não* detêm o poder: "*Como em todas as cidades*, também nesta haverá governantes e povo [...] e todos se chamarão, uns aos outros, cidadãos." (463 a)

O leitor do diálogo poderá notar a singularidade desta afirmação socrática. Não tanto pela distinção entre governantes e governados, pois sabíamos já que esta é uma distinção natural, introduzida por Sócrates, repentinamente, no final do processo educativo dos guardiões[15]. Mas agora, em oposição aos governantes, encontramos o *dêmos*. Sócrates, cidadão da cidade democrática de Atenas, fala do *dêmos* para indicar o grupo dos que não governam. Não se trata, assim, de nomear a parte mais pobre da comunidade dos cidadãos, dado que este *dêmos* poderá possuir mais riquezas do que seus governantes. Mas se trata de indicar todos os que na cidade, são destituídos de poder político.

---

14 Pode-se lembrar, naturalmente, o apólogo de Menênio Agripa, narrado por Lívio (II, 32, 8-12) e outros, sobre o qual, ver a discussão e ampla bibliografia em Hillgruber, 1996.

15 *República*, III, 412 b-c; cf. *Leis*, I, 640 a.

COMUNIDADE

Sócrates apresenta uma digressão terminológica, na qual recorre às denominações vigentes nas várias cidades (segundo sua forma de governo), e as compara com as denominações da cidade justa. Todavia, o *dêmos* não é aqui uma destas denominações, mas um componente certo de toda cidade, assim como, por outro lado, os que possuem o poder. Após ter falado de "todos os cidadãos" e ter acentuado a exigência de unidade para a cidade, Sócrates agora considera as diferentes formas de divisão do corpo social.

Estava claro, desde o início, que não era fácil denominar o conjunto heterogêneo do terceiro grupo de cidadãos, os únicos, aliás, que davam origem à cidade sã. Mas a dificuldade não é somente encontrar o nome concreto para indicar este grupo, e que neste caso se mostrará arbitrário; o problema é sempre o de encontrar uma função política distinta que não dependa dos interesses "econômicos" dos cidadãos. A sombra de Trasímaco continua a acompanhar Sócrates em sua argumentação.

Em seu conjunto, governantes e *dêmos* serão cidadãos. Já os governantes, denominados nas várias cidades, "senhores", mas nas cidades democráticas, "governantes", serão chamados, pelo *dêmos* da cidade justa, "salvadores" e "servidores"[16]. Já os governantes não chamarão o povo de "escravos", como nas outras cidades (Sócrates agora se esquece das cidades democráticas), mas "fornecedores de salário e alimento". E entre si, ao contrário de "companheiros de governo", vão se chamar "companheiros de guarda". Entre os guardiões, as relações serão familiares. Com a eliminação da comunidade familiar do interior da comunidade política (ou seja, no grupo dos guardiões), é toda a cidade que se transforma em uma família. Retomando o que fora dito, antes desta digressão onomástica, Sócrates reitera: "este modo de opinar e de se exprimir deriva do fato de sentir os mesmos prazeres e dores". E os *cidadãos* (mais uma vez a referência é ao conjunto dos cidadãos) terão em comum o que chamam "meu", e disso derivará a comunhão da dor e do prazer (463 b – 464 a).

16 *República*, v, 463 a-b. "Servidores" traduz, aqui, *epíkouroi*, ou seja, (guardiões) auxiliares. Podemos interpretar: ou o termo restrito dos auxiliares agora se amplia e é aplicado ao conjunto dos guardiões, ou a proximidade do duplo nome, salvadores e auxiliares, permite cobrir todo o grupo que, na realidade, se distingue nas duas funções de governo e proteção.

ARQUEOLOGIA DA POLÍTICA

Podemos observar que, neste momento da discussão da comunidade das mulheres e filhos (462 a – 464 a), Sócrates traça uma forma de comunidade que se distingue das anteriores, a saber:

- quem participa da comunidade: todos os cidadãos (o "corpo" dos cidadãos);
- o que é posto em comum: sentimentos de prazer e dor;
- natureza do ato de pôr em comum: comunhão (os mesmos sentimentos compartilhados por todos).

Como nos momentos anteriores, e sempre se afastando do que se mostrava como o primeiro modo de vida comunitária, o que é "comum" não deriva da troca, mas da comunhão. Comunhão de sentimentos exigida de todos, pois senão a cidade não seria "unitária"; comunhão de bens e indivíduos para os governantes, pois senão não haveria política em sentido próprio, mas somente realização de interesses particulares.

CORPO E PROPRIEDADE

Após se referir aos prazeres e dores de *todos* os cidadãos – acentuando que se trata de guardiões e povo –, Sócrates retorna à comunidade dos *guardiões* quanto às mulheres e filhos (464 a). Ou seja, após ter aplicado a toda a cidade o que fica claro somente para o grupo dos guardiões, Sócrates volta a falar especificamente dos que a governarão – de sua parte "política" –, pondo em evidência que as formas de vida comunitária deste grupo condicionam a vida de todos.

Este é o bem maior para a cidade, afirma Sócrates, como já estava claro quando se comparava a cidade bem habitada com o corpo. Por conseguinte, a causa do maior bem é a comunidade de mulheres e filhos para os "auxiliares"[17].

---

17 *República*, v, 464 b. Com o termo "auxiliar", não sabemos se Sócrates se refere à parte inferior do grupo dos guardiões ou se retoma um dos nomes com os quais, genericamente (junto a "salvadores"), o povo deve se dirigir aos governantes: ver v, 463 b. Cf. Adam, 1963, nota *ad loc*.

COMUNIDADE   89

Não haverá propriedade privada, com exceção do próprio corpo, acrescenta Sócrates[18]. O corpo representa o limite para a comunidade, para onde esta não mais pode se estender. Não há comunidade de corpos, mas podemos realmente pensar nos prazeres e dores comuns aos diferentes cidadãos, quando cada um sentirá prazer e dor pelo corpo que lhe é próprio? O corpo representa o limite de toda comunidade, também da comunidade fundada na troca. Limite e, ao mesmo tempo, imagem da vida comunitária.

Se não há propriedade privada, não haverá processos e denúncias de uns contra os outros, que derivem da posse de bens e pessoas. Tampouco processos por violências e mal tratamentos, estabelecendo que é belo e justo defender-se dos que pertencem à mesma classe de idade e cuidar do próprio corpo (mais uma vez este se mostra o limite da comunidade)[19]. Estas e outras leis levarão os homens a viver em paz entre si (465 b). Estes "homens" são os guardiões: Sócrates acrescenta que, sem conflitos entre os guardiões, também "o resto da cidade" não se dividirá em relação a eles e no seu interior. Em uma aparente tentativa de conciliação das diferentes formas de comunidade que até então mencionara, Sócrates parece sugerir que conta a comunidade completa dos guardiões, da qual derivarão bens para os que dela não participam.

Realizando, em sua vida comunitária, o bem de toda a cidade, os guardiões, sem família e propriedade, serão mais felizes do que vencedores olímpicos[20].

Segundo estas considerações finais sobre a comunidade (464 a – 466 c), podemos apresentar um esquema diferente e menos uniforme do que os anteriores:

- quem participa da comunidade: cidadãos, guardiões, auxiliares (sexo masculino);
- o que é posto em comum: prazer e dor; mulheres, filhos, bens;
- natureza do ato de pôr em comum: comunhão.

18   v, 464 d; ver *Leis*, v, 739 c. Sobre este aspecto chamou a atenção Leo Strauss: cf. Strauss, 1964, p. 114-115; 1968, p. 139.
19   *República*, 464 d-e; o que não significa, naturalmente, um cuidado excessivo do corpo, que é negativo: ver III, 407 b; ver também VI, 498 b.
20   *República*, v, 465 d – 466 b. Sócrates responde, assim, à objeção que fora feita por Adimanto, no início do quarto livro, quanto aos bens e à felicidade dos guardiões.

Sócrates pretende então obter o consenso de seu interlocutor, Gláucon, e novamente muda as cartas do jogo: "estás de acordo com a comunidade de mulheres e homens [...] educação dos filhos e proteção dos outros cidadãos [...]?" (466 c) "Comunidade de mulheres e homens", não comunidade de mulheres possuídas por homens. Preparando a parte final de sua análise, Sócrates retoma a comunidade de funções entre homens e mulheres de que falara no início. E recorre, mais uma vez, à analogia com os cães, como na primeira onda: as mulheres, de modo semelhante às fêmeas dos animais, participarão da guerra e da caça. Não se age assim contra a natureza, visto que, naturalmente, homens e mulheres são levados a compartilhar a vida (*koinoneîn*) uns com os outros (466 d). Falta discutir como será possível tal *koinonía*, o que é ensejo para uma digressão sobre a guerra[21].

UMA CIDADE SEM PROPRIETÁRIOS

Vemos, portanto, que Sócrates não oferece uma única resposta à pergunta de Adimanto sobre o "modo" da comunidade. A situação que dava origem à cidade parece distante. Todavia, o princípio que levara a cidade a se formar continua em vigor na cidade dos guardiões, enquanto princípio de justiça: cada um se dedica ao que lhe é próprio. E as relações de troca, que regulam a vida econômica e das quais não mais se fala, não deveriam desaparecer de uma parte, na realidade da parte maior, de uma cidade dividida em três distintos grupos.

Seria possível, assim, concluir que as exigências da "política" – ou seja, a determinação do lugar de um poder separado do conjunto dos cidadãos – criam uma forma de vida comunitária distinta da que conduzia a cidade à sua existência? Podemos

---

21 *República*, v, 466 e – 471 c. O uso do termo *koinonía* em um contexto político, nos demais livros da *República*, não adquire a mesma importância dos casos aqui analisados. Pode-se notar, porém, que a "comunidade" entre governantes e governados dá origem à democracia (VIII, 556 c). Mas trata-se, neste caso, das ocasiões de vida em comum e da possibilidade, para os governados, de perceber a inferioridade dos que deveriam ser superiores. Esta "comunidade" pode existir também na cidade justa, onde, porém, os governantes serão sempre um exemplo para os demais.

COMUNIDADE 91

pensar que o sentido de comunidade como "comunhão", de funções, indivíduos, bens ou sentimentos, derive somente da exigência de encontrar um fundamento para o poder que não seja o proposto por Trasímaco? E que para evitar uma "comunidade" em que o poder realize os interesses de quem o possui, Platão acabe por delimitar um espaço rígido, mas restrito, de igualdade como condição de vida comunitária?

Se olharmos, em conclusão, para outro texto platônico, podemos ver que não é somente a atribuição do poder que justifica o "modo" da comunidade na cidade justa. Nas *Leis*, Platão retoma os mesmos temas e oferece uma interpretação extrema para eles[22]. Trata-se, aqui, do primeiro governo (*politeía*), o qual não será escolhido pelos interlocutores, que preferirão uma forma imperfeita. É o mesmo provérbio lembrado por Sócrates que permite apresentar a comunidade superior: "A primeira cidade, com a constituição e as leis melhores, se encontra onde o antigo dito se realiza ao máximo em toda a cidade: dizem que o que pertence aos amigos é mesmo em comum."

Estamos, portanto, no mesmo contexto da *República*. Mas o provérbio pitagórico, que aí se referia ao grupo dos guardiões, agora é aplicado à cidade no seu conjunto: tudo deve ser comum entre *todos* os cidadãos. Como na *República*, a reflexão sobre a comunidade deve considerar suas condições de possibilidade: "Quer isto se realize agora em algum lugar, quer aconteça algum dia [...]"

Não se trata de uma comunidade impossível, mesmo se não é proposto como projeto concreto de fundação por parte dos interlocutores do diálogo. Eis o objeto desta comunidade que é estendida a todos: "que as mulheres sejam comuns, comuns os filhos, comuns todos os bens".

Nada mais, por enquanto, do que aquilo que fora dito por Sócrates na "segunda onda". Todavia, nas *Leis* generaliza-se o âmbito da vida comunitária: o que é privado deve ser extirpado

---

22 *Leis*, v, 739 b-d. Sobre este passo e sobre a "primeira cidade" das *Leis*, ver Laks, 2001, p. 109; Bobonich, 2002, p. 482; Vegetti, 1998-2007, v. 4, p. 122-123. Todavia a simples constatação que a cidade primeira das *Leis* não corresponde à cidade da *República* não responde à pergunta sobre por que se assemelham e por que o contexto das *Leis* evoca tão claramente o do diálogo anterior (ver England, 1921, *ad loc*). Vegetti (2003), p. 112; 117, nota a extensão, a toda a comunidade, da proposta platônica de vida comunitária nas *Leis*.

de *toda* a cidade, e não somente de uma parte. Este ideal de justiça requer, como poderíamos prever, a imagem corporal:

> e se o que se diz privado é eliminado em todo lugar, com todos os meios, procurando, na medida do possível, também tornar de certo modo comum o que é privado por natureza, como os olhos, os ouvidos e as mãos, de maneira que se pareça ver, ouvir e agir em comum, e elogiar e criticar da mesma forma para que, principalmente, todos tenham prazer e dor pelas mesmas coisas.

A analogia com o corpo ganha uma relevância que não possuía na *República*. Mas não se trata da mesma imagem, pois não mais se fala de uma relação entre as diferentes partes do corpo, mas em compartilhar as mesmas partes do corpo entre todos os homens. Ou seja, Platão não está aqui retomando a imagem corporal da *República*, mas rebatendo a afirmação socrática de que o corpo seria o limite da vida comunitária. Na *República*, o corpo representava o campo do privado que, por natureza, não é possível superar na comunhão entre indivíduos. Agora, este limite, que é dado por natureza, não deve ser tomado como necessário. Não sabemos como possa tornar-se "de certo modo" comum o que "por natureza" é privado. Esta comunidade de todos quanto a todas as coisas deve ser objeto de uma atividade legislativa: "e estabelecer tais leis que, por quanto possível, tornem ao máximo a cidade unitária, ninguém dará uma outra definição da suprema virtude mais correta e melhor"[23].

Como em nossa análise dos vários momentos da *República*, podemos indicar esquematicamente a natureza desta comunidade da primeira cidade das *Leis*:

- ◆ quem participa: todos os homens (sexo masculino), sem distinção entre governantes e governados;
- ◆ o que é posto em comum: mulheres, filhos, bens; sentimentos de prazer e dor, como na *República*; mas também sensações, ações, discursos (elogios e críticas);
- ◆ natureza do ato de pôr em comum: comunhão (de tudo o que é posto em comum).

---

23 Outra referência nas *Leis*: VII, 807 b: "isto não se realizaria [...] enquanto mulheres, filhos e casas fossem privados".

COMUNIDADE 93

Trata-se de uma cidade divina, habitada por deuses ou filhos de deuses, à qual devemos nos aproximar o mais possível, conclui o Ateniense, lembrando o "modelo" (*parádeigma*) que, na *República*, podia justificar a cidade justa (v, 472 d). Sem pensar, porém, nas condições de realização desta comunidade – como faz a *República*, tratando do governo filosófico –, Platão, nas *Leis*, passa logo à segunda cidade, o modelo mais próximo desta primeira, que procurarão realizar em Creta[24]. A "segunda" cidade funda-se nas propriedades dos cidadãos, devidamente controladas, regradas e limitadas. Nela, o acesso ao poder obedece à distinção entre as classes de riqueza, portanto, à propriedade. Os cidadãos das *Leis* serão proprietários, assim também, e principalmente, os governantes. As regras rígidas que dirigem a vida econômica dos cidadãos dependem do fato de não haver uma completa separação entre estes e os que detêm o poder.

"Cada um de nós por natureza não é semelhante ao outro" (*República*, ii, 370 b). Ao contrário da *República*, este princípio não parece vigorar na cidade primeira das *Leis*, ou, pelo menos, não se transforma em fundamento de distinção política. Tampouco a diferença entre as funções e, portanto, entre as habilidades, conduz à oposição entre os conhecimentos técnicos, por um lado, e um conhecimento que não é propriamente técnico, por outro, e que será apanágio dos que detêm o poder. Na *República*, o *érgon* dos guardiões perfeitos vai se transformar em um conhecimento que não é exatamente – ou exclusivamente – a "arte de governo". Nas *Leis*, na cidade segunda, vigora a regra que atribui uma só ocupação para cada indivíduo. Deste modo, os cidadãos não praticarão as diferentes artes, mas deverão se dedicar à "ordem comum": o que significa que os homens em comunidade passam a vida dedicando-se à vida em comunidade[25]. Mas estamos na cidade dos homens e nada sabemos dos costumes e interesses dos habitantes da cidade divina.

A primeira cidade das *Leis* indica, portanto, os limites da comunidade da *República*, uma comunidade que, como vimos, se aplica a todos nos sentimentos, mas a poucos nas funções e nos bens. A comunidade da *República* parece responder a um

24   *Leis*, v, 739 d-e.
25   Ver *Leis*, viii, 846 d – 847 b.

94 ARQUEOLOGIA DA POLÍTICA

duplo objetivo, que não é fácil harmonizar: por um lado, procura tornar unitária a cidade em seu todo, no conjunto de seus cidadãos. Por outro, delimita, na cidade, a natureza da "política" como exercício do poder, distinguindo dela o que diz respeito à administração familiar e aos interesses econômicos[26]. Não há verdadeira comunidade sem o grupo dos guardiões, mas com este grupo não haverá mais uma comunidade de todos.

Mas é também a *República* que nos faz compreender melhor o que fica escondido nas *Leis*. Com efeito, tratando da comunidade perfeita, este diálogo cala quanto à natureza do poder na cidade. Mais do que tudo, a cidade primeira das *Leis* não oferece a razão da vida em comunidade, a razão da primeira vida dos homens com suas carências e necessidades. É uma cidade habitada por deuses ou filhos de deuses. Sócrates nos diz, no segundo livro da *República*, que os homens vivem em comunidade porque não são iguais e porque cada um de nós não é autossuficiente[27]. A autossuficiência dos homens é, portanto, a comunidade política. Se, na última obra platônica, a comunidade primeira corresponde a uma cidade de deuses, poderíamos objetar, com a *República*, que os deuses não precisam viver em comunidade.

---

26 *República*, III, 417 a-b . Note-se também que a primeira lei das *Leis* diz respeito ao matrimônio (IV, 720 e – 721 e), pois o legislador se ocupa do que está na origem da cidade. A "comunidade matrimonial", portanto a unidade familiar, é pressuposta pelas *Leis*, diferentemente da *República*.

27 *República*, II, 369 b. A autossuficiência, como sabemos, está na base da teoria política aristotélica, ou seja, na base da noção de homem como "animal político": ver *Ética Nicomaqueia*, I, 1097 b 7-11; IX, 1169 b 16; e, enfim, *Política*, I, 1253 a 7. Na *Ética Eudêmia*, VII, 1242 a 7-9, encontra-se a crítica à autossuficiência como fim único da comunidade política. Na *Ética Nicomaqueia*, X, 1177 b 1, vemos os limites da autossuficiência do homem político: a vida contemplativa, que aproxima os homens dos deuses, é mais "autossuficiente" do que a política.

5. Retrato do Filósofo Quando Governante

O projeto político platônico, na *República*, conclui com a atribuição do poder ao filósofo. É necessário, para isso, identificar a figura do filósofo com a do guardião perfeito, que, como vimos, foi criada para governar a cidade justa. A atribuição do governo aos filósofos é o ponto central do projeto platônico e um dos aspectos mais frequentemente debatidos do diálogo. Todavia, não parece ter sido suficientemente notada a *dificuldade* desta atribuição. Que a figura do filósofo *não* possa se adequar completamente à do guardião é uma constatação que emerge mais de uma vez das considerações de Sócrates e seus interlocutores. Como fica claro, o conhecimento filosófico não se identifica com a ciência protetora que caracteriza o saber dos governantes.

Com a análise desta discrepância entre a figura do filósofo e a do governante, e, assim, com a constatação do paradoxo que está por trás do projeto político platônico – paradoxo que é, ao mesmo tempo, *condição* para a observação política –, chegamos à conclusão destes ensaios sobre a natureza da política na *República*. Ou melhor, sobre a "arqueologia" da política, dado que somente agora pode iniciar a análise das formas concretas de governo. Sócrates indicou o *critério* para a "teoria" da

96 ARQUEOLOGIA DA POLÍTICA

cidade. Este fato, por si mesmo, exime o leitor da decisão entre interpretar o percurso platônico como um programa político efetivo ou como um traçado puramente paradigmático – uma distinção várias vezes lembrada por Sócrates no diálogo, mas à qual não parece ser dada uma resposta unívoca[1].

ENTRA EM CENA O FILÓSOFO

Ao mesmo tempo em que atribui o poder na cidade justa exclusivamente ao filósofo, Platão revela algumas das críticas mais contundentes à capacidade política desta personagem. A atividade filosófica é alheia à ação; o filósofo carece de experiência; pode-se duvidar que ele seja realmente virtuoso. Enfim, e como que resumindo todo o resto, o conhecimento filosófico é inútil. Parecem considerações paradoxais, no diálogo conduzido por Sócrates. Se respondermos que se trata do filósofo na cidade injusta, devemos também constatar que é preciso um filósofo nesta situação para que a cidade justa possa existir. Se, ao contrário, olharmos para o momento em que a natureza filosófica poderá plenamente se desenvolver, veremos que aquelas qualidades de governo permanecem distantes de suas inclinações.

A nossa experiência de leitores da *República* é condicionada pelo fato de já sabermos, de antemão, que os filósofos deverão exercer as funções de governo para que a cidade seja justa. Mesmo um leitor ingênuo do diálogo poderia supô-lo, se notasse que no caráter do guardião está presente uma veia filosófica[2]. Todavia, na primeira parte do diálogo, este caráter nada mais é do que uma capacidade de reconhecimento, um desejo de conhecer que se traduz em uma disposição ao aprendizado musical, uma sabedoria que diz respeito ao governo da comunidade.

De fato, esta experiência "ingênua" de leitura, a experiência de quem não deve saber previamente do que está por ser dito, é um artifício literário construído por Platão. Acentua-se, por meio de Sócrates e de seus interlocutores, a surpresa e o estupor,

---

1 Ver *República*, v, 473 a-b; vi, 499 c-d; 502 b; vii, 540 d; ix, 592 a-b.
2 Ver a referência ao "cão filósofo" em ii, 375 e.

e, mais ainda, a reação violenta que haverá diante do anúncio da necessária atribuição do poder aos filósofos para que a cidade justa possa se tornar realidade. Mas, para os primeiros leitores do diálogo, não devia haver estupor, nem diante deste programa de governo socrático, nem sequer diante da violência de seus ouvintes. Nos dois casos, podia se tratar somente de uma lembrança[3].

Os guardiões perfeitos, os governantes da cidade justa, terão um saber, que consiste em uma ciência de governo. Lembremos, brevemente, o que se diz desta ciência[4]. A sabedoria da cidade, afirma Sócrates no quarto livro, corresponde à ciência possuída pelos seus governantes. Por meio dos conhecimentos de sua parte menor, a cidade como um todo será sábia. A ciência protetora, ou ciência dos guardiões, corresponde ao bom conselho ou bom juízo (*euboulía*). O objeto desta ciência não é relativo a uma parte da cidade, mas ao seu todo, diz respeito ao modo de se comportar da cidade em relação a si mesma e a outras cidades.

Esta ciência de proteção distingue os guardiões perfeitos dos demais habitantes da cidade. Mas ela não se caracteriza pela noção de verdade: mesmo porque, no indivíduo como na cidade, conta exercer o controle, o poder de uma parte sobre as demais, em função do todo. Somente aos governantes, em sua sabedoria, é concedida a faculdade de mentir. Não mentem os deuses, não devem mentir os demais habitantes da cidade[5]. Os guardiões não possuirão somente a *medida* da verdade: eles saberão da *ocasião* da verdade e da mentira. Sua ciência se distingue das ciências particulares. Mesmo se os exemplos dados são de artes próprias ao terceiro grupo de cidadãos, podemos conjeturar que toda ciência possui uma precisa relação de verdade. Ou seja, a noção de verdade não parece essencial na determinação da ciência de governo no quarto livro da *República*. Pelo menos, não é explicitamente indicada como sua característica própria.

Para quem estava de acordo sobre o governo na cidade dos guardiões perfeitos, com sua "ciência protetora", o anúncio

3   Sócrates como "homem político": ver, por exemplo, *Górgias*, 521 d; a violência dos ouvintes: ver *Apologia, passim*.

4   Ver supra, p. 50s.

5   *República*, III, 389 b. A mentira é permitida ao governante como um *phármakon*: o tema reaparece, em formas diferentes, em II, 382 c; III, 389 b; 414 b s.; V, 459 d.

do governo filosófico parece paradoxal. Trata-se de indicar a possibilidade de realização da construção política até então traçada. Sabemos da resposta: "se os filósofos reinarem nas cidades, ou se os que *hoje* são chamados reis e soberanos filosofarem de modo autêntico e eficaz" (v, 473 d). Estamos diante de figuras precisas e atuais: os governantes "de hoje" e também, imaginemos, os filósofos "de hoje", ou, pelo menos, os filósofos como podiam ser concretamente reconhecidos pelos presentes à reunião socrática[6]. Filosofia e poder político deverão se unir, estando até então, naquele momento, marcados pela recíproca exclusão. Trata-se da união de duas naturezas, a filosófica e a política. Mas ouvimos falar, em seguida, da natureza filosófica, e ficamos sem entender no que consiste a *natureza política*.

Encontramo-nos, com esta afirmação socrática, diante de uma situação nova, que nos leva a rever todo o diálogo anterior. No lugar dos guardiões perfeitos, que não pareciam corresponder a nenhum indivíduo "atual", vemos agora personagens que podem receber nomes precisos, e que, no caso dos filósofos, podem ser encontrados na própria cidade onde se desenrola a conversa socrática. Afirmando que a cidade justa será possível com a combinação de filosofia e poder, Sócrates atribui ao filósofo o papel de guardião perfeito. Ao mesmo tempo, devemos assim assumir que o guardião, enquanto filósofo, pode não ser o resultado de um processo novo de educação, mas é anterior à reforma da cidade e é condição para que esta se realize. Em seguida, veremos que na realidade, a figura do filósofo é, por um lado, a imagem de poucos indivíduos realmente existentes, e, por outro, o resultado da criação da cidade justa, alguém não contaminado pela vida nas cidades degeneradas. A "semente" filosófica dará seus frutos segundo o terreno onde for lançada, ou seja, segundo a justiça e de acordo com o poder que lhe é dado[7].

A posição do filósofo na cidade mostra-se ambivalente: o filósofo, em princípio, representa a condição de existência da cidade justa (o que não implica necessariamente que exerça o governo, mas que receba o poder inicial, graças ao qual institui um governo ou estabelece as leis que permitem a outros governar); mas o filósofo é também o resultado da cidade justa, em

6 Para a referência aos "políticos de hoje", ver 489 c.
7 Semente filosófica: 491 d; 497 b.

RETRATO DO FILÓSOFO QUANDO GOVERNANTE   99

que deverá naturalmente exercer o comando. Somente neste segundo caso (predominante durante a argumentação socrática), a figura do filósofo coincide com a do guardião.

Por causa do aspecto paradoxal de sua tese, Sócrates deverá não tanto expô-la, mas, como é dito, defendê-la. Identificar o guardião perfeito com a figura concreta do filósofo provoca uma reação violenta. Somente após um longo percurso, Sócrates *ousará* dizer que é preciso colocar os filósofos no lugar dos "guardiões mais rigorosos" (vi, 503 b-c). Notemos que esta dificuldade não ocorrera quando, anteriormente, aprendemos que há uma divisão natural, em todas as cidades, entre quem possui ou não o poder (iii, 412 b). Sequer provoca uma reação particular no público socrático saber que o terceiro grupo da cidade justa – produtores, camponeses, comerciantes, artesãos, e trabalhadores braçais –, até então anônimo, corresponde ao *dêmos*, e que são chamados assim os que permanecem excluídos de todo poder (v, 463 a). Os interlocutores de Sócrates não questionam que se afaste do poder os produtores, os proprietários de terras e de escravos, os comerciantes. Ao contrário, criticam somente a atribuição de poder que se verifica com a terceira onda. Criticam que o poder deva ser possuído segundo um critério de conhecimento (ou de verdade), e, mais ainda (e talvez somente isto), que ele seja concedido exclusivamente ao filósofo.

Quem serão aqueles que, neste caso, atacarão Sócrates por tal afirmação? Aprendemos logo que não se trata do *dêmos*. O ataque violento a Sócrates provém de homens "não vulgares", mas sem seus mantos: ou seja, indivíduos cultos despojados das regras de civilidade com que são construídas as formas elevadas do convívio e do diálogo aristocrático[8]. Estes homens "não vulgares ou medíocres", que se despojarão de seus mantos e partirão ao ataque do filósofo, correspondem, certamente, àqueles que estão para ser excluídos do governo, enquanto não filósofos. Somente mais tarde veremos que o "vulgo" – podemos pensar, o *dêmos*, os que na cidade justa estariam no terceiro grupo dos cidadãos – se une aos homens "não vulgares" na crítica violenta aos filósofos.

---

8   *República*, v, 474 a (*ou phaûloi*). Lembremos que, na comédia de Aristófanes, era preciso despojar-se do manto para entrar na casa do filósofo: *Nuvens*, 497 s.

100 ARQUEOLOGIA DA POLÍTICA

A definição do filósofo constitui a parte inicial da defesa socrática diante desta ameaça e consiste, por sua vez, em um ataque às demais formas de cultura e atividade literária e artística. Sócrates deve se defender com palavras, para evitar o escárnio por parte de seus acusadores (v, 474 a-b). Com o escárnio, ou zombaria, fica claro que se trata do campo da comédia. Podemos já entender que estamos na passagem entre o caráter "não vulgar" destes críticos e as formas mais vulgares de expressão literária na cidade[9].

Sócrates se defende do ataque com o discurso. Isto significa que, para superar sua última e maior dificuldade, ele deverá persuadir seus críticos e, portanto, domesticá-los. No momento final, trazida em cena pelo próprio Sócrates, a massa dos cidadãos se une a estes críticos (vi, 499 d – 502 a). Se a multidão se coloca ao lado dos críticos dos filósofos, isto ocorre, diz Sócrates, por causa da figura dos usurpadores da filosofia. No final deste processo de persuasão, por parte do filósofo, de indivíduos que não são filósofos, veremos que a massa será convencida a aceitar o governo filosófico, enquanto os críticos, mesmo se não persuadidos, finalmente não se oporão "por pudor". É importante notar que Sócrates não está procurando convencer os demais a seguir o caminho da filosofia – um campo necessariamente restrito, como afirma (vi, 494 a) –, mas a aceitar o poder que é dado aos que são naturalmente filósofos.

Este processo de persuasão e domesticação leva Sócrates, antes de tudo, a definir o filósofo; em seguida, a mostrar que ele possui as qualidades que eram atribuídas ao guardião perfeito e o tornam apto a governar; prosseguindo, a expor por qual motivo a figura concreta do filósofo, ou sua imagem na cidade existente, não se adapta às funções de governo; a identificar, pois, o verdadeiro filósofo, sua forma corrupta e sua imitação tendo em vista personagens concretas na cidade. Em conclusão, somos levados a aceitar o governo dos filósofos e constatamos a pacificação de seus críticos[10]. Em cada um destes momentos,

9 Outras réplicas, no quinto livro, destes críticos de Sócrates: 476 e; 479 a; 480 a.

10 Podemos, assim, identificar a discussão da "terceira onda" com o trecho v, 472 a – vi, 502 c ("agora que chegamos ao fim deste difícil argumento"), e dividi-la no seguinte modo: v, 474 b – 480 a: relação privilegiada do filósofo com a verdade; v, 480 a – vi, 484 b: definição do filósofo; vi, 484 b – 487 a: as qualidades do filósofo; 487 b – 497 a: as "figuras", verdadeiras ou usurpadas, ▶

RETRATO DO FILÓSOFO QUANDO GOVERNANTE 101

claramente marcados por Platão, reiteram-se os ataques dos primeiros agressores, às vezes ajudados pela multidão. Quando estes críticos estiverem persuadidos, Sócrates poderá passar à ilustração do processo educativo filosófico, para o qual, diferentemente de outros diálogos em que procura um atalho, vai seguir o caminho mais longo[11].

Deveríamos, deste modo, nos persuadir que, dada a definição do filósofo, é natural conferir a ele o governo da cidade justa. No entanto, através deste percurso socrático, vamos descobrir alguns empecilhos para tal atribuição. Os obstáculos à arte de governo por parte de quem conhece a verdade revelam o que separa o governo do filósofo da ciência do guardião perfeito. Ou seja, o que impede que o filósofo desempenhe bem este seu novo papel. Se o "bom conselho" do guardião perfeito corresponde ao conhecimento da verdade do filósofo, vemos que falta algo para que se transforme em verdadeira arte de governo. Ou, mais provavelmente, podemos pensar que o conhecimento filosófico, faltando certos elementos que não pertencem à sua natureza, não se transforme neste conselho. Podemos mencionar novamente quais são estes obstáculos, ou seja, quais são os requisitos para a formação do filósofo enquanto homem político: falta ao filósofo uma relação própria com a ação (o caráter prático de seu saber); falta ao filósofo a experiência; fica por demonstrar a sua virtude. Como último aspecto, e "resumo" dos anteriores, não se entende qual possa ser a utilidade do conhecimento filosófico.

A inatividade, a imoralidade, a inexperiência do filósofo e, enfim, a inutilidade de seu saber, para si mesmo e para os demais, impediriam que a ele fosse concedido o governo da cidade. Por isso, na "terceira onda", Sócrates não pode se contentar em definir o filósofo, mas deve fazer sua defesa. Podemos dizer que encontramos aqui uma nova "apologia" socrática. Trata-se, todavia, de uma apologia singular, em que se acentua,

> do filósofo; 487 b-d: crítica de Adimanto; 487 e – 489 d: o filósofo inútil e a imagem do navio; 489 e – 494 a: os maus filósofos, os sofistas e a multidão; 494 a – 495 c: os verdadeiros filósofos que abandonam a filosofia; 495 c – 496 a: os usurpadores da filosofia; 496 b – 497 a: os verdadeiros filósofos na cidade injusta; 497 b – 502 c: conclusão.

11   "Atalhos" na argumentação: *Político*, 258 c; *Fédon*, 66 b. A *makrotéra períodos*: *República*, VI, 504 b.

102   ARQUEOLOGIA DA POLÍTICA

de fato, a distância entre o conhecimento do filósofo e a sua capacidade de governo, mesmo quando ele passa a governar segundo justiça.

Sigamos, na ordem de sua menção no diálogo, cada um destes aspectos dos quais o filósofo se mostra carente: o lado prático do saber; a experiência e a virtude; a utilidade.

O FILÓSOFO E O CONHECIMENTO PRÁTICO

O primeiro passo da defesa socrática consiste na definição da figura do filósofo. A partir deste momento, e somente então, a noção de "verdade" passa a ser elemento essencial do diálogo, e fator determinante na atribuição do poder.

Trata-se agora de distinguir entre conhecimento e opinião. Através desta distinção aprendemos quem são os filósofos, e, por conseguinte, quem poderá governar. Conhecimento ou ciência (*epistéme*) e opinião correspondem a diferentes "poderes" ou "capacidades" (*dynámeis*), assim como diferentes são nossas capacidades de visão e audição. Não se pode confundir faculdades diferentes, não há obviamente passagem ou progressão de uma à outra. Somente aos que conhecem o que é deve-se atribuir, na cidade, o poder político[12].

O procedimento socrático é claro: atribuindo o poder político ao filósofo, deve-se definir esta personagem. Isto significa, por um lado, distinguir o filósofo de outras figuras da cidade em que vivem os interlocutores do diálogo; por outro, delinear melhor os contornos do "guardião perfeito". Determinando o que constitui a "capacidade" de governo, Sócrates está, ao mesmo tempo, indicando quem deve ser excluído do poder político.

Curiosamente, entre os excluídos do campo filosófico estão os homens de ação. A figura do filósofo não deve se confundir com a dos "amantes de espetáculos e de técnicas [ou artes] e [homens] práticos [ou homens levados à ação]" (v, 476 a).

Esta é a única ocorrência, no diálogo, do termo *praktikós*. Isto não impediu que alguns comentadores do texto platônico

---

12   Ver *República*, v, 477 c s. A *dýnamis* da verdade lembra a *dýnamis* da retórica (ou da *não verdade*) segundo uma pretensão dos mestres de retórica. Ver infra, p. 135-138.

RETRATO DO FILÓSOFO QUANDO GOVERNANTE

o explicassem com termos que, enquanto tais, pertencem propriamente ao vocabulário aristotélico[13]. Por que deve o filósofo distinguir-se destes "homens práticos"? Por que o filósofo não seria "levado à ação"?

Devemos aqui introduzir uma breve digressão. A discussão sobre a capacidade de agir de quem se dedica à filosofia não era somente platônica, entre os discípulos de Sócrates, e vai se tornar um elemento central da reflexão ética aristotélica. Xenofonte coloca em primeiro plano a capacidade de agir, entre os fins do ensinamento socrático. Nos *Memoráveis*, afirma, inicialmente, que Sócrates "não tinha pressa para que seus discípulos se tornassem hábeis na palavra e na ação [ou seja, no campo da política] e na capacidade manual [aristotelicamente: no campo da *praxis* e da *poíesis*], mas que, antes disto, era necessário que demonstrassem possuir moderação [ou sabedoria, *sophrosyne*]"[14].

Esta "sabedoria" se manifesta, em primeiro lugar, em relação aos deuses, que são responsáveis pela luz do dia e da noite, e pelos astros, que, brilhando na noite, permitem realizar muitas atividades necessárias[15]. No ensino socrático da moderação, o significado religioso da astronomia permanece sempre presente. Em sua atenção pela "piedade" e pela "moderação", Sócrates mostrava, segundo Xenofonte, que todas as coisas do universo são criadas pelos deuses em vista do útil humano, e que mesmo dispondo assim do que para nós é visível, a divindade não pode ser vista, em modo semelhante ao sol, que torna cego quem o olha com atenção. Invisíveis são também os servidores dos deuses, como os relâmpagos e os ventos. E invisível é o que, no homem, mais se aproxima da divindade, a sua alma[16].

Após demonstrar o interesse de Sócrates em tornar seus discípulos moderados e respeitosos dos deuses, Xenofonte

---

13 Segundo Annas, 1981, p. 187, a imagem do navio, que está por ser apresentada por Sócrates no início do sexto livro, nada mais é do que a última afirmação da exigência de sabedoria "prática" e de "experiência" para quem deve exercer o governo. Mas a autora não nota que, de fato, aqui se excluem os homens de ação, e que, como veremos, pouco pode dizer Sócrates da experiência dos filósofos.

14 *Memoráveis*, IV, 3, 1.

15 *Memoráveis*, IV, 3, 2-4.

16 *Memoráveis*, IV, 3, 13-14.

104 ARQUEOLOGIA DA POLÍTICA

indica como os conduzia à justiça[17]. Enfim, expõe em qual modo os tornava, por um lado, mais capazes de agir, e, por outro, mais capazes de falar[18]. No primeiro caso, é necessário o domínio de si; no segundo, Xenofonte escolhe, como exemplo inicial, a demonstração da relação de piedade entre os homens e a divindade, que implica o respeito das leis.

Este verdadeiro programa educativo socrático, expresso na parte final dos *Memoráveis*, segue uma ordem precisa: a moderação e a justiça, em primeiro lugar, e, em seguida, a ação; enfim, a dialética. Há ainda um último momento, que diz respeito à autossuficiência[19]. Em conclusão a sua obra, Xenofonte lembra a condenação de Sócrates e sua relação com sua própria divindade, revelando com isso que, atrás desse programa, estava a intenção de responder às acusações contra o filósofo[20].

Já o Sócrates platônico permanece menos confiante na função prática do ensino filosófico. Platão recorre poucas vezes ao termo *praktikós* em sua obra, e, se não fosse pelo diálogo *Político*, poderíamos mesmo pensar que não fizesse parte de seu vocabulário. Neste diálogo, afasta-se, inicialmente, a arte real da capacidade "prática", aproximada das atividades manuais, e oposta à ciência dedicada ao puro conhecimento. Se a arte real não é prática, é porque não pode se confundir com a habilidade manual. Na realidade, o *Político* vai recuperar, no final, entre as características pouco comuns, mas necessárias à atividade de governo, o aspecto prático: o caráter do governante sábio, mesmo sendo extremamente prudente, justo e fonte de salvação (para a cidade), carece de perspicácia e audácia na ação, devendo, portanto, combinar-se com o caráter corajoso[21].

17 *Memoráveis*, IV, 4, 1.
18 *Memoráveis*, IV, 4, 5-6. Capazes de agir: *praktikóteroi*; capazes em falar: *dialektikóteroi*. Ver *Ciropedia*, V, 5, 46 (no campo da persuasão, quem é capaz de fazer a maior parte dos indivíduos ter a nossa opinião é considerado *lektikótatós te kai praktikótatos*, ou seja, o mais capaz de falar e agir: o homem superior no campo da política).
19 *Memoráveis*, IV, 4, 7.
20 *Memoráveis*, IV, 4, 8.
21 *Político*, 311 a-b. Ver *Político*, 258 e: definição de ciência prática ("por natureza inerente às ações" e que "realizam corpos que antes não existiam": ou seja, os campos prático e *poiético*, segundo Aristóteles); 259 d: conclui-se que o rei possui maior afinidade com a ciência cognitiva e não manual e prática; 311 a: o caráter "sábio" carece de audácia prática e deve, por isso, ser combinado com o caráter corajoso. Além da *República* e do *Político*, o termo *praktikós* ▶

RETRATO DO FILÓSOFO QUANDO GOVERNANTE 105

O desejo de agir, na *República*, parece excluído da verdadeira natureza filosófica: os filósofos não serão homens "práticos". Todavia, encontramos algo mais preciso quando observamos, inicialmente, a relação entre o filósofo e a cidade concreta em que vive, e depois, entre o filósofo e a cidade justa. Na cidade em que vivem os interlocutores do diálogo, a relação entre o filósofo e a ação será dupla. Por um lado, o filósofo cuja natureza é corrompida pela cidade cultivará a esperança de "agir", ou seja, comandar gregos e bárbaros (VI, 494 d). Já os verdadeiros filósofos, na cidade corrompida, são ameaçados, e por este motivo evitam "agir na cidade", mas se protegem da intempérie atrás de um muro e assim se salvam[22]. O filósofo na cidade atual sabe que a "ação" não traria benefício para si e seus amigos.

Em condições diferentes, a tendência do filósofo a fugir da ação será considerada o seu defeito, e exige correção. Quem não possuir a "experiência da verdade" não poderá governar na cidade conduzida segundo justiça, diz Sócrates; mas o governo tampouco pode ser atribuído aos que, dedicando-se somente à própria formação, não "agem voluntariamente" (VII, 519 c). Entendemos a razão: a ação na cidade, desejada pelo filósofo corrompido, e astutamente esquivada pelo verdadeiro filósofo, não corresponde, na realidade, a uma atividade prazerosa. Trata-se de "compartilhar, cada um por sua vez, os duros trabalhos na cidade" (VII, 520 d).

Também na cidade justa, a ação política é causa de incômodo e exige a constrição de homens preparados para o governo. É verdade que, em outros momentos, encontramos imagens menos desagradáveis para esta atividade política: antes Sócrates dissera que o governante age como um pintor, olhando continuamente tanto para o modelo quanto para a sua obra (VI, 500 d; 501 a). Sucessivamente vemos que a "ação" do filósofo consiste em conferir ordem à cidade e aos indivíduos, assim como a si mesmo (VII, 540 b). Mas percebemos que

▷ aparece somente nas *Leis* (X, 894 d), referido às formas de movimento, e nas *Definições* pseudoplatônicas.

22 *República*, VI, 496 c. Sobre o filósofo que se esconde atrás de um "murinho", ver as observações de Vegetti, 2007, e de F. de Luise; G. Farinetti em Vegetti, 1998-2007, p. 245-251.

esta função artística, de modelagem das almas, ou de embelezamento da cidade, é a função do legislador pedagogo, um trabalho reservado aos filósofos mais velhos. Como já estamos em uma cidade de leis boas e estáveis, uma cidade conduzida segundo justiça, este trabalho não deveria ser muito cansativo. De fato, cabe ao filósofo, sob constrição, "suportar o peso da política e exercer o governo no interesse da cidade, não porque isso é algo belo, mas como ação necessária"[23]. Em outras palavras, a atividade "prática" não desperta desejo e interesse, mas causa repúdio à natureza verdadeiramente filosófica em seu habitat natural. Se ela é sentida como necessária, é somente porque também pertence à natureza do filósofo o sentimento de justiça e gratidão.

O FILÓSOFO E A EXPERIÊNCIA DE GOVERNO

A definição do filósofo, no final do quinto livro da *República*, elimina, portanto, o lado prático da natureza desta personagem, uma relação específica com a ação. Retomando a sequência do diálogo, vemos a dificuldade em atribuir, ao futuro governante, uma relação privilegiada com a "experiência" (*empeiría*).

Dada a definição do filósofo (que recebe duas formulações: "os que amam em toda ocasião o que é em si mesmo" e "quem é capaz de colher sempre o que permanece sempre o mesmo"[24]), a segunda questão é: a quem dar o governo da cidade? Podemos explicitar: ao filósofo ou aos demais, que são amantes de espetáculos e técnicas, e homens de ação?

A resposta chega por analogia: os não filósofos são como cegos, e seria absurdo dar a eles o governo, diante da presença de indivíduos de boa visão. É óbvio a quem se deve dar o governo: a quem conhece "cada coisa que é". Mas esta afirmação não parece ser suficiente, e Sócrates acrescenta: "e que não são inferiores aos demais por experiência, nem se colocam em segundo lugar quanto à virtude" (VI, 484 c-d). Experiência

---

23 *República*, VII, 540 b. Sobre o problema da constrição dos filósofos ao governo e sobre a relação entre conhecimento filosófico e poder político, ver também a interpretação de Giuseppe Cambiano em Casertano, 1988, p. 43-58.

24 Respectivamente *República*, V, 480 a, e VI, 484 b.

RETRATO DO FILÓSOFO QUANDO GOVERNANTE 107

e virtude devem ser acrescentadas à relação do filósofo com a verdade para que o governo desta personagem possa ser aceito.

Parece implícito, nesta argumentação, que a atribuição do governo aos filósofos não pode depender somente de sua natureza própria, de sua relação privilegiada com a verdade, mas que é preciso dizer em qual modo os filósofos "poderão possuir todas estas qualidades": além do conhecimento do que é, a experiência e a virtude. Constatamos, assim, que se trata do que o filósofo *deverá* possuir, ou seja, de um "projeto" de formação filosófica, e não somente da análise concreta das naturezas filosóficas atuais. Vemos, além do mais, que a natureza filosófica não basta no currículo do governante, é preciso igualmente considerar a "experiência" e a "virtude".

A argumentação seguinte, na realidade, tratará somente do segundo aspecto, a virtude, e sobre ela voltaremos adiante. A pergunta sobre a experiência filosófica permanece sem resposta, e pode ser adiada, talvez, para o mundo em que o filósofo receberá o poder. Todavia, se da experiência depende a capacidade de governo do filósofo, ela deveria ser *pressuposta* neste governo, e não ser a consequência da atribuição do poder.

Existem, na realidade, várias formas de experiência, e as encontramos mencionadas ao longo do diálogo. Há, por exemplo, uma experiência da ciência e da verdade, assim como uma experiência da arte dialética. Nestes casos, é claro, ela não precisa ser "adicionada" à alma filosófica[25]. Aprenderemos que há também uma experiência dos prazeres, de que carecem espartanos e cretenses, segundo o primeiro livro das *Leis*. O nono livro da *República* vai procurar mostrar a superioridade do filósofo neste campo[26]. Mas naturalmente não se trata disso, quando aqui, no sexto livro, Sócrates procura adicionar a experiência à relação de verdade intrínseca ao filósofo: trata-se, naturalmente, da experiência política. Esta inexperiência do filósofo era um dos temas da acusação de Cálicles, no *Górgias*: para

25 Para a relação entre experiência e conhecimento na *República*, ver, por exemplo, III, 409 b: o juiz reconhece o mal não por experiência, mas por conhecimento; IV, 422 c; VII, 527 a: os que têm experiência na geometria; 529 e; 533 a; IX, 582 a s.: a maior experiência do filósofo (em particular no campo do prazer). "Falta de experiência" (*apeiría*): III, 406 c; VI, 487 d: inexperiência da dialética; VII, 519 b: inexperientes da verdade.

26 *República*, IX, 582 a s. Para a inexperiência dos prazeres nas *Leis*, ver I, 635 c-d.

108   ARQUEOLOGIA DA POLÍTICA

se tornar um homem de respeito e valoroso é preciso ter uma experiência que o filósofo não possui. Os filósofos são inexperientes das leis dos que vivem na cidade e dos discursos que é necessário praticar no convívio humano, dos prazeres e dos desejos, e, em geral, são completamente inexperientes dos costumes humanos[27].

A atribuição do governo aos filósofos resolverá somente de forma parcial, ou indireta, o problema da experiência, ou da ação. Mais do que uma vez Sócrates vai lembrar que os filósofos deverão dedicar-se, na cidade justa, às atividades políticas e militares[28]. A preocupação socrática nesses momentos não é acentuar o bem que assim se consegue para a cidade, mas a experiência de governo que leva os filósofos a progredirem em sua carreira.

Somente quando, sob coerção, os filósofos vão adquirir a experiência de comando dos soldados e de governo dos cidadãos, eles, sempre sob coerção, serão levados a legislar e governar, o que, naturalmente, não pertence a sua natureza[29]. Sucessivamente ao programa educativo do filósofo, aprendemos que, durante quinze anos, "os jovens deverão descer novamente naquela caverna e serão obrigados a assumir o comando militar e outras funções de governo próprias aos jovens". Deverão fazê-lo para que "não sejam inferiores aos demais em experiência" (VII, 539 e). Ou seja, devem adquirir uma experiência que não é exclusivamente filosófica, e sem a qual os filósofos mostram a própria inferioridade.

"Descer novamente naquela caverna": para indicar a exigência de experiência de governo, Sócrates retoma aqui a imagem mais conhecida de todo o diálogo, destinada, em princípio, a ilustrar o percurso de ascensão do mundo das sombras para o conhecimento do bem: a alegoria da caverna[30]. Tendo sido exposta no início do sétimo livro, aprendemos agora que esta imagem possui um valor político, e não essencialmente cognitivo, graças à explicação que seu autor lhe dá. Os homens

27 *Górgias*, 484 d.

28 Dito pela primeira vez em *República*, VI, 498 b.

29 No final da *Ética Nicomaqueia* (X, 1180 b 35 – a 3), Aristóteles critica a pretensão dos sofistas ao ensino da política porque (enquanto estrangeiros, podemos supor) carecem de experiência.

30 *República*, VII, 514 a – 517 a: a alegoria; 517 a – 521 b: explicação da alegoria e considerações finais.

acorrentados no fundo da caverna não exprimem somente as formas inferiores e sombrias do reino da sensação e da opinião, mas também as relações violentas que a cidade mantém com os que sabem qual é a natureza daquele lugar – e o sabem porque puderam dele se afastar[31].

O mundo da caverna, enquanto realidade *política*, é o mundo de Atenas, onde quem conhece a verdadeira luz é criticado e condenado pelos cidadãos, proliferam disputas judiciárias e toda forma de conflito. Permanece menos claro, na apresentação inicial da alegoria, que este mundo é destinado a perdurar em toda e qualquer situação. Pois também na cidade governada segundo justiça a vida dos homens será regrada por sombras, por ilusões que os prisioneiros (a maior parte dos cidadãos) não poderão compreender em sua verdade: no entanto, ouvirão e aceitarão como verdadeira a narração de quem lhes revela a insuperável condição servil a que estão destinados, provavelmente intensificando assim seu sofrimento. Por outro lado, descendo na caverna, os aspirantes filósofos passam pela experiência de um mundo árduo e fatigante, privado de luz e de interesse erótico, onde o guardião realiza seu *érgon*, longe do *habitat* filosófico[32].

A este mundo pouco atraente deverá voltar o filósofo durante sua preparação para o governo. Mas podemos imaginar que se trate, então, de um período de governo: ouvimos falar dos cargos assumidos por estas almas filosóficas abnegadas, e de funções como a do comando militar[33]. No entanto, trata-se da preparação para o governo futuro dos verdadeiros dialéticos, que somente após este treino elevarão a alma para a luz e poderão, então, governar. O governo do jovem filósofo é destinado a preencher o que falta em sua alma e o torna inferior aos não filósofos: a experiência.

Por isso a constrição "política" e "militar" a que serão submetidos os filósofos, durante sua formação e quando governantes, é uma constrição que eles reconhecerão como "justa",

---

31 *República*, VII, 516 d – 517 a: a experiência da volta à caverna e a tentativa de assassínio de quem viu a luz; 517 c-d: as disputas judiciárias no fundo da caverna.

32 *República*, VII, 521 b: a necessária separação entre *eros* e poder.

33 Assim também em VI, 498 b-c: "quando a força diminuir, distante, então, das atividades políticas e militares".

enquanto homens "justos", mas que não faz parte de sua natureza filosófica (VII, 519 e – 520 b). Ninguém que sinta que o "agir" político pertence à própria natureza deverá receber o poder. Entre todas as ocupações da cidade, somente a política *não* se realiza a partir do *érgon* de quem a pratica. Se este era o *érgon* dos guardiões, mas não é o *érgon* dos filósofos, então mais uma vez vemos como os filósofos, de fato, estão desajeitados em seu novo papel.

O FILÓSOFO E A VIRTUDE

Como vimos, é necessário acrescentar virtude e experiência ao dote do verdadeiro filósofo, pois sem elas não poderíamos, com a mesma facilidade, lhe atribuir o poder. Esta experiência permanece algo artificial, adquirida pelos filósofos somente na cidade que governam. Por outro lado, no caso da virtude, não se trata do "futuro", de algo a ser adquirido pelos que estarão no governo. Deveria ser uma característica inerente à natureza filosófica.

Sócrates enumera, no início do sexto livro, todas as qualidades do filósofo que parecem ser consequência de sua relação exclusiva com a verdade. A virtude do filósofo "político" não depende de algo exterior a sua natureza filosófica, mas deriva desta natureza, e, portanto (segundo definição), de uma relação de verdade. Por natureza, o filósofo é de boa memória, de fácil aprendizado, magnânimo, dotado de graça, amigo e parente da verdade, da justiça, da coragem e da temperança (VI, 487 a): ou seja, amigo e parente do que era atribuído ao guardião perfeito e à cidade justa, com a substituição da "sabedoria" pela "verdade"[34].

Sócrates, com esta análise, aproxima a figura do filósofo ao guardião perfeito. Encontramos, porém, a verdade, no lugar em que antes estava a sabedoria de governo, a ciência do guardião. A partir de agora, aprendemos que as demais qualidades do guardião perfeito, sua relação com a justiça, com a temperança e com a coragem, pertencerão ao filósofo como consequência de sua dedicação à verdade. No entanto, estas qualidades deveriam pertencer também aos demais cidadãos – a todos,

---

34 *República*, IV, 427 e. Ver supra, p. 50.

RETRATO DO FILÓSOFO QUANDO GOVERNANTE 111

como a temperança e a justiça, a alguns, como a coragem –,
e estes cidadãos não medirão sempre suas ações pelo critério
de verdade (pois estão sujeitos às mentiras dos governantes):
podemos, pois, perguntar como poderão possuí-las. Notemos,
além do mais, que as primeiras qualidades, boa memória, fácil
aprendizado, magnanimidade, graça, pertencem aos filósofos
por natureza, enquanto das outras ele é amigo e parente.

Mais do que uma vez, Sócrates expõe a lista das qualidades do filósofo[35]. Logo, porém, ele admite que tudo aquilo que
foi elogiado na natureza do filósofo pode destruir sua alma e
afastá-la da filosofia (vi, 491 b; 495 a): menciona a coragem e
a temperança, às quais acrescenta as coisas que são chamadas
"bens", como riquezas, beleza etc. Com esta afirmação, percebemos que também a virtude do filósofo está para ser adiada ao
mundo governado segundo justiça, assim como a sua experiência e atividade prática. Diferentemente, porém, da experiência
e da capacidade de agir, a virtude *devia* pertencer a sua natureza. Mas os filósofos atuais, os que de fato se encontram nas
cidades conhecidas pelos interlocutores do diálogo, carecem de
virtude. Haverá exceções entre eles, talvez duas, uma das quais,
Teages, permanece afastado da política por causa da doença
(portanto, não poderia ser governante da cidade justa); a outra,
Sócrates, inspirado por sua divindade, está ainda sem saber de
seu destino (vi, 496 c).

Mas a perspectiva concreta de colocar o filósofo no lugar
do guardião perfeito traz novidades na apresentação da virtude filosófica. Aprendemos, em primeiro lugar, que não pode
faltar ao caráter do governante a "estabilidade", mas que esta
é adquirida por meio do caráter guerreiro, e não acompanha
as qualidades que, ao contrário, pertenciam naturalmente ao
filósofo[36]. Diz-se, em seguida, que, entre as "assim chamadas
virtudes da alma", a virtude da sabedoria, ou da inteligência,
possui algo de divino, e por isso não perde seu poder (*dýnamis*), enquanto as demais (aprendemos aqui que há dois tipos

35 *República*, vi, 490 c; a lista permanece implícita em 491 a; 491 b; 503 c; em
vii, 536 a, fala-se de "partes da virtude".
36 *República*, vi, 503 c-d. Aqui não fica clara a posição da força e da magnanimidade. Uma referência a este passo em 535 a: a firmeza, a coragem e o belo
aspecto – ou seja, o caráter nobre e forte – são "acrescentados" à disposição
natural de alguns indivíduos na educação filosófica.

de "assim chamadas virtudes") se aproximam das virtudes do corpo, e, ausentes no princípio, se adquirem com o costume e o exercício (VII, 518 d).

Não sabemos direito quais são estas outras "assim chamadas virtudes", mas também elas, pelo visto, não estão na natureza dos filósofos, se devem ser adquiridas; e só serão "adquiridas" pelos filósofos quando, na cidade fundada por eles, terão ocasião de se exercitar no que permanece alheio a sua natureza.

Enfim, acrescentemos que, se entre as "assim chamadas virtudes" considerarmos o que delas dizia Protágoras, no diálogo platônico[37], então podemos notar, em modo específico, o silêncio sobre uma delas: a relação entre os homens e os deuses (*hosiótes*). O tema da impiedade fica ao mesmo tempo sugerido e calado na discussão da última crítica à capacidade filosófica de governar: a inutilidade.

MARINHEIROS E ASTRÔNOMOS

Sócrates, no início, se referira à figura concreta dos filósofos que devem possuir o poder para que a cidade seja justa, mas acaba por falar do filósofo como deve ser, para que possa receber o governo[38]. Deduzindo, da relação do filósofo com a verdade, os demais atributos que lhe pertencem, Sócrates responde somente em parte a esta pergunta. Além do mais, ele não parece se lembrar de que, ao contrário do guardião, criado de propósito para o seu papel, temos aqui uma personagem existente, da qual é preciso dar conta. É Adimanto quem nota esta discrepância, entre a figura do filósofo como traçada por Sócrates e sua presença concreta na cidade.

Após ter exposto as qualidades do filósofo que deve receber o poder, Sócrates deveria tratar do que falta a sua exposição: a equiparação entre a verdade do filósofo e o "bom conselho", a *euboulía*, dos guardiões. Em outras palavras, entre saber filosófico e conhecimento político. Mas Adimanto interrompe a exposição socrática e torna esta tarefa ainda mais difícil,

37 *Protágoras*, 330 b: a lista das "cinco virtudes", entre as quais a *hosiótes*.
38 *República*, VI, 485 a: é necessário dizer em qual modo *possuirão* todas estas coisas.

RETRATO DO FILÓSOFO QUANDO GOVERNANTE 113

apresentando a figura do filósofo como percebida pelos demais: os que se dedicam à filosofia tornam-se, em sua maioria, personagens estranhas e mesmo perversas. Já os mais justos (entre os filósofos "reais") são inúteis para a cidade (vi, 487 d). Estamos no plano da "representação", ou seja, daquilo que é dito por outros. Adimanto sabe que fala diretamente ao filósofo, mas não o diz. Ele considera que tudo o que, na cidade concreta, os filósofos pronunciam não parece adequado ao destino político proposto por Sócrates. Este, por sua vez, vai confirmar a verdade de tal imagem negativa. Enquanto filósofo, Sócrates vai dizer que a representação do filósofo feita pelos demais cidadãos é verdadeira. Iniciando com os "mais justos", ele procura descrever inicialmente a figura do filósofo "inútil", depois a do filósofo "corrompido" e, enfim, a do usurpador da filosofia.

Para falar do filósofo real, Sócrates recorre a uma série de imagens, justificando seu modo de proceder: trata-se da grande emoção a que está sujeito o filósofo em sua relação com a cidade. É uma clara referência ao destino socrático; mas, acrescentemos, é também a indicação de um impasse político. Com uma emoção tão forte, diz Sócrates, deve-se não somente recorrer a imagens, mas a imagens híbridas.

Em particular, o filósofo justo é comparado ao verdadeiro piloto que se encontra em um navio cujo proprietário é implorado, adulado e, enfim, agredido, por marinheiros que pretendem obter o comando sem ter a competência para isso[39]. O verdadeiro comandante, que se dedica aos conhecimentos necessários para guiar o navio – "as condições do tempo, das estações, do céu, dos astros, dos ventos" – é desprezado pelos demais. Quem possui a arte de navegar seria, na realidade, descrito pelos marinheiros como alguém que observa os astros, um indivíduo tagarela e inútil. A inutilidade do piloto é exemplificada pelos dois primeiros termos da série: a observação das realidades celestes e o falar demasiado. Logo após, ao explicar

---

39 *República*, vi, 488 a – 489 c. Sobre a imagem do navio na *República* é suficiente aqui mencionar o ensaio de S. Gastaldi em Vegetti, 1998-2007, v. 5, p. 187-216, com a bibliografia aí citada; e Ferrari, 2008, p. 113-116. Para a imagem na literatura grega, ver, por exemplo, Gentili, 1984, cap. 11. À imagem do navio na *República* seguem outras: para falar do filósofo "inútil" temos ainda a referência ao médico, enquanto o filósofo corrompido – o sofista – será em seguida comparado ao domador de animais.

114 ARQUEOLOGIA DA POLÍTICA

o sentido da analogia, Sócrates retoma com uma só palavra tais expressões críticas:

os políticos hoje no poder são os marinheiros da imagem que apresentamos há pouco, enquanto os que são chamados por eles [ou seja, chamados pelos marinheiros, ou políticos atuais] faladores das coisas celestes são os verdadeiros pilotos[40].

"Faladores de coisas celestes": com o neologismo *meteoroléskhes*, Sócrates realiza a conjunção entre "quem olha para o céu" (*meteoroskópos*), e "tagarela" (*adoléskhes*), os dois termos que revelavam, pouco antes, a inutilidade do piloto. Conjuga-se, deste modo, o falar sem limites do filósofo com a atenção por realidades distantes.

A imagem do navio é dita "híbrida" provavelmente porque consiste na confluência de duas imagens independentes. Para esclarecer qual o saber do verdadeiro comandante, acrescenta-se à comparação tradicional da cidade com um navio a referência à contemplação dos astros. É esta última imagem que exprime a crítica ao "saber" do filósofo em sua relação com o governo da cidade.

São imagens distintas, e podemos constatá-lo com outros exemplos platônicos. No *Político*, no interior da discussão sobre a lei escrita, fala-se somente de uma delas. Neste diálogo, aprendemos que há duas imagens *necessárias* para exprimir o conhecimento político: a imagem do navio e a da medicina. "As imagens para as quais é *sempre necessário* conduzir os governantes reis."[41] Mais do que uma vez Platão recorre à arte náutica e à arte médica no mesmo contexto[42]. Ambas requerem o momento oportuno (*kairós*), dirá Aristóteles, que parece duvidar que a navegação seja o campo de uma verdadeira arte: carece de precisão mais do que a ginástica e depende, em grande parte, da sorte[43].

---

40 *República*, VI, 489 c. Sobre esta crítica e a representação do filósofo, aqui e em outros diálogos platônicos, ver Butti de Lima, 2004, cap. 6.

41 *Político*, 297 e.

42 Por exemplo, *Leis*, X, 905 e.

43 Aristóteles, *Ética Nicomaqueia*, II, 1104 a 9: medicina e arte náutica requerem que se considere o *kairós*; ver também *Ética Nicomaqueia*, III, 1112 b 3-6: a falta de *akríbeia*; *Ética Eudêmia*, VIII, 1247 a 5-7: arte náutica e caso.

RETRATO DO FILÓSOFO QUANDO GOVERNANTE   115

Podemos acrescentar que a referência ao navio, na *República*, introduz questões diferentes em relação a estes outros textos. Sócrates sugere, sem tornar explícito, o problema de quem, realmente, possui o poder: o proprietário do navio ou o comandante? Com a identificação do proprietário com o *dêmos*, aprendemos que o navio corresponde a uma cidade democrática: por conseguinte, dificilmente pode se tornar uma comunidade bem organizada.

Por outro lado, a contemplação astronômica como paradigma da inutilidade do saber aparece na literatura antiga independentemente da imagem do navio. Segundo o *Político*, será chamado *meteorológos* (ou seja, alguém que fala dos astros), tagarela e sofista não somente o indivíduo que conhece a arte náutica, mas também o verdadeiro médico[44]. E no *Fedro* diz-se que para as maiores artes se requer a tagarelice e a *meteorologia* (falar dos astros, ou seja, das realidades mais altas) sobre a natureza, pois destas deriva a elevação da mente e a perfeição da obra. Trata-se, no caso, de Péricles, que frequenta Anaxágoras e se "enche de *meteorologia*", alcançando a natureza do intelecto e do pensamento. As artes referidas são a medicina e a retórica, fica ausente a arte náutica[45]. O conhecimento dos astros, com o qual se exprime a crítica à inutilidade da filosofia, torna-se, na *República*, a atividade do verdadeiro comandante do navio.

O FILÓSOFO E A ASTRONOMIA

Podemos traçar, brevemente, o contexto mais amplo em que se insere a imagem astronômica. Trata-se de uma longa tradição de discussões sobre o lugar do saber na cidade e de crítica ao estudo dos astros. A comédia de Aristófanes oferece exemplos abundantes para os dois aspectos. A violência cômica não é, porém, a origem, mas um dos meios de expressão de um conflito político e religioso.

Estamos, mais uma vez, diante de expressões recorrentes no teatro cômico. Nas *Nuvens*, o estudo da astronomia é visto

44 *Político*, 299 b.
45 *Fedro*, 270 a.

116 ARQUEOLOGIA DA POLÍTICA

como uma das principais atividades socráticas, e se torna um elemento cômico recorrente[46]. Sócrates, acusado de "tagarelar", é ameaçado de morte: "é preciso por fogo na casa destes tagarelas"[47]. Parece uma violência excessiva, para quem tem o defeito de falar em excesso. Na realidade, a imagem astronômica não indica somente a inutilidade do saber: sempre nas *Nuvens*, no ataque violento e final à casa dos filósofos, ouvimos falar do desrespeito aos deuses e da observação da lua[48]. Mas estes dois aspectos da imagem astronômica, a inutilidade do saber relativo à realidade celeste e a impiedade dos homens sábios, não são uma invenção de Aristófanes.

A discussão sobre o lugar da sabedoria e seu valor "prático" permanece implícita nas histórias sobre os antigos sábios, como, por exemplo, em referência à previsão astronômica de Tales, de que nos falam as *Histórias* de Heródoto. Tales e Anaxágoras são exemplos de um saber inútil relativo às coisas celestes. O *Teeteto* de Platão, a *Política* de Aristóteles, as fábulas de Esopo evidenciam aspectos distintos das narrações sobre estas personagens[49]. Na *Ética Nicomaqueia*, Aristóteles resume o que parece ser uma opinião corrente: "por isso dizem que Anaxágoras, Tales e outros como eles são sábios, mas destituídos de saber prático, quando se vê que desconhecem o que é útil para si, e dizem conhecer coisas extraordinárias, maravilhosas, difíceis e divinas, mas inúteis, dado que não procuram os bens humanos"[50]. Outros autores se referem ao estudo dos astros quando devem indicar a abundância, a minúcia e, portanto, a inutilidade de certos conhecimentos: Isócrates, por exemplo, caracteriza a astronomia, assim como a geometria, como "tagarelice e minúcias",

---

46 O próprio termo *meteoroléskhes* é atribuído às *Nuvens* pelo escólio a Aristófanes, *Paz*, 92 a: supôs-se, assim, que ele teria sido utilizado por Aristófanes em sua primeira redação da comédia, já que não está presente na redação como conhecemos hoje. Poderia se tratar também de uma confusão com *meteorophénakas* e *meteorosophistôn*, termos presentes na versão revista das *Nuvens*.

47 *Nuvens*, 1484 s. Para a sugestão de que se tratava de uma referência ao tratamento recebido pelos pitagóricos em Cróton, ver Mastromarco, 2006, nota *ad loc.*

48 *Nuvens*, 1506 s.

49 Discussão e bibliografia em Butti de Lima, 2004, cap. 1.

50 *Ética Nicomaqueia*, VI, 1141 b 3-7.

RETRATO DO FILÓSOFO QUANDO GOVERNANTE 117

conhecimentos inúteis, se não são abandonados pelos cidadãos quando adultos[51].

Junto à inutilidade, também a impiedade do conhecimento filosófico se exprime por meio do conhecimento astronômico. Trata-se, mais uma vez, de uma relação afirmada *antes* de Aristófanes, em particular referida a Anaxágoras, conselheiro de Péricles. Diz Plutarco que Péricles recebeu de Anaxágoras o "discurso" e a "tagarelice" sobre os astros, e que de tais conhecimentos deriva a profundidade de pensamento e a elevação do *lógos*, ou seja, os instrumentos de sua atividade política[52]. Acrescenta em seguida que, frequentando Anaxágoras, Péricles superou os temores que os homens sentem pelos fenômenos divinos. Plutarco lembra também o decreto de Diopeites, que previa um processo contra quem não acreditava nos deuses ou "ensinava doutrinas sobre os fenômenos celestes"[53]. Na *Vida de Nícias*, o mesmo autor menciona o caráter secreto das doutrinas de Anaxágoras, "o primeiro a expor de forma mais clara e corajosa a teoria das fases da lua". Razão para isso era o fato que os estudiosos da natureza e "os assim chamados tagarelas sobre os astros" não eram bem vistos, pois se considerava que atribuíam o divino a "causas irracionais, a forças sem inteligência e a afecções necessárias"[54]. Basta esta breve série de referências para podermos constatar que não somente a visão cômica estava atrás da imagem platônica relativa à astronomia, mas uma ampla tradição de crítica ao conhecimento astronômico[55].

---

51 Isócrates, *Antídosis*, 261 s. (*adoleskhía kaì mikrología*); *Contra os Sofistas*, 8; *Elogio de Helena*, 5.

52 Plutarco, *Vida de Péricles*, 5 (os termos utilizados são *meteorología* e *meteoroleskhía*).

53 *Vida de Péricles*, 32.

54 *Vida de Nícias*, 23 (*meteoroléskhai*). Completa Plutarco que mais tarde a doutrina de Platão subordinou "as necessidades naturais aos princípios superiores e divinos", libertando a doutrina de toda acusação e abrindo o caminho para os conhecimentos. Nas histórias sobre o astrônomo Méton, acentua-se a relação entre astronomia e inação: Méton incendeia a própria casa para não participar da expedição na Sicília, à qual ele, assim como Sócrates, eram contrários: ver Plutarco, *Vida de Nícias*, 13; *Vida de Alcibíades*, 17; Eliano, *Varia Historia*, XIII, 12. Já o astrônomo Hípon foi acusado de ateísmo, e aparentemente era colocado por Cratino, em uma sua comédia, em um *phrontistérion* como o de Sócrates nas *Nuvens*.

55 Note-se, enfim, as referências ao termo *metársios*, no lugar de *metéoros*. Nas listas de obras de Teofrasto encontramos, após um tratado sobre a astronomia de Demócrito, outro sobre a *metarsioleskhía*, ou seja, sobre os discursos ▶

118 ARQUEOLOGIA DA POLÍTICA

Diante destes exemplos, devemos ao mesmo tempo observar que o piloto tagarela e astrônomo da *República* é expressão da inutilidade aparente da filosofia, mas não de sua impiedade. O diálogo nada nos diz sobre este aspecto, que discípulos e interlocutores de Sócrates e de Platão não podiam desconhecer.

UTILIDADE E INUTILIDADE DO SABER

A quem serve a justificação da utilidade dos conhecimentos astronômicos e, por conseguinte, do saber filosófico?

Podemos considerar quais são as competências do verdadeiro piloto do navio, na imagem platônica. Segundo o *Político*, este piloto tem em mente o que é útil para o navio e para os marinheiros, deve utilizar os instrumentos marítimos em vista da navegação, por causa dos ventos e do mar e em função de encontros com piratas e batalhas navais[56]. Decide, portanto, segundo a própria arte e, como fica claro, não poderia fazê-lo a partir de regras escritas.

Na *República*, o verdadeiro comandante deve dirigir sua atenção às estações, ao céu, aos astros, aos ventos e a tudo o que é objeto de sua arte (VI, 488 e). Não se fala de combate a piratas, nenhuma referência a guerras navais. Com efeito, também para a massa agitada do navio, o conhecimento do piloto relativo à proteção e à guerra, ao contrário dos conhecimentos astronômicos, não devia *parecer* inútil. Se há possibilidade de falar, em tal contexto, da aparente inutilidade do verdadeiro comandante, é em virtude da sobreposição das duas imagens, a astronômica e a naval. Todavia, para o verdadeiro comandante, o conhecimento dos astros é útil, mesmo quando não *reconhecido*. Ele sabe que quem quiser, de fato, levar um navio a seu destino deve possuir tais conhecimentos. Por analogia, o mesmo deveria valer para o filósofo com seu saber, no que diz respeito à atividade política. O conhecimento filosófico é

▷ celestes: supôs-se, assim, que o termo já estivesse presente em Demócrito. Ver Diógenes Laércio, *Vidas dos filósofos*, v, 43, 2; v, 44, 22. São dois os tratados aqui mencionados, *Perì tês metarsioleskhías* e *Metarsiologikôn*. No pseudo-platônico *Sísifo* (389 a), além de um escólio às *Nuvens* (319), ouvimos falar de Anaxágoras, Empédocles e outros *metarsioléskhai*.

56 *Político*, 297 a; 298 b.

útil para a cidade, para seu governo, mas *mostra-se* inútil para os demais.

Esta resposta não pode satisfazer os leitores da *República*, e evidencia as dificuldades da justificação da utilidade da filosofia. Podemos perguntar: por que o saber do filósofo *deve parecer* útil, para Sócrates e seus interlocutores? Com a imagem do navio, Sócrates demonstra que seus críticos têm razão: o verdadeiro filósofo, ou o filósofo mais justo, como o verdadeiro piloto do navio, é *de fato* inútil na cidade corrompida, pois a sua utilidade não *aparece* enquanto tal, não sendo reconhecida. Se não é *reconhecido* como útil na cidade, o saber do filósofo não pode se tornar útil, pois não lhe será dado nenhum poder. Adimanto estava certo quanto à inutilidade da filosofia na cidade atual.

Além do mais, podemos acrescentar que se o navio, sem ser guiado pelo verdadeiro piloto, navegasse corretamente, se atingisse deste modo o seu objetivo, o verdadeiro piloto seria desnecessário. Mas, nesta situação, deveria este piloto-filósofo abandonar os seus conhecimentos? Deveria deixar de olhar para as estrelas? Os conhecimentos do verdadeiro comandante – portanto, os conhecimentos do filósofo na cidade – são úteis somente se, em sua ausência, o navio ou a cidade se perdem? Aparentemente, só a experiência do mau governo da cidade pode mostrar a utilidade do saber filosófico.

Não sabemos, enfim, se, do ponto de vista filosófico, e não dos críticos do filósofo, a filosofia deva ser vista em sua utilidade. Se assim o fosse, deveríamos dizer que, paradoxalmente, também do ponto de vista filosófico, o filósofo só é útil para a cidade *se* a governa. Neste caso, deveríamos concluir que a relação do filósofo com a verdade é um bem somente *se* se transforma na ciência do guardião perfeito.

Se o que Sócrates está aqui realizando, com a referência ao navio e ao seu verdadeiro piloto, é uma apologia da filosofia, esta apologia é puramente política. Mas semelhante apologia pode servir unicamente para quem se encontra "fora" da filosofia. Sabemos que o verdadeiro filósofo, na cidade concreta e na cidade justa, não ama governar. A apologia do filósofo mostra-se, portanto, inútil para o próprio filósofo: se o fim de seu agir fosse diferente (a cidade), o objeto de seu desejo (o conhecimento) não seria o bem maior.

120 ARQUEOLOGIA DA POLÍTICA

Podemos, porém, constatar que também Sócrates, neste momento, parece considerar necessária e verdadeira esta sua defesa. Deste modo, Sócrates mais uma vez antepõe o fim político de seu saber ao fim propriamente filosófico. A quem se dirige Sócrates? Se argumentássemos que, por detrás do diálogo socrático, devemos observar o "diálogo" entre Platão e seu leitor, cairíamos na mesma situação: pois o leitor filosófico do diálogo, se genuinamente filósofo, não deveria se sentir lisonjeado, mas, ao contrário, intimamente incomodado, com este destino político.

O verdadeiro piloto, na imagem, não se defende. Mais tarde, vamos aprender que o verdadeiro filósofo percebe os riscos que corre, e que por isso se abstém da política. É para salvar a si mesmo, incapaz de salvar os demais – a própria cidade e os amigos, diz Sócrates, indicando assim quais são os "deveres" do filósofo –, que o filósofo aceita sua inutilidade, e "faz o que lhe é próprio" (VI, 496 d-e). Cuidar de seus próprios afazeres não é aqui, como em outros lugares, sinônimo de justiça, pois o filósofo não pode ser justo quando se retira da política e faz o que lhe é próprio. Podemos dizer que somente no caso do filósofo, enquanto político, fazer o que não lhe é próprio (*polypragmoneîn*) pode ser uma qualidade[57].

O FILÓSOFO E A IMPIEDADE

Seria apressado, porém, concluir que a observação astronômica é o paradigma de um saber em aparência inútil e, ao mesmo tempo, a imagem da verdadeira arte, como a navegação ou a medicina. Pois, mais adiante no diálogo, esta imagem, que acompanha a representação da filosofia, torna-se objeto de desprezo. Sócrates vai reconhecer na imagem astronômica a sua

---

57 Ver *Apologia*, 31 c s.: Sócrates justifica, por meio de sua divindade particular, o fato de fazer o que não lhe é próprio, um *polypragmoneîn* "privado", diante da recusa de *symbouleúein*, deliberar, na cidade. Para a *polypragmosýne* como um mal na *República*, ver IV, 433 a; d; 434 b etc.: na cidade justa cada grupo faz o que lhe é próprio. Isto é possível enquanto a cidade for governada por guardiões que realizam seu *érgon*, ou função. Já o *érgon* dos filósofos não será, certamente, o governo. Interessante comparar com Aristóteles, *Ética Nicomaqueia*, VI, 1141 b – 1142 a.

RETRATO DO FILÓSOFO QUANDO GOVERNANTE   121

vulgaridade, e na prática indicada de observar os astros, a sua fatuidade. Deve, porém, calar sobre a principal objeção ao conhecimento dos astros: que seja um perigoso caminho para a impiedade.

No processo de educação filosófica, no sétimo livro, Gláucon retoma o motivo da utilidade do conhecimento, motivo à origem da referência à investigação astronômica do verdadeiro piloto. Gláucon afirma então que "a percepção melhor das estações, dos meses e anos, é útil não somente para a agricultura e para a navegação, mas também para o comando militar"[58]. Como Sócrates, apresentando a imagem do navio, seu interlocutor justifica o conhecimento astronômico em vista dos benefícios que traz para a vida dos homens. Desta vez, o filósofo não se mostra satisfeito com tal explicação da utilidade do saber, e replica: "temes que a multidão pense que tu estás recomendando conhecimentos inúteis". Não é necessário retomar justificações vulgares. A utilidade deste saber será de outro tipo, relativa à própria alma, e não aos bens práticos mencionados.

Na retomada da argumentação, Gláucon tenta evitar o "elogio vulgar" que fizera anteriormente e que fora objeto da crítica de Sócrates: acentua, ao contrário, o que provoca tal estudo na alma humana, uma atenção para as coisas que estão no alto, guiando as realidades terrenas (VII, 528 e – 529 a). Deste modo, porém, Gláucon vai novamente se tornar objeto da reprimenda socrática, pois o objetivo da educação filosófica não consiste em habituar a alma a olhar para cima. À imagem vulgar da utilidade da astronomia corresponde um uso vulgar desta ciência, quando não temperada pelo recurso à matemática: seria como a descrição da decoração de um teto, que se realiza com a boca aberta (Sócrates aqui está de acordo com a comédia), sem obter, portanto, nenhum conhecimento (VII, 529 a-b).

Com a crítica às razões oferecidas por Gláucon à astronomia enquanto saber útil para as atividades humanas ou enquanto guia da alma para as realidades celestes, podemos retornar à imagem anterior, do verdadeiro piloto que guia o navio observando as estrelas: também esta imagem se coloca, podemos

---

58   *República*, VII, 527 d. Para uma apresentação da discussão sobre a astronomia na *República* e para a bibliografia sobre este tema, ver o ensaio de F. Franco Repellini em Vegetti, 1998-2007, v. 5, p. 541-563.

122 ARQUEOLOGIA DA POLÍTICA

supor, no campo das justificações vulgares. Mas, lembremos, por meio dela procura-se representar a situação do filósofo na cidade, em relação ao povo e aos "políticos atuais". Não é supérfluo notar que, tanto na imagem quanto na justificação do saber astronômico, Sócrates, no momento em que funda na cidade o poder dos filósofos, cala sobre um aspecto fundamental.

Com efeito, a descrição da "decoração" celeste, realizada por indivíduos cheios de admiração, boquiabertos, não corresponde somente a um saber inútil criticado por autores de comédias e lembrado pelo próprio Sócrates. Como *não* se diz na *República*, sabe-se que o estudo do céu e dos astros conduz os homens a duvidarem da existência dos deuses. Eis o tema da impiedade, que conduziu Sócrates à morte. Na *Apologia*, Sócrates, para se inocentar, lança sobre Anaxágoras a mesma acusação que Meleto lhe dirigira: ou seja, une-se a um coro amplo de detratores da filosofia e de acusadores dos conselheiros de Péricles[59]. Também outros discípulos de Sócrates aderiram ao grupo de denunciadores do ateísmo ou da impiedade de Anaxágoras: Xenofonte preocupa-se em dizer que o interesse astronômico de Sócrates estava limitado à utilidade de seu saber, consistindo somente em um saber de caçadores, navegantes e guardiões, sem nunca ir além[60]. Ou seja, Sócrates, segundo Xenofonte, indagava sobre os astros somente para poder "agir". A astronomia deve se manter nos limites de um saber prático. Prosseguir nestes estudos significa colocar em dúvida a crença nas divindades celestes e cair na insensatez de Anaxágoras.

Quanto a Platão, podemos lembrar que, nas *Leis*, a análise da astronomia introduz uma dificuldade: "Não se deve investigar o deus superior e o universo inteiro, nem se esforçar na procura das causas [*polypragmoneîn*: ou seja, não se deve fazer o que não é próprio], pois não é pio [*hosios*, respeitoso dos deuses]. Porém, parece que o contrário de tudo isso [ou seja, desta proibição] seria correto."[61]

A proibição do conhecimento ímpio se opõe à exigência de exprimir um conhecimento que é belo, verdadeiro e útil para a cidade, assim como "amigo" da divindade. Este conhecimento

59   *Apologia*, 18 c; 26 d-e.
60   Xenofonte, *Memoráveis*, IV, 7, 4-7.
61   *Leis*, VII, 820 e s.

RETRATO DO FILÓSOFO QUANDO GOVERNANTE 123

útil desmente o que dizem os gregos sobre os grandes deuses, o Sol e a Lua, e sobre os demais planetas: ao contrário do que se pensa, estes astros seguem um curso regular. O conhecimento que terão os jovens desses argumentos será, porém, limitado. Deverão aprender estas coisas (ou seja, não deverão acreditar no movimento fortuito das divindades do céu) com o fim de "não dizerem blasfêmias a este propósito, mas para falarem sempre de forma devota e pronunciando orações pias"[62].

Nada disto encontramos na *República*: nenhuma referência à impiedade, nem quando se recorre à observação dos astros, para falar da inutilidade aparente da filosofia (o verdadeiro piloto na imagem), nem quando se apresenta a crítica a esta observação, tratando, enfim, dos saberes úteis ao filósofo (a educação filosófica). Os interlocutores de Sócrates, assim como os leitores de Platão, deviam se lembrar do que era motivo para uma condenação à morte. Mas a *República*, com uma nova apologia socrática, parece evitar o tema da impiedade do filósofo. Sócrates foi capaz de deduzir, da relação do filósofo com a verdade, a boa memória, o fácil aprendizado, a magnanimidade, a graça, a proximidade à verdade, à coragem, à temperança e à justiça, mas não o comportamento piedoso.

Do filósofo como guardião perfeito, além de sua dedicação à verdade, exige-se experiência e atividade política, não a atenção para com os deuses. Ficamos, assim, sem saber se a "impiedade" do filósofo governante é mais um atributo de sua natureza filosófica ou se se trata da irrelevância dos deuses para o exercício do poder.

---

62 *Leis*, 821 c-d.

Apêndices

1. O PODER DA RETÓRICA[1]

Platão acentua a dimensão política da arte da palavra no momento mesmo em que denomina esta arte "retórica", provavelmente um termo de criação recente[2]. O argumento foi amplamente discutido, mas não se deu atenção suficiente ao "poder" ou "capacidade" (*dýnamis*) que se atribui a tal arte. As primeiras informações sobre a arte de Górgias tratam da relação entre o poder (*dýnamis*) da retórica e o poder político (*arkhé*).

Procuraremos, aqui, seguir o percurso que leva da observação da retórica como instrumento de conquista do poder político para a sua consideração, politicamente menos definida, como capacidade de persuasão inerente a toda forma de discurso. A análise da retórica enquanto discurso político, a partir do diálogo platônico *Górgias*, apresenta-se como um complemento para as reflexões anteriores sobre a natureza da política segundo a *República*.

---

1 Uma primeira versão deste trabalho apareceu na revista *Kléos*, n. 9-10, 2005-2006, p. 163-177.
2 Ver supra, p. XIII-XVI.

Discípulos de Górgias

No comando da expedição dos "dez mil gregos" ao lado de Ciro, o Jovem, contra seu irmão, Artaxerxes II, rei da Pérsia, em 401 a. C., encontravam-se alguns discípulos de Górgias, o orador e sofista siciliano. Conhecemos, em parte, o destino destes mercenários, derrotados na batalha e depois traídos, um dentre eles decapitado diante do rei, outro, torturado e morto após um ano "como um simples criminoso". Tinham em comum uma grande ambição, no que diz respeito ao governo dos homens, e a posse de riquezas, que permitira que se apresentassem diante de um mestre de tal fama:

> Próxeno, da Beócia, desejava, desde jovem, tornar-se um homem capaz de realizar grandes ações, e, por causa deste seu desejo, pagou Górgias de Leontinos. Após tê-lo frequentado, considerando que era capaz de exercer o poder [*árkhein*] e que, tornando-se amigo dos homens de maior poder, não seria inferior em suas dádivas, aderiu à expedição de Ciro. Pensava em adquirir um grande nome, um grande poder [*dýnamin megálen*] e muito dinheiro.[3]

As ambições de Próxeno são aristocráticas e a competição na troca de dádivas é um comportamento real[4]. Com efeito, Próxeno mantinha relações de hospitalidade com Ciro, o qual, escondendo seu verdadeiro desígnio, o levara a participar dessa empresa[5]. Fama, poder e riqueza guiam o chefe beócio em suas ações. Mas são ações de um homem justo, diz-nos Xenofonte, que também era ligado a ele por relações de hospitalidade. Graças ao amigo, e desobedecendo aos conselhos de Sócrates, Xenofonte se uniu aos mercenários de Ciro[6].

Não é um retrato amável o que em seguida Xenofonte apresenta de outro discípulo de Górgias, Mênon, deixando de lembrar que também Mênon frequentara o orador siciliano. As ambições de Mênon parecem refletir, em negativo, as de Próxeno. Para realizá-las, ele não recorria somente às armas mercenárias:

---

3   Xenofonte, *Anábasis*, II, 6, 16-17.
4   Ver Xenofonte, *Ciropedia*, VIII, 2, 13-14; Aristóteles, *Ética Nicomaqueia*, VIII, 1161 a 10-19.
5   Xenofonte, *Anábasis*, I, 1, 11.
6   Xenofonte, *Anábasis*, III, 1, 4-10.

APÊNDICES 127

Mênon, da Tessália, era claro, desejava tornar-se extremamente rico, desejava o poder [*árkhein*] para obter maiores riquezas, e desejava as honras para ganhar ainda mais. Queria ser amigo dos mais poderosos [*toîs mégiston dynaménois*] para não ter que pagar por suas injustiças. Pensava que o caminho mais curto para atingir o que desejava fosse pronunciar falso juramento, mentira e engano: ser simples e franco era, para ele, o mesmo que ser estúpido […] É possível que se digam muitas falsidades sobre os aspectos mais obscuros de sua vida, mas todos sabem o seguinte. Quando era ainda muito jovem, recebeu, de Aristipo, o comando dos mercenários […][7]

Nas considerações mais sucintas e menos rudes de Platão, a figura do belo jovem da Tessália não é completamente diferente: "Mênon: Digo também adquirir ouro e prata, honras e cargos [*arkhás*] na cidade […] Sócrates: Eis que a virtude consiste, portanto, em obter ouro e prata, como diz Mênon, hóspede paterno do Grande Rei."[8]

Também Aristipo, conhecido por sua riqueza, envolveu-se na campanha mercenária. Assim como o mais jovem Mênon, seu amante, também ele provinha da Tessália e fora discípulo de Górgias. A sua relação de hospitalidade com Ciro o ajudara a resolver problemas em sua cidade, permitindo-lhe organizar uma milícia para condicionar os acontecimentos políticos locais. Mas, por causa da mesma relação, teve de enviar os soldados que reunira com dinheiro persa, guiados por Mênon,

7 Xenofonte, *Anábasis*, II, 6, 21-22; 28. Outras fontes sobre Mênon, além da *Anábasis* e do diálogo platônico homônimo: Ctésias, *FGrHist.*, 688 F 27-28; Diodoro de Sicília, XIV, 19, 8-9; 27, 2-3; Diógenes Laércio, *Vidas dos filósofos*, II, 50; Suidas, *s.v. Meno*. Sobre Mênon cf. Bluck, 1964, 120-p. 126, 380; Klein, 1965, p. 36-38. Para as informações sobre as personagens dos diálogos platônicos, ver Nails, 2002. Para eventuais relações entre Mênon e Atenas, ver Andrewes, 1981, p. 313; Piccirilli, 1985, p. 109, 111. A partir de Diodoro de Sicília, XIV, 19, 8, afirma-se, com frequência, que Mênon era de Larissa, o que parece errôneo, se se considera Platão, *Mênon*, 70 b (Sócrates, dirigindo-se a Mênon, menciona os larisseus, "compatriotas de teu amigo Aristipo"). Segundo Diógenes Laércio, II, 50, Mênon era de Farsalo.
8 Platão, *Mênon*, 78 c-d. Ateneu (XI, 505 a-b) e Marcelino (*Vida de Tucídides*, 27) incluem Mênon entre as personagens cuja avaliação é divergente em Xenofonte e em Platão, um indício da "inveja" entre os autores e da parcialidade de ambos. Ver, porém, as observações de Wilamowitz-Moellendorff, 1919, v. 1, p. 212, e principalmente v. 2, p. 144-146 (que interpreta "paterno" como se Mênon já fosse hóspede de Xerxes; assim também Bluck, *ad* 78 d 2-3). Sobre a arbitrariedade da reconstrução desta competição entre os socráticos, ver Düring, 1941, p. 55-56.

na infeliz expedição em terras estrangeiras[9]. Não sabemos qual foi o seu destino. Aristipo e Mênon são lembrados por Platão por sua relação com Górgias[10]: são aproximados, segundo as palavras de Sócrates, pelo desejo de se tornar sábios e pela competência em todo conhecimento que Górgias transmitira aos tessálios. Uma competência que as respostas sucessivas de Mênon reconduzirão ao seu contexto político.

A retribuição elevada que Górgias pretendia por suas lições é mais do que uma vez objeto de atenção das fontes antigas, o que indica a posição excepcional ocupada pelo orador em suas viagens pela Grécia. Não sabemos se realmente se apresentasse vestido de púrpura, mas este é, em todo caso, um elemento significativo da imagem que o circundava[11]. O preço que se devia pagar pelas lições gorgianas revela também qual devia ser o público a que eram dirigidas. O conteúdo "literário" dos poucos discursos transmitidos sob o seu nome não nos deve enganar quanto aos fins verdadeiros de suas lições. A capacidade de discorrer sobre *tudo* era uma pretensão não secundária do orador, apesar de seu desprezo aparente por alguns conhecimentos próprios a outros sofistas: "Mênon: O que mais admiro em Górgias, Sócrates, é que nunca vais ouvi-lo prometer [ensinar a virtude], ao contrário, ele ri dos outros, quando ouve que prometem fazê-lo. Mas ele crê que seja necessário tornar [seus discípulos] hábeis em proferir discursos."[12]

A distância que Górgias podia tomar do ensino de seus concorrentes – os quais também exigiam uma remuneração, enquanto se afirmavam como sábios e procuravam superar a marginalidade de suas posições sociais e políticas fora das próprias cidades – não nos obriga a distinguir, rigidamente, entre mestres de retórica e sofistas, uma diferença de certo modo aparente, segundo Platão[13]. Todavia, é verdade que os sofistas

9   Xenofonte, *Anábasis*, I, 1, 10; I, 2, 1.
10   *Mênon*, 70 a-b.
11   A notícia está em Eliano, *Varia Historia* (XII, 32 = D.-K. 82 A 9), onde Górgias é mencionado juntamente a Hípias. A permanência de Górgias na Tessália e o dinheiro que teria recebido por suas lições são mencionados também por Isócrates, *Antídosis*, 155-156 (= D.-K. 82 A 18). Na *Política* aristotélica (III, 1275b) encontra-se o dito de Górgias sobre os "larisseus". Para as informações biográficas sobre Górgias, ver ainda Blass, 1887, p. 47-52.
12   *Mênon*, 95 c.
13   *Górgias*, 520 a.

APÊNDICES 129

Eutidemo e Dionisodoro riem de Sócrates, por este acreditar que eles se dediquem a argumentos militares e a "como se tornar capaz (*dynatón*) de ajudar a se defender nos tribunais quem é vítima de uma injustiça": assuntos marginais, para quem procura ensinar a virtude "no modo melhor e mais rápido"[14]. Ao contrário, a pretensão de Górgias e a superioridade de sua arte dizem respeito a conhecimentos vinculados ao agir na cidade. Em meio aos conhecimentos sofistas, essa pretensão podia tornar-se critério de distinção, relativamente ao ensino da virtude[15]. Aristófanes serve aqui de testemunha, mesmo se parece mais interessado em atacar um desconhecido discípulo de Górgias, Filipe, do que o próprio orador:

Em Espia [duplo sentido com nome de cidade], perto da Clepsidra [duplo sentido com topônimo], há uma raça astuta que enche a barriga com a língua,
eles colhem, semeiam, vindimam com a língua,
e pegam figos [ou seja, se comportam como delatores, "sicofantes"].
São de origem bárbara, Górgias e Filipes.
E, por causa destes Filipes que enchem a barriga com a língua, em todo lugar da Ática se corta a língua [dos animais durante os sacrifícios].[16]

Nesta sua imagem mais antiga, a figura de Górgias se caracteriza pela referência à prática judiciária (a clepsidra); a

14   *Eutidemo*, 273 c-d.
15   As considerações de Dodds, 1959, p. 7, sobre Górgias, mestre de retórica e não "sofista", são demasiado rígidas, e os exemplos oferecidos não são determinantes. Note-se que o esforço platônico de distinção entre sofística e retórica – a primeira referida à legislação, a segunda aos discursos judiciários (465 c) – não concorda com as referências no diálogo a discursos apresentados na assembleia. A pretensão gorgiana em responder a toda questão que lhe era colocada por seus ouvintes (*Górgias*, 447 d; *Mênon*, 70 b) demonstra, de fato, a impossibilidade de distinguir claramente, a seu respeito, entre os dois âmbitos, sofista e retórico. No início do diálogo entre Sócrates e Hípias (*Hípias Maior*, 282 a-e), ilustra-se o campo da atividade dos vários sofistas, entre os quais encontramos Górgias. A competição entre os sofistas se evidencia, pois, não somente através do desprezo por quem trata argumentos de outra natureza, mas também entre os que praticam a mesma arte, como no caso de Pródico, que ri da atenção socrática por aspectos retóricos diferentes dos que eram por ele tratados (*Fedro*, 267 b). Sobre a "retórica sofística", ver Schiappa, 1999, p. 48-65.
16   Aristófanes, *Aves*, 1694-1705 (considerei aqui as notas de Giuseppe Zanetto à tradução de Dario del Corno, 1987, e Mastromarco; Totaro, 2006). A outra menção de Górgias em Aristófanes, dirigida exclusivamente à figura de Filipe, encontra-se em *Vespas*, 421, onde Filipe é dito "de Górgias" (o genitivo parece significar "um discípulo de").

130 ARQUEOLOGIA DA POLÍTICA

"delação" de que se fala é um elemento significativo do destaque dado às suas exigências pecuniárias.

Não necessariamente a atividade de Górgias, como representada por Aristófanes, se traduzia como tal nos escritos do orador[17]. Nem podemos seguir uma distinção entre gêneros que será formalizada mais tarde. Não sabemos em que modo o ensino de Górgias se realizasse como assistência política e judiciária e seus discursos "modelos" podiam ter mais do que uma função.

Já a mediação platônica, no que diz respeito à figura de Górgias, deixa-nos na incerteza quanto aos fins efetivos proclamados pelo orador, na exposição de sua arte aos discípulos. A memória de sua figura e de suas palavras, como transmitida por autores sucessivos, se relaciona, em particular, às características de seu estilo – características que serão sentidas como eficazes para sua época, um pouco menos para tempos já habituados a virtudes propriamente prosaicas[18]. Não podemos conhecer de forma mais clara o conteúdo do ensino gorgiano, obstados por sua representação no diálogo platônico.

Platão menciona a retórica, pela primeira vez, ao indicar a atividade de Górgias. Uma atividade essencialmente "política". Tratar-se-ia de uma visão platônica dos fins da arte, representada criticamente em seus aspectos comuns e gerais? Ou se trataria da "leitura" do que era, de fato, preconizado pelo orador? A particularidade da imagem de Górgias *em Platão* corresponderia, de

---

17 Dionísio de Halicarnasso (*Demóstenes*, 1 = Max. Plan., *ad Hermog.*, v, 548 Walz = D.-K. 82 B 6) dizia não ter encontrado nenhum discurso judiciário de Górgias, mas somente algumas orações para a assembleia, algumas *tékhnai* (modelos oratórios?) e, principalmente, orações epidíticas. Em Dionísio de Halicarnasso, *Perì miméseos* (fr. 5 Aujac = D.-K. 82 A 29) se diz que Górgias "transpôs" a interpretação poética nos discursos políticos. É sempre Dionísio de Halicarnasso quem nos transmite a notícia (*Lísias*, 3 = D.-K. 82 A 4 = *FgrHist* 566 F 137), derivada de Timeu, do discurso de Górgias em Atenas em 427 a.C. (a que se deve relacionar Diodoro de Sicília, XII, 53, 2). O discurso "político" do estrangeiro Górgias seria, pois, o que ele pronunciou como enviado de Leontinos, o que está de acordo com a outra fonte sobre esta primeira presença gorgiana em Atenas, ou seja, Platão, *Hípias Maior*, 282 b.

18 Já Aristóteles, que menciona várias vezes Górgias no terceiro livro da *Retórica*, é frequentemente crítico em relação a seu "estilo": ver, em particular, III, 1404 a 26-28. Ver também Diodoro de Sicília, XII, 53, 4; Dionísio de Halicarnasso, *Lísias*, 3 (D.-K. 82 A 4). Sobre o estilo de Górgias, ver ainda as observações de Norden, 1898, p. 63 s.

APÊNDICES

algum modo, à característica própria à atividade retórica como presente no mestre desta arte? Nos inícios da arte retórica – de sua consciência enquanto "arte" – esta sua ilustração *política* não permanece sem consequências na representação mesma de um conhecimento "sobre as coisas da cidade" que então se afirmava, quer se trate de uma pretensão direta de Górgias, quer seja o resultado da observação crítica platônica.

A Arte de Górgias

Sócrates não dirige diretamente a palavra a Górgias, no início do diálogo platônico. O público que estava presente naquele momento devia ser numeroso, visto que o diálogo se realiza logo após a "conferência" ou "demonstração" que o sofista acabara de realizar.

Platão não deixa totalmente claro em qual cenário se desenrola o encontro: não sabemos se os cidadãos interessados pela demonstração do orador continuam presentes durante o diálogo com Sócrates. Todavia, mesmo que a cena inicial do diálogo não corresponda à da apresentação, Górgias parece estar ainda circundado por seus ouvintes, e a presença de um público amplo evita, então, o tom mais direto e doméstico de outros encontros socráticos. Por esta razão, Sócrates incita Querefonte a tomar a palavra e a interrogar Górgias. O princípio do diálogo platônico é, em si mesmo, *gorgiano*, visto que, em suas apresentações, Górgias convidava os ouvintes a dirigir-lhe qualquer pergunta desejassem. Esta sua "capacidade" era um elemento de *distinção*[19].

Ensinaria Górgias a ser "gorgiano"? Pretenderia, com o seu ensino, conduzir os jovens à mesma capacidade de discorrer sobre tudo? Aparentemente não havia uma separação em sua arte entre o que era por ele praticado e o que era destinado a seus discípulos. Todavia, não necessariamente os seus frequentadores deviam ter a ambição de reproduzir aquelas prodigiosas demonstrações públicas. O fascínio da apresentação podia não ter como finalidade a emulação por parte de

---

19   Para a cena do *Górgias*, ver Dodds, 1959, p. 188; Guthrie, 1975, v. 4, p. 285.

132 ARQUEOLOGIA DA POLÍTICA

jovens abastados com destinos "civis" e "políticos" (convém, neste caso, ser redundante), um destino ao qual o sofista parecia, ele mesmo, ter renunciado.

O que diz Sócrates a seu amigo, ao incitá-lo a dirigir a palavra a Górgias, ilustra o que Platão queria observar na figura do orador. A primeira questão é, com efeito, genérica e consiste em uma paródia homérica (como fica claro em seguida), fruto da atenção platônica por citações e referências irônicas: "quem ele é"[20]. A atenção pelo nome e pela proveniência, origem e percurso, recorrente na épica – e aqui explicitamente recalcada[21], diante de alguém cuja *fama* tornava paradoxal a informação –, transforma-se na caracterização da arte, na distinção do indivíduo em sua autorrepresentação. Mas a incitação socrática, dirigida a quem era, talvez, seu discípulo mais fiel, já é o resultado de um interesse que o filósofo, desde o início, deixava explícito: "quero me informar sobre qual o poder (*dýnamis*) de sua arte, e o que ele proclama e ensina"[22]. É Sócrates, portanto, quem, logo em princípio, coloca a questão da retórica do ponto de vista da arte e de seu "poder" (*dýnamis*). Uma questão à qual ele estava habituado, como lembrará mais tarde: "surpreendido por estas coisas, Górgias, há muito me perguntava qual pudesse ser a *dýnamis* da retórica"[23]. Neste caso, quando a discussão já está avançada, a *dýnamis* da arte – pois toda arte deve ter um poder ou capacidade – transforma-se na *dýnamis* e na ação dos "políticos" (ou melhor, dos oradores, *rhétores*), como Temístocles ou Péricles, os quais, sem serem "competentes", conseguem impor à cidade a realização de obras que parecem requerer conhecimentos técnicos[24].

Sócrates tentará refutar que a retórica seja uma arte. Sucessivamente, também que seja uma *dýnamis*[25]. *Dýnamis* vai indicar, então, o poder do orador, identificado, em sua imagem

20 *Górgias*, 447 d.
21 A evocação homérica é explícita em 449 a ("como diz Homero"), referindo-se à fórmula usada como resposta a um pedido de identificação (*eúkhomai eînai*), como, por exemplo, em Homero, *Ilíada*, VI, 211.
22 *Górgias*, 447 c.
23 *Górgias*, 456 a. Também no *Teeteto*, a pergunta que Sócrates dirige a Teeteto, "o que é o conhecimento", revela-se, em seguida, uma questão sobre a qual o jovem tinha se interrogado várias vezes (148 e).
24 *Górgias*, 455. Ver supra, p. XIII-XV.
25 Respectivamente *Górgias*, 462 b s., e 466 b s.

APÊNDICES

extrema, com a figura do tirano. Do orador ao tirano, o diálogo se desenvolve em um crescendo. Um "grande poder", diz Polo, com uma expressão que vai ser retomada com frequência por Sócrates em sua confutação, tanto de Polo quanto de Cálicles[26]. Mais do que às más ações do Rei da Pérsia, o qual às vezes servia como exemplo de bom governo também para os gregos, Platão recorre às ações cruéis de Arquelau, rei da Macedônia, provavelmente a partir de referências que não mais possuímos. É curioso notar que, em um diálogo chamado *Arquelau, Ou Sobre a Realeza*, Antístenes atacava Górgias[27].

Não sabemos se o termo *dýnamis*, como utilizado no *Górgias*, fosse socrático, platônico ou gorgiano. Procurou-se demonstrar que o nome *retórica* (arte) fosse, na realidade, uma invenção platônica[28]. Mas, no primeiro caso, não era preciso esperar por Platão para relacionar a oratória ao que está implícito em *dýnamis*, ou seja, a preparação, ou disposição, do indivíduo para a "arte". Quanto à "retórica", deve-se perguntar como e em qual medida a invenção do termo – quem quer que fosse o responsável por isso – pudesse alterar, de forma radical, uma prática consolidada, à qual se podia referir com termos e locuções que denotavam, de qualquer forma, a capacidade de expressão, a "habilidade" dos oradores e mestres de retórica (*rhétores*).

A primeira pergunta socrática se refere ao poder, *dýnamis*, da arte; a segunda, ao poder da retórica, quando o termo já é normalmente utilizado na discussão. Polo, que toma a palavra no lugar de seu mestre, fala de "arte", assim como de "experiência" (no campo dos discursos), e constata a importância da retórica sem nomeá-la. Mas o esforço de definição socrático exige o nome, e será Górgias quem dirá que a sua arte deve ser denominada "retórica": ou melhor, que ele "possui o conhecimento da arte retórica"[29]. O percurso socrático leva Górgias a

---

26 Tirano: *Górgias*, 466 e; *méga dýnasthai*: 466 e; 468 e; 469 e; 470 a; 510 e; 513 a-b. Górgias, no *Elogio de Helena* (D.-K. 82 B 11,8), define o *lógos* como *mégas dynástes*.

27 Rei da Pérsia: ver *Górgias*, 470 e; Arquelau: 471 a-d. Para Antístenes, ver Ateneu, V, 220 d (= D.-K. 82 a 339). Sobre o *Arquelau* de Antístenes, ver Giannantoni, 1990, v. II, p. 219; v. IV, p. 203-205, 350-354.

28 Cole, 1991a, 1991b; Schiappa 1990, 1999.

29 *Górgias*, 449 a. Antes Sócrates se referira "à assim chamada retórica" para qualificar a resposta de Polo.

ARQUEOLOGIA DA POLÍTICA

passar, em seguida, dos discursos, em geral, à especificidade *política* da retórica. Sócrates conclui que a retórica é "artífice de persuasão"[30], observando, mais uma vez, na capacidade gorgiana, a sua função ampla e genérica, não relacionada a uma situação ou a um gênero específico. Mas a definição socrática é sucessiva à resposta do sofista que identifica o lugar próprio do poder de persuadir com os tribunais, conselhos e toda assembleia *política*[31]. Um poder capaz de tornar *escravo* o médico e o mestre de ginástica. Mas, principalmente, um poder que diz respeito à multidão:

> Górgias: Porque, na verdade, Sócrates, este bem maior é, ao mesmo tempo, fonte de liberdade para os próprios homens e domínio sobre os demais na cidade de cada um.
>
> Sócrates: Do que falas?
>
> Górgias: Persuadir com os discursos, no tribunal os juízes, no Conselho os conselheiros, na assembleia os seus membros, e em toda reunião que se torne uma reunião política. Com tal poder [*dýnamis*], tornarás escravo o médico, escravo o mestre de ginástica. E quanto ao homem de negócios, veremos que ganhará dinheiro não para si, mas para ti, que és capaz [ou seja, que possuis a *dýnamis*] de falar e persuadir a multidão.[32]

Este esclarecimento de Górgias quanto aos fins da retórica no tribunal e em toda assembleia, a explicação de sua natureza *política*, conclui uma série de aproximações ao objeto, submetidos à análise crítica socrática. Inicialmente, o "objeto" (*érgon*) da retórica era, para Górgias, "o que há de mais elevado entre as coisas humanas"[33]. Agora, revela-se qual é o bem superior:

---

30 *Górgias*, 453 a.

31 Em *Teeteto*, 173 d, o filósofo se mostra incapaz de reconhecer o caminho que conduz à praça, ao tribunal, ao Conselho e a todo lugar de reunião na cidade. Em *Fedro*, 261 a, se fala dos lugares públicos de reunião (cf. 268 a). Ver infra, p. 137.

32 *Górgias*, 452 d-e. Mais adiante, o diálogo apresentará novos exemplos de *dýnamis* como poder político. Em 455 d, Górgias explica a *dýnamis* da retórica com os exemplos de Temístocles e Péricles. Górgias insiste: a retórica está acima das demais *dynámeis*, o que quer dizer: a *dýnamis* da arte retórica é "domínio" sobre a *dýnamis* das outras artes (456 a; ver 460 a). Em 513 a, Sócrates, diante de Cálicles, se refere, claramente, com *dýnamis*, ao poder político (cf. 514 a). Uma análise dos trechos em que Platão usa *dýnamis* encontra-se em Souilhé, 1919.

33 *Górgias*, 451 d.

APÊNDICES 135

"liberdade" (do indivíduo) e "domínio" (sobre os demais). Estes são os valores afirmados por Górgias, e a apologia do tirano, com Polo e depois com Cálicles, fica assim preparada[34]. Polo, em particular, vai explicitar os temas escondidos no ensino de seu mestre: a valorização do poder político até o extremo da negação mesma da política. Esta relação ambígua entre a disputa oratória e democrática e as formas tirânicas torna-se mais clara nas manifestações violentas de Cálicles. Mas a elaboração platônica do que permanecia escondido nas considerações iniciais, em sua aparente cordialidade, deixaria transparecer, no fundo, os princípios de uma prática proclamada pelo orador siciliano?

"Dýnamis"

A retórica é uma *dýnamis*, *vis*, vão traduzir os latinos[35]. Não devemos esquecer que a "capacidade" do orador é seu poder. Platão está pronto para levar às extremas consequências a definição e, no *Górgias*, mais do que em qualquer outro diálogo, o "poder" de persuasão se manifesta através da dominação: uma dominação *política* que se exprime com a capacidade de tornar os outros homens *escravos*, característica não secundária dos tiranos. A capacidade da arte é o *poder* da retórica, e este poder se realiza na atividade *política* ou, mais precisamente, no governo de homens livres.

Podemos, mais uma vez, através do termo *dýnamis*, perguntar: seria este um "jogo" platônico a partir de uma definição da oratória como "arte" ou como *dýnamis* que encontrava

---

34 Polo: *Górgias*, 466 c; Cálicles: 492 b.
35 Ver, por exemplo, Cícero, *De inventione*, i, 6, onde a expressão *vi et artificio* é, naturalmente, uma tradução do grego. Ver também Quintiliano, *Institutio Oratoria*, ii, 15, 3-5 segundo o qual a definição de retórica como *vis persuadendi* deriva de uma *tékhne* atribuída a Isócrates, assim como a definição *persuadendi opifex, peithous demiourgos*. Quintiliano sabe que se trata de definições presentes também no *Górgias* de Platão, mas não está certo de que Isócrates fosse o autor do tratado que retoma as definições gorgiano-platônicas. Em Isócrates, *Nícocles*, 8 = *Antídosis*, 256, *rhetorikoí* são os que possuem a *capacidade* (*dynaménous*) de falar diante da multidão. Do poder de persuasão fala-se também em *Antídosis*, 275; em 193, Isócrates menciona a própria *dýnamis*; em 202, considera a *dýnamis* das *tékhnai*.

136 ARQUEOLOGIA DA POLÍTICA

alhures? Ou os termos *rhetoriké*, *dýnamis* e *tékhne* são parte da construção do filósofo, na observação das práticas políticas e intelectuais de seus contemporâneos, e já dos contemporâneos de seu mestre? Em todo caso, os termos eram recorrentes, dado que Górgias falava da *dýnamis* do *lógos*. No *Elogio de Helena*, o sofista realiza uma comparação com a medicina que vai ser retomada, em forma invertida, por Platão: "Na mesma relação [*lógos*] estão o poder [*dýnamis*] do discurso [*lógos*] para a ordem da alma e a ordem dos fármacos para a natureza dos corpos."[36]

Todavia, não só no diálogo *Górgias* encontramos o eco ou a recriação do que era o ensino gorgiano. Toda arte possui uma *dýnamis*, que é possuída também por outras disciplinas e virtudes[37]. Mas a *dýnamis* retórica não é somente "capacidade", é o poder efetivo exercitado sobre os homens. Protarco, interlocutor socrático no *Filebo*, evoca o que Platão diz em outros momentos acerca desse argumento, mas que coincide com a excelência da arte como defendida por Górgias (sempre segundo Platão): "E eu mesmo escutava, Sócrates, em cada ocasião, Górgias repetir que a arte de persuasão se distingue de todas as outras: torna todas as coisas suas escravas voluntariamente, mas não através da violência, e que é a arte de maior valor entre todas [...]"[38]

O valor e a superioridade do *lógos* são afirmados nos textos gorgianos que chegaram até nós, e assim também a atuação desse poder através da "persuasão" e não da "violência"[39]. Agora,

---

36 *Elogio de Helena*, D.-K. 82 B 11,14. Em seguida, Górgias tratará da *dýnamis* de *eros*.

37 Ver, por exemplo, *Cármides*, 168 b (*dýnamis* da *epistéme*); *Laques*, 192 b (*dýnamis* da coragem); *Protágoras*, 349 b (*dýnamis* da *sophía*, da *sophrosýne*, da *andreía* etc.); *República*, I, 346 a (toda arte possui uma *dýnamis*); cf. também Aristóteles, *Ética Nicomaqueia*, VII, 1153 a 24-25 (*dýnamis* e *tékhne*). Na *República*, V, 477 c-e, trata-se de diferenciar *epistéme* e *dóxa* a partir do "gênero" *dýnamis*. O uso de *dýnamis* neste contexto levou Adam, 1963, *ad loc*, a comentar que "se tratava, talvez, de uma das experiências de Platão com a linguagem". Mas o uso fica mais claro se pensarmos na *dýnamis* da *epistéme* (já mencionada no *Cármides*) e na *dýnamis* da *dóxa* a partir da *dýnamis toû lógou* gorgiano-platônica. No *Político*, 304 a-e, a retórica se encontra entre *epistêmai* e *dynámeis*.

38 *Filebo*, 58 a-b.

39 Ver Górgias, *Elogio de Helena*, D.-K. 82 B 11,4 (a *dýnamis* de quem possui a sabedoria); 8 (*lógos dynástes*, mencionado acima); 12 (*dýnamis* da persuasão). Para a oposição entre violência e persuasão, ver Górgias, *Apologia de Palamedes*, D.-K. 82 B 11 a 14.

APÊNDICES

no *Filebo*, trata-se da "arte", não da *dýnamis*, mas Platão a opõe à "*dýnamis* do diálogo" que fora antes mencionada. A referência à pretensão gorgiana da supremacia da própria arte é lembrada também neste contexto[40].

Parece claro que, para Platão, o ensino de Górgias dizia respeito à obtenção do poder político, e que a isso correspondesse a visão da retórica como *dýnamis*. Mas o que se apresentava como palavra alheia é retomado pelo próprio Platão, em sua crítica à retórica. No *Fedro*, Górgias é somente um entre os vários representantes da arte criticada. Inicialmente comparado com Nestor, e em companhia de Trasímaco e de Teodoro de Bizâncio[41], Górgias reaparece, em seguida, ao lado de Tísias, e os dois mestres sicilianos encontram a "*força* do discurso" no uso dos argumentos verossímeis, das formas de ilusão e da capacidade de discorrer sobre tudo em modo longo ou breve[42]. Mas após apresentar a lista dos outros mestres de retórica e sofistas, Sócrates pode pretender ensinar qual é a *dýnamis* da arte (retórica) e dizer quando esta é possuída.

A resposta de Fedro é superlativa, amplifica os termos da questão, tal como acontecia com o Górgias do diálogo, e acentua o aspecto "político" da arte: "Sócrates: Coloquemos em evidência qual o poder [*dýnamis*] da arte e quando ela se realiza? Fedro: Possui tanta força, Sócrates, pelo menos nas reuniões populares."[43]

Também aqui a *dýnamis* com que se caracteriza a retórica diz respeito à atuação do orador na cidade e seu poder efetivo na cena política. Não é Górgias ou um seu discípulo quem fala,

40 *Filebo*, 57 e; 58 c.
41 *Fedro*, 261 b. Curiosamente, Sócrates menciona Palamedes neste trecho, em que cita Górgias, e adiante dá a entender que a Palamedes corresponde Zenão de Eleia (261 d). No *Elogio de Helena*, Isócrates critica igualmente Górgias junto a Zenão (§ 3), o que poderia levar a pensar que a referência a Palamedes envolvesse em algum modo o autor de sua "apologia". As *tékhnai* escritas pelos heróis homéricos, "nos momentos de ócio em Tróia" (261 b), levam-nos a pensar nos tratados gorgianos sobre Helena e Palamedes (e no de Isócrates sobre Helena), mesmo porque *não* se trata de obras, segundo Sócrates, dirigidas a tribunais e assembleias (261 a).
42 *Fedro*, 267 a (ver *Górgias*, 449 b-c). À capacidade gorgiana se refere também Aristóteles, *Retórica*, III, 1418 a 35. *Rhóme* e *dýnamis* aparecem juntas em Platão, *Político*, 305 b-c; *Filebo*, 49 b; *Leis*, III, 686 e. Em *República*, V, 477 e, a *epistéme* é indicada como a "mais forte" (*errhomenestáten*) das *dynámeis*.
43 *Fedro*, 268 a.

138 ARQUEOLOGIA DA POLÍTICA

mesmo se o orador está presente entre as personagens que realizam esta *dýnamis*.

Interpretação platônica ou derivação gorgiana? Podemos somente notar que, pouco mais adiante no diálogo, este uso de *dýnamis* vai se transformar, no momento em que Sócrates procura substituir a observação da situação retórica com a análise da relação de "conhecimento" em que esta devia se basear. "Sócrates: Visto que o poder [*dýnamis*] do discurso corresponde à condução das almas, é preciso que o futuro orador saiba quantas formas a alma possui."[44]

O "poder do discurso" (*dýnamis*, antes Platão falara de "força", *rhóme*) lembra a expressão utilizada por Górgias no *Elogio de Helena*. Também na "condução da alma" poderíamos ver uma expressão do mestre mais idoso, habituado a referir-se às formas de encanto e feitiço? Mas agora estamos distantes do que era a representação platônica das pretensões do orador siciliano em seu ensino. Mais do que à dominação de outros cidadãos, *dýnamis* conduz, aqui, à observação da alma.

O caminho está preparado para a definição aristotélica, que relaciona a *dýnamis* retórica a uma capacidade de *observação*, ou seja, à "teoria": "A retórica é, portanto, a capacidade [*dýnamis*] de observar [*theorêsai*] em toda coisa o que permite a persuasão [...] A retórica, por assim dizer, parece ser a capacidade de observar [*dýnasthai theoreîn*], no que é dado, o persuasível."[45]

Entre o Poder e a Observação

Podemos agora voltar a Mênon e a seu retrato em Platão e Xenofonte. Sócrates insiste com seu jovem interlocutor, confiante em fazê-lo dizer o que escutara de Górgias e que se tornara uma própria convicção. A questão "o que é a virtude" não pode receber, segundo Mênon, uma única resposta. Pode-se discernir

44 *Fedro*, 271 c-d. A "condução das almas" (*psykhagogía*) já fora mencionada antes, em 261 a: a retórica é uma "certa arte de conduzir a alma através do discurso" não somente nos tribunais e nas reuniões das assembleias, mas também nas reuniões privadas.
45 Aristóteles, *Retórica*, I, 1355 b 25-33.

APÊNDICES 139

uma virtude própria a cada indivíduo, segundo o gênero, a idade ou a posição social:

Mênon: ... em primeiro lugar, se queres te referir à virtude de um homem, é fácil, pois esta é a virtude do homem, ser capaz de agir na cidade [o campo da ação política], fazendo o bem aos amigos e o mal aos inimigos[46], evitando sofrer este mal. Se queres te referir à virtude de uma mulher, não é difícil dizer, pois é necessário que bem administre a casa e obedeça ao marido. Diferente é a virtude dos moços e das moças, assim como dos velhos, tanto do homem livre, quanto do escravo.[47]

Aristóteles conduzirá esta visão de uma virtude múltipla e hierárquica diretamente a Górgias, observador hábil da vida nas cidades[48]. Mas é ainda sob a pressão das lições gorgianas que Mênon pode ir além, no esforço constante de conhecimento, que requer a unidade na definição. A virtude é o poder, responde o jovem interlocutor a Sócrates, lembrando o ensino de seu mestre. "Sócrates: Visto que a virtude é a mesma em todos os casos, procura lembrar e dizer-me o que esta é, segundo Górgias, e segundo tu mesmo, de acordo com ele. Mênon: O que mais, senão ser capaz de governar [árkhein] os homens, visto que procuras uma única definição, acima de todas?"[49]

Aceitando a crítica socrática, mas sempre segundo o que aprendera, Mênon especifica: "Parece-me, Sócrates, que a virtude é, como diz o poeta, amar as coisas belas e ter poder [dýnasthai]."[50]

"Como diz o poeta": a fonte poética corrobora a prática oratória e ambas se transpõem nas narrações biográficas sobre o belo jovem à procura de poder e riquezas. Eis, pois, que reaparece, falando-se da virtude, o termo característico da atividade retórica: a dýnamis. Sócrates insiste: "segundo a tua definição, a virtude é o poder [dýnamis] de obter bens"; "adquirir ouro e

46 Note-se que, aqui, o que era o desenvolvimento da definição da justiça segundo Simônides, na República (I, 332 d), e tema recorrente em obras de Platão, Xenofonte e outros, se conjuga com uma mediação gorgiana: a atividade propriamente política.

47 Mênon, 71 e.

48 Aristóteles, Política, I, 1260 a 27-28, em uma clara referência a este trecho do Mênon.

49 Mênon, 73 c. Ver Bluck, 1964, ad loc: "Aqui também Górgias pode ter dito algo semelhante, apesar de que se trata de um ideal não restrito a poucos".

50 Mênon, 77 b.

140 ARQUEOLOGIA DA POLÍTICA

prata, honras e cargos [*arkhás*] na cidade", acrescenta Mênon, com sinceridade[51].

Tendo retomado os temas gorgianos (o poder enquanto *arkhé* e *dýnamis*) e falando agora em próprio nome, Mênon deverá, enfim, lembrar o meio de atuação do ensino que recebera: os discursos para a multidão, uma surpreendente atividade político-retórica que até então permanecera escondida e que justifica, na esfera política, o apelo às conferências gorgianas: "Mênon: todavia, pronunciei milhares de vezes, diante da multidão, numerosos discursos sobre a virtude e, aparentemente, com muito sucesso."[52]

No retrato dos discípulos de Górgias traçado por Xenofonte, o desejo de dominação é um elemento recorrente e concorda com o retrato que Platão compõe do orador e seus ouvintes e discípulos, Polo, Protarco, Mênon, estes com um futuro, ora político, ora sofista e itinerante. No traçado biográfico, vemos o que não devia ser somente uma reelaboração platônica: a *dýnamis* da retórica parece, pois, se revelar nas ambições políticas e, ao mesmo tempo, mercenárias de alguns dos destinatários das lições gorgianas. Elemento não secundário ao mostrar a percepção destes discursos, a *dýnamis* prepara, em sua ambiguidade – e, acrescentemos, no fracasso de suas pretensões –, a ruptura platônica, quando, dissociando-se *dýnamis* e poder político, a arte da palavra se recolhe no conhecer (*eidénai* ou *theoreîn*) que protegerá seu caminho sucessivo.

51 *Mênon*, 78 c.
52 *Mênon*, 80 b.

APÊNDICES 141

2. ESTRATÉGIAS ESTRANGEIRAS[53]

Da cena da assembleia, no *Górgias*, à figura dos guardiões, na *República*, pode-se constatar a importância do tema do comando militar em Platão. Competência "técnica" e cidadania são os termos que delimitam a reflexão a este respeito, desenvolvida em vários momentos dos diálogos. Podemos, porém, entendê-la melhor a partir de um interrogativo indiretamente formulado pelo filósofo: seria possível conferir o comando (político e) militar da cidade a estrangeiros? Não é difícil observar a relevância desta pergunta para quem se dedica ao projeto político da *República*, além das dificuldades que coloca do ponto de vista histórico.

O problema de uma possível atribuição do comando militar a estrangeiros aparece não em um dos diálogos "políticos" de Platão, mas no *Íon*, como consequência da investigação sobre a natureza do conhecimento poético, ou seja, da poesia como "arte". Procuraremos, aqui, considerar as dificuldades históricas da questão e sua dimensão propriamente política no interior da reflexão platônica.

Dorieu e Fanóstenes

Tomemos, inicialmente, em consideração alguns fatos da história militar ateniense no final do século V a.C. Pouco sabemos sobre o que ocorreu na ilha de Andros entre os anos 407 e 406. Possuímos notícias da passagem pela ilha de vários comandantes atenienses, tentando domar uma das revoltas que se tornavam sempre mais frequentes entre as cidades submetidas ao império ateniense, em particular após a derrota de Atenas na Sicília. Mas são notícias dadas brevemente, quando a atenção se dirige para as grandes batalhas navais que caracterizam o período conclusivo da guerra do Peloponeso: em particular, as batalhas de Nótion e das Arginusas.

---

53 Uma primeira versão deste trabalho apareceu na revista *Ordia Prima*, Córdoba, n. 4, 2005, p. 89-106.

142 ARQUEOLOGIA DA POLÍTICA

São os anos finais para o grande poder de Atenas, como era percebido já no início do século IV. Com Nótion acabavam-se as esperanças suscitadas pelo retorno triunfal de Alcibíades. O novo afastamento, pelo povo de Atenas, de seu maior general devia ser objeto de discussão, e a lembrança desses fatos revela como fosse então tratado o problema de sua responsabilidade[54]. Mas um debate ainda mais intenso derivou da batalha das Arginusas, em 406 a.C., onde a vitória ateniense foi seguida pela condenação dos comandantes, por não terem recolhido os cadáveres e socorrido os náufragos após o combate. Com as Arginusas, o conflito entre as decisões da assembleia ateniense – decisões políticas – e o comando militar – de fato vitorioso, demonstrando, pois, sua competência – deixava uma marca das mais significativas na memória da cidade. O sucesso técnico-militar dos generais não impede o fracasso do ponto de vista político. A presença de Sócrates no Conselho e a distância que toma dos procedimentos "injustos" da assembleia popular acentuará a lembrança dos acontecimentos nos escritos do século seguinte[55]. O processo das Arginusas torna-se paradigmático, e parece guiar a atenção de nossas fontes também quando narram outros fatos da mesma época, lidos através deste acontecimento.

Andros era uma ilha da liga délio-ática, provavelmente não propriamente submissa, se já Péricles instalara em seu território uma clerúquia de 250 homens[56]: como lembra Plutarco, o sentido destas colônias era também o de afirmar uma presença forte dos dominadores no território dominado. Em posição geográfica estratégica, Andros devia assumir um papel relevante, no momento em que vários membros da liga ateniense começam a se sublevar. Com o retorno de Alcibíades em Atenas e sua eleição como comandante militar, Andros torna-se a primeira preocupação ateniense. Tendo a ilha se rebelado contra Atenas, para lá dirige-se Alcibíades, comandante com plenos

54 Note-se, a este respeito, a descrição do papel de Antíoco, comandante efetivo das naus durante a batalha, na narração de Xenofonte (*Helênicas*, I, 5, 11-14).
55 A ambiguidade das narrações sobre a participação de Sócrates no Conselho durante o processo das Arginusas é acentuada por Vidal-Naquet, 1990b, p. 129-130. Sobre a dinâmica do processo, Canfora, 2003, cap. 1. Sobre as formas retóricas e as intenções apologéticas na reconstrução da participação socrática nos lugares "políticos", ver Butti de Lima, 2004, p. 90-97.
56 Plutarco, *Vida de Péricles*, 11, 5.

APÊNDICES

poderes, quatro meses após seu retorno, acompanhado por dois comandantes "de terra", o seu amigo Adimanto e Aristócrates (ou segundo outra fonte, Trasibulo)[57].

Alcibíades obtém um sucesso parcial, fazendo acuar a população e alguns espartanos dentro dos muros da cidade. Mas não permanece na ilha, partindo para Samos, segundo Xenofonte. Na narração de Diodoro, Trasibulo permanece ali, chefiando as forças atenienses (pois a cidade não tinha sido expugnada), ao passo que Alcibíades prossegue e devasta as ilhas de Cos e Rodes[58]. Xenofonte, que não menciona a presença de Trasibulo, fala da presença na ilha do estratego Cónon, figura chave do comando militar nos anos seguintes[59]. Não sabemos o que Cónon fez durante sua permanência. Enquanto estava ali, a frota ateniense sofria a derrota em Nótion. Mais tarde, Cónon permanecerá também distante da batalha das Arginusas, e estas suas oportunas ausências tê-lo-ão salvado do destino de outros generais.

Com a derrota ateniense em Nótion, são eleitos dez novos estrategos[60]. Alcibíades retira-se na Trácia. Cónon, reeleito, é enviado para Samos e seu lugar em Andros é ocupado por uma personagem chamada Fanóstenes. Talvez nada soubéssemos sobre Fanóstenes se um fato, extremamente significativo, não tivesse então chamado a atenção dos gregos, justificando a narração de Xenofonte. Não possuímos nenhuma informação sobre o que estava acontecendo na ilha, sobre seus habitantes em revolta, acuados dentro dos muros da cidade, sobre a posição militar ateniense (Gáurion?). Tudo o que sabemos é que Fanóstenes, com suas quatro naus, capturou duas trirremes de Turii, a colônia pan-helênica fundada em pleno século v a.C. no sul da Itália. À frente das embarcações de Turii estava um das personagens de maior fama entre os gregos. Eis a narração que nos oferece Xenofonte:

Após estes acontecimentos, Cónon, com suas vinte naus, deixou Andros e navegou para Samos, segundo a decisão ateniense, para aí assumir o comando. Para o lugar de Cónon, em Andros, enviaram Fanóstenes com

57 Xenofonte, *Helênicas*, I, 4, 21; Diodoro de Sicília, XIII, 69, 3.
58 Diodoro de Sicília, XIII, 69, 5.
59 Xenofonte, *Helênicas*, I, 5, 18.
60 Sobre a cronologia dos acontecimentos deste período, ver Andrewes, 1953; Orsi, 1975; Bleckmann, 1998, p. 269 s.

144 ARQUEOLOGIA DA POLÍTICA

quatro naus. Este capturou duas trirremes de Turii, com suas tripulações, que ali se encontravam. Os atenienses emprisionaram todos, mas libertaram, sem pedir nenhum resgate, seu chefe, Dorieu, que era de Rodes e, após ter sido condenado à morte pelos atenienses, fugira [de Atenas e][61] de Rodes, com seus parentes, adquirindo a cidadania de Turii [62].

A notícia de Xenofonte, bastante sumária, adquire maior interesse quando considerada à luz de outras informações. Somente Xenofonte menciona que o comandante das forças atenienses em Andros era Fanóstenes, após a passagem pela ilha de vários entre os maiores generais (e, diríamos, figuras políticas) da época: Alcibíades, Trasibulo ou Aristócrates, Adimanto, Cónon. Já a captura de Dorieu, que conduzia naus de Turii, pró-espartanas, é contada também por outros, e devia, na época, ter chamado a atenção dos gregos: a história de um dos maiores atletas olímpicos podia suscitar o interesse de mais do que um escritor.

Dorieu era filho de Diágoras, o destinatário da sétima *Olímpica* de Píndaro. Atleta como seu pai, Dorieu tornara-se a imagem mesma do vencedor olímpico, assim como de outros jogos pan-helênicos, ístmicos, nemeus e também píticos. Tucídides pode se referir às suas vitórias para datar os acontecimentos: "era a Olimpíada em que Dorieu, de Rodes, venceu pela segunda vez"[63], e Aristóteles cria um silogismo usando seu nome para indicar um vencedor olímpico[64]. De simpatias oligárquicas, como outros membros de sua família[65],

---

61 *Athenon*: suprimido por Dindorf, seguido por Jacoby.
62 Xenofonte, *Helênicas*, I, 5, 18-19. Diodoro de Sicília não narra o episódio. Pausânias (VI, 7, 4-5), que retoma o historiador Andrótion, diz que Dorieu foi "vencido por algumas trirremes áticas e conduzido vivo diante dos atenienses"; segue a narração da apresentação de Dorieu prisioneiro na assembleia e a piedade que suscita nos atenienses.
63 Tucídides III, 8. Inútil a hipótese de uma interpolação (Hornblower, 1991). Diferentemente de outras datações olímpicas, em Xenofonte, aqui há fatos propriamente "olímpicos" que estão sendo narrados. Naturalmente, o fato que Dorieu fosse conhecido como "de Rodes" permitia que continuasse sendo chamado deste modo, mesmo quando estava foragido e havia adquirido a cidadania de Turii. Assim parece acontecer com os estrategos "estrangeiros", de que falaremos adiante (também Heródoto pode ser dito "de Halicarnasso" e de "Turii").
64 Aristóteles, *Retórica*, I, 1357 a 19.
65 Xenofonte fala, com efeito, de Dorieu e sua família. Outros membros são mencionados por Pausânias, VI, 7, 1-3. As *Helênicas de Oxirinco* (15, 2) narram a perseguição dos "diagoreus" em Rodes por parte dos democratas em 395 a.C.: sobre estes fatos, Jacoby, 1954, v. I, p. 154-156; v. II, p. 139 s., n. 6.

APÊNDICES

Dorieu fora condenado à morte, fugindo então de Rodes, provavelmente já antes do ano 420 a.C. Adquiriu, em seguida, a cidadania de Turii, cidade "pan-helênica", e tornou-se comandante de uma frota aliada a Esparta. As façanhas deste vencedor olímpico e chefe militar tinham grande repercussão nas cidades gregas. Capturado por Fanóstenes, recebeu a clemência ateniense. Diz-se que mais tarde foi condenado e morto por Esparta. A clemência para com o comandante estrangeiro contribui para a boa imagem de Atenas. Esta imagem podia ser vista em oposição à severidade de Esparta, que não teria hesitado em condenar à morte seu aliado. E podia, talvez, servir para atenuar a crítica ao *dêmos* ateniense após a condenação dos estrategos da batalha das Arginusas. Esta, ao que parece, era uma das interpretações dadas ao episódio[66].

Em outras palavras, a libertação do comandante e campeão olímpico Dorieu podia servir para uma certa propaganda de Atenas[67]. Mas a sua posição no comando das naus não era totalmente clara. Um epigrama sobre Dorieu lembra-nos não só a importância da personagem, objeto de tais anedotas, mas a atenção pelas suas origens ("Quem dedicou esta estátua? Dorieu de Turii. Mas não era ródio? Sim, antes de fugir de sua pátria e, com mão terrível, realizar tantas ações violentas")[68]. O exílio de Dorieu deve ter ocorrido muito tempo antes da rebelião de Rodes, em 412, contra o domínio ateniense. Na sua terceira vitória olímpica, em 424, Dorieu já era "de Turii", a colônia pan-helênica na qual se exilara, e da qual, diz Xenofonte, adquirira a cidadania, após ser condenado à morte por Atenas[69]. A posição

66 Pausânias, VI, 7, 6-7 (retomando Andrótion). Não possuímos outras informações sobre a sucessiva condenação de Dorieu pelos espartanos, que permanece misteriosa para nós. Sobre estes acontecimentos e as fontes, cf. sempre Jacoby, 1954, *loc cit.* (ver nota anterior). Ver também Gehrke, 1985, p. 134-137. Sobre Dorieu, Hornblower, 2004, p. 131-142, o qual se refere a Dorieu como uma figura "de elite, que viajava, por assim dizer, com mais do que um passaporte".

67 Cf. Meiggs, 1972, p. 368 s.: o caso de Dorieu como "ilustração da generosidade ateniense".

68 *Antologia Grega*, XIII, 11. Também o epigrama, atribuído por Ateneu (X, 412 f) a certo Dorieu, cujo argumento é o atleta Mílon e no qual o autor se dirige a um "estrangeiro", talvez possa ser visto como um eco, mesmo se tardio, destas anedotas.

69 Cf. Jacoby, 1954, v. II, p. 139 n. 3 (com outras referências cronológicas à vida de Dorieu). Pausânias, VI, 7, 4: Dorieu e Pisírodos já eram chamados "Turii" em suas vitórias atléticas.

146 ARQUEOLOGIA DA POLÍTICA

de Turii foi oscilante durante a guerra do Peloponeso, e assim Dorieu poderia ter sido enviado por sua nova cidade na expedição contra os atenienses. Mas podemos também pensar que, em razão de sua posição proeminente e de seus sentimentos pró-oligárquicos, combatesse assoldadado por Esparta. Significativo o relato feito por Tucídides, sobre Dorieu que defende seus marinheiros, revoltados por não receberem o salário[70]. Em todo caso, já em 412/411 a.C. o ex-cidadão de Rodes conduzia naus de Turii ao lado de Esparta, quer sob o comando do navarco Astíoco – e neste período, lembremos, Rodes torna-se aliada de Esparta –, quer, sucessivamente, tendo contribuído para o afastamento de Astíoco, sob o comando de seu sucessor, Míndaro, que envia, enfim, Dorieu para reprimir uma rebelião em Rodes, sua ilha de origem[71].

Dorieu é capturado em Andros por Fanóstenes, diz Xenofonte, que neste dado é a nossa única fonte. Fanóstenes teria sido enviado para a ilha no comando de quatro naus, em substituição ao general Cónon. Supôs-se, portanto, que também Fanóstenes fosse um dos generais atenienses[72]. Como, porém, conhecemos os nomes dos dez estrategos que foram eleitos após a derrota ateniense de Nótion, deve-se pensar que Fanóstenes fizera parte do corpo dos dez estrategos eleitos no ano anterior[73]. Mas a cronologia não é o único dado incerto neste intrincado período da história ateniense, marcado principalmente pelo triunfal retorno de Alcibíades e por seu rápido novo afastamento para a Trácia. Pois a missão de Fanóstenes, que

---

70 Tucídides, VIII, 84, 2-3: Dorieu toma a defesa dos marinheiros sob o seu comando, os quais protestavam contra Astíoco, o qual reage brutalmente, erguendo seu bastão contra Dorieu. Astíoco é obrigado a fugir e se refugia junto a um altar.

71 Diodoro de Sicília, XIII, 38, 5; 41, 1. Em seguida, Dorieu partirá para o Helesponto, com treze ou quatorze naus, onde sofrerá uma derrota após um ataque ateniense: Xenofonte, *Helênicas*, I, 1, 2-6; Diodoro, XIII, 45. Dorieu ao lado dos lacedemônios: Tucídides, VIII, 35; Rodes aliada de Esparta: Tucídides, VIII, 44.

72 Sobre Fanóstenes cf. Kirchner, 1903, nr. 14083; Raubitschek, 1938; Walbank, 1978, p. 316; Osborne, 1983, p. 31-33; Develin, 1989, p. 174 s.; Nails, 2002, p. 235 s. Bleckmann (1998), p. 500, n. 200, observa que "Xenofonte menciona a presença de Fanóstenes em Andros somente porque este fato deriva da história da captura de Dorieu, não porque o seu comando tivesse uma importância particular".

73 Os nomes dos estrategos em Xenofonte, *Helênicas*, I, 5, 16; Diodoro de Sicília XIII, 74, 1. Para a reconstrução dos fatos, ver ainda Gilbert, 1877, p. 365; Beloch, 1916, p. 251 n. 1.

APÊNDICES

parece acontecer após Nótion – e, portanto, após a escolha dos novos estrategos –, é objeto de hipóteses variadas. Esta poderia constituir uma simples prorrogação de seu período anterior como estratego[74]. Ou talvez o seu cargo correspondesse a um comando específico e excepcional, em vista da realização de uma missão predeterminada[75]. Ou ainda, Fanóstenes poderia estar em Andros com funções diversas das de um general. É Platão, como veremos, e não Xenofonte, quem nos fala de Fanóstenes como estratego[76].

Todavia, a posição de Fanóstenes, comandante das naus atenienses em Andros e provável estratego, responsável pela captura do famoso Dorieu, é excepcional por outro motivo. Se acreditarmos em Platão, Fanóstenes era cidadão de Andros, e não ateniense[77]. Assim como, em precedência, Dorieu fora enviado pelos espartanos para combater em sua terra de origem, Rodes, assim também Fanóstenes, de Andros, teria sido enviado contra Andros pelos atenienses. Na memória dos acontecimentos relativos a Dorieu, como dissemos, talvez fosse presente a intenção de atenuar a lembrança do processo das Arginusas, onde o elemento, por assim dizer, político – o julgamento da assembleia – "injustamente" invertera o sucesso técnico-militar dos generais. Peculiaridade – ou ambiguidade – da "estratégia", função *política* e *militar* mais alta na Atenas democrática, sujeita ao mecanismo de certo modo menos democrático da eleição.

Platão menciona Fanóstenes próprio porque "de Andros". Na reflexão "sobre as coisas da cidade", ou seja, na reflexão política, a posição do estratego devia naturalmente suscitar

74 Ver Kirchner, 1903, nr. 14083; Beloch, 1916, p. 251, n. 1.

75 Dover, 1970, p. 391 s. (os estrategos mencionados por Platão como estrangeiros "eram, sem dúvida, *strategoí* genericamente falando, não em sentido estrito"; mas neste caso preciso, Dover não oferece uma nova argumentação, e a sua opinião é frequentemente dada como prova nos estudos sucessivos); Fornara, 1971, p. 74 s.; Moore, 1974, p. 436.

76 Jordan, 1975, p. 122, supõe que Fanóstenes fosse um navarco ou um *árkhon toû nautikoû*, visto que conhecemos os dez estrategos eleitos para aquele ano. Ver também Bleckmann, 1998, p. 500, n. 200; p. 527, n. 64. Hamel, 1998, p. 220 s., nota que seria provável que enviassem um estratego para substituir outro. Menciona, porém, Xenofonte, *Helênicas*, I, 6, 35, onde Trasibulo tem o cargo de trierarco, após ter sido estratego.

77 Já Eduard Meyer indicara que a personagem platônica e o comandante em Xenofonte eram a mesma pessoa: cf. Busolt, 1904, p. 1581, n. 1; Wilamowitz-Moellendorff, 1919, II, p. 33.

148 ARQUEOLOGIA DA POLÍTICA

alguns interrogativos, se ocupada por alguém que não possuía os privilégios da cidadania. A imagem do "estratego estrangeiro" é paradoxal, se não contraditória. Sua menção explícita em Platão é, porém, acompanhada de casos concretos de três comandantes militares: Apolodoro de Cízico, Fanóstenes de Andros e Heraclides de Clazômenas. Temos notícias somente de um deles, no que se refere à atuação militar. Fanóstenes teria sido naturalizado, antes de se tornar estratego ateniense e ser chamado contra a sua ilha de origem? Esta a hipótese assumida pela maior parte dos historiadores, na tentativa de apaziguar a aparente contradição. O caso posterior, e mais conhecido, de Caridemos de Óreos, fortalece tal suposição[78]. Se considerarmos o ataque que a este chefe mercenário é dirigido por Demóstenes, a sua naturalização ateniense não impedia que fosse chamado "bastardo" da Eubeia, nem que um orador verdadeiramente ateniense reprovasse a leviandade dos demais cidadãos que atribuíam a cidadania a tantas personagens que permaneciam, nesta visão, estrangeiras. Mas no caso dos exemplos platônicos, não temos muitos elementos para podermos decidir[79]. Platão, o único que nos fala explicitamente de Fanóstenes como estratego, lembra-o somente porque estrangeiro.

Platão e o Comando Militar

Fanóstenes, comandante ateniense, é figura histórica mencionada por Xenofonte. Mas Fanóstenes, general estrangeiro, de Andros,

---

78 Demóstenes, XXIII, *Contra Aristócrates*, 213-214. Já Wilamowitz-Moellendorff, 1919, II, p. 33, relacionava os exemplos platônicos a este caso. Para Caridemos, ver também Aristóteles, *Retórica*, II, 1399 b (do *Nómos* de Teodectes), onde se fala também de Strábax, mencionado, por sua vez, em Demóstenes, XIX, 84.

79 Em alguns fragmentos de inscrições, colocados em relação entre si pelos editores, encontramos o nome de um Fanóstenes, que junto a certo Antióquides, teria sido honrado por Atenas, mas não conseguimos ir além a este respeito. Cf. análise e bibliografia em Walbank, 1976, n. 60, p. 313-324, o qual identifica este Fanóstenes com o mencionado por Platão. Neste caso, como também no de Heraclides (Walbank, n. 47, p. 258-268, ver infra, p. 156), haveria uma passagem de uma suposta *proxenía* (se se tratava deste cargo) à cidadania. Mas a identificação destas personagens com os platônicos permanece duvidosa. Ver também MacDonald, 1981 e Osborne, 1983, o qual se diz seguro da cidadania dada a Fanóstenes a partir da referência em Xenofonte. Já em Osborne; Byrne, 1996, p. 24, a afirmação é mais prudente: Fanóstenes foi "supostamente naturalizado ateniense".

é para nós um exemplo platônico. É para Platão que devemos olhar se quisermos compreender a imagem deste comandante e o significado de seu exemplo na Atenas do século IV a.C.

Antes de analisarmos a menção de Fanóstenes no diálogo *Íon* de Platão, devemos ver como Platão apresenta em outros diálogos o problema dos estrategos. Platão fala do comando militar nas *Leis*:

> Após isto, é preciso eleger os estrategos e, para ajudá-los na guerra, os hiparcos e os filarcos [...] Dentre esses [cargos], os guardiões das leis devem propor estrategos que sejam desta própria cidade, e que sejam escolhidos, dentre os propostos, por todos os que, com a idade, participaram ou participam, em toda ocasião, da guerra.[80]

O procedimento de eleição dos estrategos sugerido por Platão nas *Leis* não é simples, mesmo se a figura militar mostra-se bastante marginal, quando se fala da nova cidade a ser fundada em Creta[81]. Por um lado, mecanismos de restrição na escolha: são os "guardiões das leis" que fazem a pré-seleção dos elegíveis. Apesar de toda sua autoridade, os guardiões não escolhem. Deve haver uma participação da comunidade, no caso a *koinonía* dos que têm experiência de guerra: ou seja, uma comunidade que deve se caracterizar de algum modo como *militar*. Como em outros casos de determinação dos procedimentos jurídicos em Platão, a participação dos cidadãos nas escolhas e decisões mostra-se importante. Uma cidade seria uma "não cidade" (*pólis ápolis*), diz Platão nas *Leis*, se se excluíssem os cidadãos das decisões nos tribunais[82].

No caso dos estrategos, esta participação é reforçada por um direito suplementar dos eleitores guerreiros: "se alguém crê que um indivíduo não selecionado [pelos guardiões das leis] seja melhor do que os selecionados, que indique quem deve substituir quem entre os selecionados, e proponha com um juramento este outro [candidato]. Aquele que será escolhido por voto, seja considerado elegível"[83].

---

80 *Leis*, VI, 755 b-d. Note-se que, na *República*, os estrategos são os filósofos guardiões perfeitos, no período de sua formação. Ver supra, p. 109.

81 A eleição dos estrategos e outras funções militares é tratada por Platão em *Leis*, VI, 755 b – 756 b. Cf. Morrow, 1960, p. 178-181.

82 *Leis*, VI, 766 d; 768 a.

83 *Leis*, VI, 755 d.

Não sabemos quantos podiam ser os candidatos estrategos propostos pelos guardiões, mas três seriam, enfim, os eleitos. Este procedimento de eleição para o cargo militar mais alto é em seguida reproposto, com ajustes e variações, para as demais posições de comando, sempre votados pelo exército ou em presença das tropas de nível mais baixo.

A multiplicação das eleições – a possibilidade de votar em um candidato para ser incluído na lista dos elegíveis – poderia criar não poucas complicações para os habitantes da cidade das *Leis*, ainda mais em previsão de procedimentos semelhantes para os demais cargos militares[84]. O objetivo deste mecanismo parece, no entanto, claro. Com o trabalho preliminar dos guardiões das leis, evita-se que a escolha dos oficiais se assemelhe ao procedimento democrático ateniense bem conhecido e lembrado, em outros diálogos, por Platão. Ao mesmo tempo, a possibilidade de interferir na lista preparada pelos guardiões, estabelecendo novas e prévias eleições, mostra a exigência da participação comunitária – ou, se quisermos, política – na escolha dos comandantes militares. Somente o sentimento da importância desta participação podia levar Platão a restringir, com determinação, o poder dos guardiões, criando um desdobramento dos procedimentos que podia "desautorizar" – ou melhor, diminuir a autoridade – dos guardiões por parte dos cidadãos soldados.

Platão não diz quem poderia ser proposto para os cargos militares, em particular para a estratégia. Não todos, obviamente, visto que a distinção entre os grupos militares é bastante forte, nos demais níveis de votação, e que os postos inferiores de comando não são eletivos, mas derivam de uma indicação. Podemos notar, para além deste contexto, que a presença dos estrangeiros na cidade das *Leis* era bastante restrita, segundo regras precisas, assim como as viagens ao exterior dos cidadãos. Por isso, parece singular que a única especificação platônica quanto aos elegíveis para a estratégia diga respeito não ao censo ou à posição social-militar, mas à cidadania. Os guardiões propõem para o comando militar o nome de indivíduos que

---

84 Tampouco os mecanismos de eleição dos estrategos atenienses deviam ser simples, através de diferentes chamadas eleitorais: ver a análise e bibliografia em Mitchell, 2000.

APÊNDICES

pertençam a *esta cidade aqui*. Como se o primeiro problema, na preparação da lista dos elegíveis, não fosse a posição social do candidato, a sua participação na riqueza ou nas honras, mas a cidade de proveniência[85].

Deveríamos pensar que no procedimento platônico estivesse implícito o temor – pouco provável, numa cidade como a das *Leis* – que o comando militar máximo fosse atribuído a mercenários? Esta seria, talvez, a resposta mais simples. Podemos, porém, considerar, atrás da formulação platônica, um tema fundamental de sua reflexão política: a participação das massas no processo de eleição dos estrategos. E devemos lembrar uma figura que recebe, em Platão, uma menção de grande interesse: o *estratego estrangeiro*. Uma figura que é exemplificada por Fanóstenes de Andros.

Cidadãos e Estrangeiros

Seria possível que a cidade atribuísse a um não cidadão seu cargo mais alto a nível militar e também político? Questão singular, que põe em cheque, com a figura do estrangeiro, o conceito de cidade. Questão, porém, que se insere na discussão sobre a política no nível das "artes" ou "técnicas", ou seja, do conhecimento e da competência.

O exemplo mais conhecido desta discussão é apresentado no diálogo *Protágoras*, que lembramos no início deste volume. Distinguem-se, neste diálogo, decisões relativas a argumentos "técnicos" e decisões relativas à "administração da cidade" (o campo da política). Matéria "técnica" de discussão é, neste caso, a construção de casas ou navios. Exprime-se a generalidade do corpo cívico na referência aos marceneiros, carpinteiros, sapateiros, comerciantes, navegadores. Nenhuma menção do comandante militar, que possui sua "arte", mas que é escolhido por meio da eleição na assembleia em uma mistura de

---

85 Já Aristóteles, quando diferencia as funções "necessárias" das "mais elevadas" (*Política*, VI, 1320 b 19 s.), colocando entre as mais elevadas as funções de comando militar (1322 a 36 s.), pensa principalmente em uma divisão censitária, com todos participando, em certo modo, dos cargos necessários, mas somente os grupos superiores podendo aceder aos mais elevados (1320 b 24 s.).

152   ARQUEOLOGIA DA POLÍTICA

capacidade técnica e processo político que não convém ao contexto. Protágoras, num aceno fugaz, vai em seguida lembrar que a arte da guerra (*polemiké*) é parte da arte política – o que significa que não é objeto de uma arte particular, mas diz respeito a todos –, sem, porém, se deter no assunto[86].

A argumentação socrática apresenta certa correspondência com o tratado sobre a *Constituição de Atenas*, do assim chamado "velho oligarca", onde se diz que as posições de comando militar (estratego e hiparco) são confiadas pelo povo aos "homens de maior poder, visto que delas depende a salvação da cidade"[87].

Assim também acontece, como já notamos, no diálogo *Górgias*. Sócrates considera que, na eleição dos estrategos ou em outras questões em que é necessário possuir capacidades "estratégicas", são os competentes nesse campo, e não os indivíduos hábeis na arte da palavra, a serem chamados para dar um conselho. Uma situação, como Górgias deverá demonstrar (desmentindo a "sabedoria ateniense" de que se falava no *Protágoras*), que não tem correspondência na prática política ateniense[88].

Sem mencionar diretamente a figura do comandante militar, o diálogo *Protágoras* acentua, porém, mais de uma vez, a relação dos cidadãos com os estrangeiros. Estrangeiros são os sofistas, naturalmente, entre estes Protágoras, e todos, aparentemente, conscientes desta condição e atentos a não incomodar os cidadãos da cidade em que são recebidos, em particular os de maior poder. "Um estrangeiro que viaja pelas grandes cidades" – diz Protágoras, pensando certamente em si mesmo – deve se premunir, pois cria "não pouca inveja, outros incômodos e hostilidades"[89].

Sócrates, durante o diálogo, confirma indiretamente o temor de Protágoras, pondo-se, contra os estrangeiros, do lado

---

86   *Protágoras*, 322 b. Ver supra, p. XVI-XVIII. Ver também Xenofonte, *Ciropedia*, II, 2, 26: na escolha dos soldados deve-se agir como com os cavalos, não importando que estes sejam "da própria cidade" (*patriôtai*), mas que sejam os melhores (*áristoi*).
87   Pseudo-Xenofonte, *Constituição dos Atenienses*, I, 3.
88   *Górgias*, 455 a – 456 a. Ver supra, p. XIV.
89   *Protágoras*, 316 c-d. Protágoras traz consigo outros estrangeiros: cf. 315 a. Ver *Górgias*, 487 a-b: Górgias e Polo, estrangeiros, não têm a mesma sinceridade de Cálicles.

APÊNDICES

dos verdadeiros cidadãos. Como vimos, ele diz considerar os atenienses sábios, acrescentando "quando *nós nos* reunimos". A sabedoria dos atenienses é, segundo Sócrates, reconhecida pelos gregos, uma sabedoria "verdadeira", que se oferece nos espaços da política, mas somente quando o que é próprio à política – a discussão por todos, além da distinção dada pelo saber e competência – é negado.

Trata-se, talvez, da ironia socrática, a respeito de um tema, a sabedoria dos atenienses, que já era objeto da comédia, e em um campo, a política, em que Sócrates exprime a sua crítica mais forte aos cidadãos de Atenas. Mas isso não evita a violência de suas considerações, aqui, sobre os que não possuem o privilégio da cidadania. Sempre em presença de um velho e respeitado Protágoras, sofista estrangeiro, Sócrates lembrará, adiante, a medida tomada pelos espartanos para a expulsão de estrangeiros (a assim chamada *xenelasía*)[90]. A ironia socrática é provavelmente dirigida, em primeiro lugar, contra os atenienses simpatizantes de Esparta; mas fala-se de "todos os estrangeiros": somente enquanto estão entre si, longe de forasteiros, os espartanos podem revelar sua verdadeira sabedoria. O objetivo dos espartanos, quando expulsam os estrangeiros, diz Sócrates, é permanecer a sós, entre *cidadãos* e *sábios*: ou seja, sem estrangeiros e falsos sábios, como Protágoras e os sofistas[91].

O Saber de Íon

Não somente o estrangeiro Protágoras é alvo da crítica do ateniense Sócrates. Também o rapsodo Íon, de Éfeso, vai ter que enfrentá-la, enquanto estrangeiro. Éfeso, supostamente fundada por Atenas, tomara uma clara posição pró-espartana durante a

---

90 *Protágoras*, 342 c.
91 O tema platônico lembra Aristófanes, *Aves*, 1012 s., onde a menção da *xenelasía* acompanha a expulsão de Méton, sábio/sofista (sobre o qual, ver supra, p. 117, n. 54). Tratava-se, talvez, de um tema *comum* em Atenas, repetido diante dos sofistas estrangeiros? Note-se que, no *Eutidemo*, os dois sofistas, Eutidemo e Dionisodoro, foram exilados de sua cidade de adoção, Turii, e vivem como apólidas em Atenas (271 c): é necessário lembrar este fato quando lemos as palavras trocadas entre Sócrates e Dionisodoro em 302 b-c: "não és sequer ateniense".

guerra do Peloponeso. É no plano militar que se aplica, sobre o ingênuo Íon, a ironia socrática[92].

À figura do sofista estrangeiro, como Protágoras, Sócrates adiciona agora duas novas personagens, também estas estrangeiras itinerantes. Trata-se do rapsodo e do estratego, e podemos supor, quanto a este último, uma sua dupla caracterização como "estrangeiro". Em sua perambulação pela Grécia e entre os bárbaros, o estratego é, de fato, um "estrangeiro", e o texto platônico faz-nos somente entrever esta imagem. Ao contrário, diz Sócrates, Atenas era disposta a aceitar, para seu cargo político-militar mais alto, indivíduos de outras cidades. Trata-se de uma afirmação aparentemente paradoxal, ilustrada com referências concretas. Proclamando a superioridade ateniense – capaz de distinguir entre mérito e proveniência –, Sócrates acaba por reiterar a boa disposição de sua cidade para com os estrangeiros.

A discussão se desenvolve sobre o objeto da "arte" própria ao poeta rapsodo. Narrando feitos militares antigos, a capacidade do cantor deveria se revelar no conhecimento da arte militar. Depositário do conhecimento enciclopédico provido pelos poemas homéricos, o rapsodo não é, porém, reconhecido pelos saberes particulares que possui[93]. Arte rapsódica e arte estratégica são o mesmo, Íon é obrigado a admitir, discutindo sua arte do ponto de vista do conhecimento[94]. Deve-se convir que nem todo bom comandante é também bom rapsodo. Mas o contrário deve ser verdadeiro – é preciso que todo bom rapsodo seja um bom estratego –, visto, senão, o risco de retirar da arte seu valor de conhecimento (seria aparentemente contraditório, do ponto de vista da "arte", *tékhne*). Melhor rapsodo, também graças ao maior poeta, Íon deveria ser também o melhor estratego: o paradoxo é evidente e Sócrates, com facilidade, dirige sua crítica ao cantor. Pode-se, pois, perguntar: por que o reconhecimento *grego* da arte de

---

92 Sobre este trecho do *Íon* ver Vidal-Naquet, 1990a, p. 109. Que os comandantes estrangeiros citados por Platão fossem "personagens sinistras" permanece, porém, mais uma intuição do autor do que um dado platônico.

93 Ver a argumentação em *República*, x, 599 c s. (com referência aos cantores dos poemas homéricos).

94 *Íon*, 541 a.

APÊNDICES

Íon não se transforma também em reconhecimento de sua capacidade militar?[95]

Dada a falta de autonomia em que se encontra sua cidade, Éfeso, Íon procura responder lembrando uma situação de fato: "Nossa cidade, Sócrates, é governada e dominada militarmente (*strategeîtai*) por vós e não precisa de estrategos; já a vossa cidade e a dos espartanos não me escolheriam estratego: pensais que vós mesmos sois suficientes."[96]

Por um lado, Íon apela à situação presente – a cidade de Sócrates domina a sua cidade – e a um dado político: as grandes cidades "bastam a si mesmas", aos próprios cidadãos, do ponto de vista militar. Por outro, Sócrates responde com exemplos concretos. Eis que, entre os exemplos socráticos, encontramos a figura de Fanóstenes, que procuramos anteriormente delinear. Sócrates lembra, inicialmente, Apolodoro de Cízico, "que os atenienses elegeram várias vezes estratego, sendo estrangeiro". Mas sobre Apolodoro não possuímos nenhuma informação[97]. Acrescenta, em seguida, novos exemplos: "Também Fanóstenes de Andros e Heraclides de Clazômenas demonstraram, enquanto estrangeiros, que eram dignos de louvor, e foram conduzidos pela cidade ao comando militar e a outros cargos."[98]

Não ainda satisfeito, Sócrates reafirma a incapacidade militar de seu interlocutor, pois não fora escolhido para a chefia militar como os outros estrangeiros mencionados. Se esta reprimenda mostrava-se, a este ponto, evidente, Sócrates acrescenta uma justificação explícita para o império ateniense: "Não escolherão e admirarão Íon de Éfeso como comandante, se se mostrará digno de louvor? E além do mais os efésios não eram atenienses na origem, ou seria Éfeso uma cidade inferior às outras?"

---

95 Pode-se considerar, paralelamente, *Timeu*, 19 d-e, onde a *narração* da guerra não parece ser adequada nem a poetas, nem a sofistas, estes últimos porque estrangeiros itinerantes, não filósofos e "homens políticos", o que aqui parece se referir ao que é próprio a cidadãos. Em modo semelhante apresenta-se o argumento sobre a retórica no *Górgias*, o qual deve pressupor de fato o conhecimento de seu objeto, o justo e o injusto (460 a – 461 a), ou deve ser desclassificada como "não arte", pura experiência e exercício (462 b – 463 b).

96 *Íon*, 541 c.

97 Sobre Apolodoro de Cízico, cf. Osborne, 1983, p. 30 s.; Nails, 2002, p. 40.

98 *Íon*, 541 d.

156 ARQUEOLOGIA DA POLÍTICA

Fica subentendida, mais uma vez, a "boa deliberação" (*euboulía*) dos atenienses, que guiam suas escolhas políticas segundo saber e competência.

Entre as personagens mencionadas por Sócrates, sabemos que Heraclides de Clazômenas foi ativo junto à assembleia ateniense, tendo proposto o aumento da remuneração de seus membros[99]. Mas, como vimos, pode-se dizer algo mais do ponto de vista militar a respeito de Fanóstenes. Sócrates o lembra por seu valor entre os atenienses. Não sabemos se incluía a captura de Dorieu entre seus feitos meritórios. Mas não se tratava de uma admiração puramente socrática, ou platônica. Eram os atenienses que admiravam esse estrangeiro, a tal ponto que o elegeram para o cargo mais alto da cidade, a nível político e militar: a estratégia. Enquanto estrangeiro, Fanóstenes podia servir de exemplo para Sócrates, que o opõe a Íon, o rapsodo de Éfeso. Também Íon era estrangeiro e proveniente de uma cidade dominada pela cidade de Sócrates, sem ser, porém, *áxios lógou*, digno de louvor (mesmo no campo artístico, lembrará Sócrates em conclusão, o "mérito" é enfim divino, e não humano).

Mais uma vez, como no *Protágoras* ou no *Górgias*, Sócrates sobrepõe o nível da técnica ao da política, sugerindo uma atenção particular dos atenienses pelas competências dos indivíduos em suas funções. A "sabedoria" ateniense se exprime, agora, quando se trata do problema central para a discussão "política": a atribuição do poder político-militar[100].

99 Assim segundo Aristóteles, *Constituição dos Atenienses*, 41, 3, se diz também que Heraclides era apelidado "rei" (*basileús*). A sua atuação política parece alternar-se com a de Agírrio (também ele estratego), que propusera inicialmente o pagamento de um óbolo e, em seguida, três óbolos. Sobre Heráclides, Kahrstedt, 1912; Osborne, 1983, p. 45-47; Moore, 1974, p. 472 s., 433 s.; Walbank, 1978, p. 258-268; Meiggs; Lewis, 1988, p. 201-203; Develin, 1989, p. 225, 231; Nails, 2002, p. 159 s.

100 É significativo olhar para as cidades envolvidas na discussão socrática: Cízico, Clazômenas e a ilha de Andros, terras de proveniência dos estrategos citados, e Éfeso, terra de Íon, todas particularmente envolvidas nos acontecimentos finais da guerra do Peloponeso, quando o domínio ateniense se desagrega após uma série de batalhas navais. Que Éfeso fosse então "sob o domínio ateniense", como diz Íon, oferece-nos um indício para a datação fictícia do diálogo (provavelmente antes de 411, ou senão, como foi suposto, na primeira década do século IV). É a questão da disputa pelo domínio militar entre as duas potências e a situação oscilante entre as cidades dominadas que está no centro, aqui, da atenção platônica; além da questão – em uma época de estrategos como Alcibíades – da capacidade "técnica" de comandantes militares ▶

APÊNDICES

Nem mesmo quando, em outros diálogos, aborda o problema da natureza da política enquanto conhecimento, Platão considera a possibilidade de atribuir o poder a não cidadãos. Não só Sócrates, no *Íon*, afirma este paradoxo, para refutar de modo falaz o rapsodo, mas acentua a universalidade da técnica, oferecendo exemplos históricos. Os comandantes mencionados seriam, de fato, estrangeiros? Não teriam adquirido a cidadania ateniense quando atingiram a função militar mais alta?[101] Não o sabemos através de Platão – e, provavelmente, não poderemos sabê-lo por meio de outras fontes –, se eram ainda estrangeiros e se se tornaram realmente estrategos. Devemos, porém, notar que enquanto tais, exatamente na particularidade de suas "estratégias estrangeiras", são lembrados por Platão. O exemplo dado nos alerta para uma imagem – de *xenophilía*, talvez? – que podia não ser somente platônica. Mesmo porque, devemos convir, há algo de gratuito nestes exemplos, de inesperado, ecos talvez de certa "propaganda". Assim fazendo, Platão toca, porém, um ponto limite da reflexão política, da reflexão "sobre as coisas da cidade": um ponto que é logo abandonado por Sócrates, que se apressa em concluir sua vitória sobre o cantor homérico.

A menção de Fanóstenes por Platão confere um significado particular à cena de Andros, narrada por Xenofonte de forma bastante sucinta, entre os acontecimentos do ano 407/406 a.C.

Não nos é possível aferrar o sentido mais amplo dessas narrações, nem vislumbrar com maior precisão a memória que os atenienses possuíam de seu passado recente. Mas podemos olhar para o relato sobre Fanóstenes que captura Dorieu de Rodes (ou de Turii), depois liberado pelos atenienses, a partir de seu "eco" em outros autores. O processo das Arginusas permanecia paradigmático. Este processo colocava em evidência a sobreposição da decisão popular ao sucesso militar;

▷ que atuavam independentemente da própria cidade. Sobre a situação "histórica" representada no *Íon*, cf. Moore, 1974.

101 Andócides, *Sobre os Mistérios*, 149, refere-se à concessão da cidadania por parte de Atenas a indivíduos da Tessália e de Andros, por causa da falta de homens em Atenas. Mas seria arbitrário ligar o comandante Fanóstenes a este episódio.

podemos pensar, com Pausânias ou talvez Andrótion, que a clemência concedida ao comandante estrangeiro Dorieu atenuasse o quadro da injustiça popular ateniense. É neste contexto que devemos ler, nas linhas nuas da narração de Xenofonte, a atividade de Fanóstenes. O qual, independentemente de sua situação concreta – sua posição militar ou sua naturalização –, é lembrado por Platão como "estratego estrangeiro": exemplo de um suposto respeito da cidade pelos méritos dos não cidadãos, ou reconhecimento da superioridade da "técnica"; mas, principalmente, em Platão e após as Arginusas, um questionamento dos limites da política.

Referências

ADAM, John (ed.). (1963) [1902] *The Republic of Plato*. Edited with critical notes, commentary and appendices. 2nd ed. Cambridge: Cambridge University Press.

ALLINE, Henri. (1915) *Histoire du texte de Platon*. Paris: H. Champion.

ANDERSON, Warren D. (1955) The Importance of Damonian Theory in Plato's Thought. *Transactions of the American Philological Society*, n. 86.

_____. (1966) *Ethos and Education in Greek Music*. Cambridge: Harvard University Press.

ANDREWES, Antony. (1953) The Generals in the Hellespont. *Journal of Hellenic Studies*, n. 73.

_____. (1981) In: GOMME, Arnold Wycombe; ANDREWES, Antony; DOVER, Kenneth J. *A Historical Commentary on Thucydides*. vol. v. Oxford: Clarendon.

ANNAS, Julia. (1981) *An Introduction to Plato's Republic*. Oxford: Clarendon.

ASHERI, David. (2006) *O Estado Persa*. São Paulo: Perspectiva.

_____. (a cura di). (1990) *Erodoto. Le Storie, libro III*. Milano: Fondazione Valla-Mondadori.

BARKER, Andrew. (2005) *Psicomusicologia nella Grecia Antica*. Napoli: Guida.

_____. (1989) *Greek Musical Writings: II. Harmonic and Acoustic Theory*. Cambridge: Cambridge University Press.

_____. (1984) *Greek Musical Writings: I. The Musician and his Art*. Cambrigde: Cambrigde University Press.

BEKKER, Immanuel. (1814) *Anecdota Graeca*. Berlin: G.C. Nauck.

BELOCH, Karl Julius. (1916)*Griechische Geschichte*. II, 2. Strassburg: Trübner.

BIRT, Theodor. (1882) *Das antike Buchwesen in seinem Verhältniss zur Literatur*. Berlin: W. Hertz.

160 ARQUEOLOGIA DA POLÍTICA

BLASS, Friedrich. (1887) *Die Attische Beredsamkeit, Erste Abteilung.* 2. Auflage. Leipzig: Teubner.

BLECKMANN, Bruno. (1998)*Athens Weg in die Niederlage. Die letzten Jahre des Peloponnesischen Kriegs.* Leipzig: Teubner.

BLUCK, Richard S. (ed.). (1964) *Plato's Meno.* Edited with Introduction and Commentary. Cambridge: Cambridge University Press.

BOBONICH, Christopher. (2002)*Plato's Utopia Recast. His Later Ethics and Politics.* Oxford: Clarendon.

BRANCACCI, Aldo. (2008) *Musica e filosofi a da Damone a Filodemo.* Firenze: Olschki.

BROADIE, Sarah. (1991) *Ethics with Aristotle.* Oxford: Oxford University Press.

BROCK, Roger. (2004) Xenophon's Political Imagery. In: TUPLIN, C. (ed.). *Xenophon and his World.* Suttgart: Steimer.

BUSOLT, Georg. (1904) *Griechische Geschichte bis zur Schlacht bei Chaeroneia.* Bd. III, t. II. Gotha: F.A. Perthes.

BUTTI DE LIMA, Paulo. (2007a) Psiloì lógoi: Discursos nus. *Discurso,* n. 37.

_____. (2007b)Progymnasia basileias. L'impero persiano e l'immagine pastorale nella riflessione politica antica. In: PANI, M. (a cura di). *Epigrafia e territorio. Politica e società.* VIII. Bari: Edipuglia.

_____. (2005) Politiche, antiche e moderne. *Anabases,* n. 2.

_____. (2004) *Platão: Uma Poética Para a Filosofia.* São Paulo: Perspectiva.

CANFORA, Luciano. (2011) *Il mondo di Atene.* Roma/Bari: Laterza, 2011.

_____. (2003) *Um ofício perigoso.* São Paulo: Perspectiva.

_____. (1998) *La lista di Andocide.* Palermo: Sellerio.

CASERTANO, Giovanni. (1988) *I filosofi e il potere nella società e nella cultura antiche.* Napoli: Guida.

COLE, Thomas. (1991a) *The Origins of Rhetoric in Ancient Greece.* Baltimore: Johns Hopkins University.

_____. (1991b) Who was Corax? *Illinois Classical Studies.*

DEL CORNO, Dario (a cura di). (1987) *Aristofane, Gli Uccelli.* Milano: Fondazione Valla-Mondadori.

DEVELIN, Robert. (1989) *Athenian Officials 684-321 B.C.* Cambridge: Cambridge University Press.

DIES, Auguste. (1934) *Introduction à Platon, République.* Paris: Belles Lettres.

DODDS, Eric R. (ed.). (1959) *Plato, Gorgias.* A Revised Text with Introduction and Commentary. Oxford: Clarendon.

DOVER, Kenneth J. (1970) In: GOMME, Arnold Wycombe; ANDREWES, Antony; DOVER, Kenneth J. *A Historical Commentary on Thucydides IV.* Oxford: Clarendon.

DÜRING, Ingemar. (1941) *Herodicus the Cratetean: A Study in Anti-Platonic Tradition.* Stockholm: Wahlstrom & Widstrand.

EMONDS, Hilarius. (1941) *Zweite Auflage im Altertum. Kulturgeschichtliche Studien zur Überlieferung der antiken Literatur.* Leipzig: Harrassowitz.

ENGLAND, Edwin Bourdieu. (1976) [1921]. *The Laws of Plato.* The Text edited with Introduction and Notes. New York: Arno. 2v.

FERRARI, Franco (a cura di). (2008) *Contro la democrazia.* Milano: Rizzoli.

FERRARI, Giovanni R.F. (2003) *City and Soul in Plato's Republic.* Sankt Augustin: Academia Verlag.

REFERÊNCIAS   161

FORNARA, Charles W. (1971) *The Athenian Board of Generals from 501 to 404.* Wiesbaden: F. Steiner. (Historia Einzelschriften Heft 16.)

FOUCAULT, Michel. (1994) [1981] Omnes et singulatim: Vers une critique de la raison politique. *Dits et écrits IV.* Paris: Gallimard.

FRIEDLÄNDER, Paul. (2004) [1964-1975] *Platon.* Berlin: De Gruyter. 3 Aufl.

GAUTHIER, René Antoine; JOLIF, Jean Yves (ed.) (1970) *L'Éthique à Nicomaque.* Introduction, traduction et commentaire. Louvain: Publications Universitaires.

GEHRKE, Hans-Joachim. (1985) *Stasis. Untersuchungen zu den inneren Kriegen in den griechischen Staaten des 5. und 4. Jahrhunderts v. Chr.* München: Beck.

GENTILI, Bruno. (1984) *Poesia e pubblico nella Grecia antica.* Roma/Bari: Laterza.

GENTILI, Bruno; PRETAGOSTINI, Roberto (ed.) (1988) *La musica in Grecia.* Roma/Bari: Laterza.

GERNET, Louis. (1951) Les Lois de Platon et le droit positif. In: PLATON. *Les Lois.* Paris: Belles Lettres. v. 2.

GIANNANTONI, Gabriele. (1990) *Socratis et Socraticorum Reliquiae.* Napoli: Bibliopolis.

GILBERT, Gustav. (1877) *Beiträge zur Innern Geschichte Athens im Zeitalter des Peloponnesischen Krieges.* Leipzig: Teubner.

GUTHRIE, William K.C. (1978) *History of Greek Philosophy V – A History of Greek Philosophy: The Later Plato and the Academy.* Cambridge: Cambridge University Press.

_____. (1975) *A History of Greek Philosophy IV – Plato: The Man and his Dialogues. Earlier Period.* Cambridge: Cambridge University Press.

HALLIWELL, Stephen (ed.) (1993) *Plato. Republic 5.* Warminster: Aris & Phillips.

_____. (2002) *The Aesthetics of Mimesis: Ancient Texts and Modern Problems.* Princeton: Princeton University Press.

HAMEL, Debra. (1998) *Athenian Generals: Military Authority in the Classical Period.* Leiden/Boston/Köln: Brill.

HANSEN, Mogens Herman. (1989) *The Athenian Ecclesia II: A Collection of Articles, 1983-1989.* Copenhagen: Museum Tusculanum.

HILLGRUBER, Michael. (1996) Die Erzählung des Menenius Agrippa. Eine griechische Fabel in der römischen Geschichtsschreibung. *Antike und Abendland,* n. 42.

HIRSCH, Steven W. (1985) *The Friendship of the Barbarians: Xenophon and the Persian Empire.* Hanover/London: Tufts University.

HORNBLOWER, Simon. (1991) *A Commentary on Thucydides.* Oxford: Clarendon. v. 1.

_____. (2004) *Thucydides and Pindar: Historical Narrative and the World of Epinikian Poetry.* Oxford: Oxford University Press.

JACOBY, Felix (Hrsg.). (1954) *Die Fragmente der Griechischen Historiker I-III,* b (Suppl.). v. I, Text; v. II, Notes. Berlin: Weidmann.

JORDAN, Borimir. (1975) *The Athenian Navy in the Classical Period.* Berkeley: University of California Press.

KAHN, Charles H. (1998) *Plato and the Socratic Dialogue: The Philosophical Use of a Literary Form.* Cambridge: Cambridge University Press.

KAHRSTEDT, Ulrich. (1912) Herakleides, n. 1. In PAULY, August; WISSOWA, Georg. *Realencyclopädie der classischen Altertumswissenschaft* (Pauly-Wissowa). VIII, 1.

162 ARQUEOLOGIA DA POLÍTICA

KIRCHNER, Johannes Ernst. (1903) *Prosopographia Attica*. Berolini: G. Reimer. V. II.

KLEIN, Jacob. (1965) *A Commentary on Plato's Meno*. Chapel Hill: The University of North Carolina Press.

LAKS, André. (2001) In What Sense is the City of the Laws a Second Best One? In: LISI, F.L. (ed.). *Plato's Laws and its Signification*. Sankt Augustin: Academia Verlag.

LASSERRE, François (ed.). (1954) *Plutarque, De la Musique*. Texte, traduction, commentaire précédés d'une étude sur L'Éducation Musicale dans la Grèce antique. Olten/Lausanne: Urs Graf.

LEVINE Gera, D. (1993) *Xenophon's Cyropaedia*: *Style, Genre, and Literary Technique*. Oxford: Clarendon.

LOUIS, Pierre. (1945) *Les Métaphores de Platon*. Thèse présentée à la Faculté de Lettres de l'Université de Paris. Rennes: Imprimerie Reunier.

MACDONALD, Brian R. (1981) The Phanosthenes Decree. Taxes and Timber in Late Fifth-Century Athens. *Hesperia*, n. 50.

MACDOWELL, Douglas. M. (ed.). (1962) *Andokides: On the Mysteries*. Oxford: Clarendon.

MALHOMME, Florence; WERSINGER, Anne G. (ed.). (2007) *Mousikè et Aretè: La Musique et l'éthique de l'Antiquité à l'Âge moderne*, Paris: Vrin.

MÁRQUEZ, Xavier. (2007) Theory and Practice in Plato's Statesman. *Ancient Philosophy*, n. 27.

MASTROMARCO, Giuseppe; TOTARO, Piero (a cura di). (2006) *Commedie di Aristofane*. Torino: Utet.

MEIGGS, Russell. (1972) *The Athenian Empire*. Oxford: Clarendon.

MEIGGS, Russell; LEWIS, David. (1988) *A Selection of Greek Historical Inscriptions*. Oxford: Clarendon.

MERIANI, Angelo. (2003) *Sulla musica greca antica. Studi e ricerche*. Napoli: Guida.

MITCHELL, Lynette G. (2000) A New Look at the Election of Generals at Athens. *Klio*, n. 82.

MOORE, John D. (1974) The Dating of Plato's Ion. *Greek, Roman and Byzantine Studies*, n. 15.

MORROW, Glenn R. (1993) [1960] *Plato's Cretan City: A Historical Interpretation of the Laws*. 2nd edition. Princeton: Princeton University Press.

MOUTSOPOULOS, Evanghelos. (1959) *La Musique dans l'oeuvre de Platon*. Paris: PUF.

MURRAY, Penelope; WILSON, Peter (ed.). (2004) *Music and the Muses: The Culture of Mousike in the Classical Athenian City*. Oxford: Oxford University Press.

NAILS, Debra. (2002) *The People of Plato: A Prosopography of Plato and Other Socratics*. Indianapolis/Cambridge: Hackett.

NORDEN, Eduard. (1898) *Die Antike Kunstprosa vom VI. Jahrhundert v. Chr. bis in die Zeit der Renaissance*. Leipzig: Teubner.

ORSI, Domenica P. (1975) L'anno stagionale: Tucidide e Senofonte. *Quaderni di Storia*, n. 1.

OSBORNE, Michael J. (1983) *Naturalization in Athens*. Brussel: Koninklijke Academie.

REFERÊNCIAS   163

OSBORNE, Michael J.; BYRNE, Sean G. (1996) *The Foreign Residents of Athens*. Lovanii: Peeters.

PICCIRILLI, Luigi. (1985) *Storie dello storico Tucidide*. Genova: Il Melangolo.

PINTO, Massimo Pasquale. (2003) *Per la storia del testo di Isocrate: La testimonianza d'autore*. Bari: Dedalo.

PODLECKI, Anthony J. (1998) *Perikles and his Circle*. London/New York: Routledge.

RAUBITSCHEK, Antony. (1938) Phanosthenes. In: R .E. *Pauly-Wissowa*, XIX, 2. Col. 1786.

REEVE, Charles D.C. (1988) *Philosopher-Kings: The Argument of Plato's Republic*. Princeton: Princeton University Press.

RITTER, Constantin. (1910) *Platon*. München: Beck.

ROSEN, Stanley. (2008) *Plato's Republic. A Study*. New Haven/London: Yale University Press.

ROSSETTI, Livio. (1974). Spuren einiger Erotikoi Logoi aus der Zeit Platons. *Eranos*, n. 72.

SCHIAPPA, Edward. (1999) *The Beginnings of Rhetorical Theory in Classical Greece*. New Haven: Yale University Press.

_____. (1990) Did Plato Coin Rhetorike? *American Journal of Philology*, n. 111.

SCHOFIELD, Malcolm. (2006) *Plato. Political Philosophy*. Oxford: Oxford University Press.

_____. (1986) Euboulia in the Iliad. *Classical Quarterly*, n. 36.

SOUILHE, Joseph. (1919) Étude sur le terme DYNAMIS dans les dialogues de Platon. Paris: Alcan.

STRAUSS, Leo. (1978) [1964]. *The City and the Man*. Chicago/London: The University of Chicago Press.

_____. (1975) *The Argument and the Action of Plato's Laws*. Chicago/London: The University of Chicago Press.

_____. (1968) On Natural Law. In: *Studies in Platonic Political Philosophy*, Chicago/London: The University of Chicago Press.

TATUM, James. (1989) *Xenophon's Imperial Fiction: On The Education of Cyrus*. Princeton: University Press.

THESLEFF, Holger. (1997) The Early Version of Plato's Republic. *Arctos*, n. 31.

VEGETTI, Mario (a cura di). (1998-2007) *La Repubblica*. Napoli: Bibliopolis. 7 v. (v. 1, livro 1; v. 2, livros II-III; v. 3, livro IV; v. 4, livro V; v. 5, livros VI-VII; v. 6, livros VIII-IX; v. 7, livro X)

_____. (a cura di). (2007) *La Repubblica* Milano: Rizzoli.

_____. (2003) *Quindici lezioni su Platone*. Torino: Einaudi.

VIDAL-NAQUET, Pierre. (1990a) [1984]. La société platonicienne des dialogues: Esquisse pour une étude prosopographique. In: *La démocratie grecque vue d'ailleurs*. Paris: Flammarion.

_____. (1990b) [1985]. Platon, l'histoire et les historiens. In : *La démocratie grecque vue d'ailleurs*. Paris: Flammarion, 1990.

WALBANK, Michael B. (1983) Herakleides of Klazomenai: A New Join at the Epigraphical Museum. *Zeitschrift für Papyrologie und Epigraphik*, n. 51.

_____. (1978) *Athenian Proxenies of the Fifth Century B.C.* Toronto: Sarasota.

_____. (1976) Honors for Phanosthenes, Antiochides and their Associates. *Hesperia*, n. 45.

164 ARQUEOLOGIA DA POLÍTICA

WALLACE, Robert. (2004) Damon of Oa: A Music Theorist Ostracized? In: MURRAY, Penelope (eds.). *Music and the Muses: The Culture of Mousike in the Classical Athenian City*. New York/Oxford: Oxford University Press.

_____. (1992) Charmides, Agariste and Damon: Andokides 1.16. *Classical Quarterly*, n. 42.

_____. (1991) Damone di Oa ed i suoi successori: un'analisi delle fonti. In: WALLACE, R.; MACLACHLAN, B. (a cura di). *Harmonia mundi: Musica e filosofia nell'antichità*. Roma: Edizione dell'Ateneo.

WILAMOWITZ-MOELLENDORFF, Ulrich von. (1921) *Griechische Verskunst*. Berlin: Weidmannsche Buchhandlung.

_____. (1919) *Platon*. Berlin: Weidmann. 2 v.

WOODRUFF, Paul. (2006) *First Democracy. The Challenge of an Ancient Idea*. Oxford: Oxford University Press.

Índice das Fontes*

lexandre Polístor
  Diadokhaí 34n. 30
mípsias
  Conos 34n. 31
ndócides
  Sobre os Mistérios 16 -30s; 149 -157n. 101
ntiaticista 14n. 18
ntístenes
  Arquelau 133
  Ciro ou da Realeza 22
ntologia Grega XIII, 11- **145**
ristófanes
  Aves 1012 s. -129n. 16; 1694-1705 -**129**
  Cavaleiros, 534 - 34n. 31
  Nuvens 319 (escólio) - 118n. 55 ; 497 s. - 99n. 8;
    636 s. - 36; 651 - 37; 1484 s.- **116**; 1506 s. -116
  Paz 92 a - 116n. 46
  Vespas 421 - 129n. 16
ristóteles e *corpus aristotelicum*
  Athenaion Politeia, 8, 4 - 17n. 24; 27, 4 - 35;
    41, 3 -156
  De motu animalium 703 a 29-703 b 2 - **8on. 10**
  Ética Eudêmia VII, 1242 a 7-9 - 94n. 27; VIII,
    1247 a 5-7 - 114n. 43
  Ética Nicomaqueia I, 1097 b 7-11 - 94n. 27;
    I, 1101 b 10-33 - 4n. 3 ; II, 1104 a 9 -114;
    III, 1112 a 18 s. – 61n. 19; III, 1112 b 3-6 –
    114n.23; VI, 1140 a 24 - b 30 – 62; VI, 1141

b - 1142a -120n.57; VI, 1141 b 23 - 1142 a
30 - 62; VI, 1141 b 3-7 - **116** ; VI, 1142 a
32 s. - 60; VI, 1142 b 30-31- 61; VII, 1153 a
24-25 - 136n. 37; VIII, 1159 b - 78n. 7; VIII,
1161 a 10-19 -126n. 4; IX, 1168 b - 78n. 7 ;
IX, 1169 b 16 - 94n. 27; X, 1177 b 1 - 94n.
27; X, 1180 b 35 - a 3 - 108n. 29; X, 1181 a
5-7 - XVIIIn. 18
  Magna Moralia 1199 a 4-9 - 61n. 17
  Política I, 1253 a 7 - 94n. 27 ; I, 1260 a 27-28
    - 137 ; II, 1260 b 37 s. - 79n. 9; II, 1263 a 30 -
    78n. 7; II, 1264 a 11 s. - 79n. 9; II, 1264a 11 s.
    79n. 9, 82; III, 1275b - 128n. 11; III, 1287a 21
    - 17n. 23; IV, 1290 a 20 s. - 44n. 59; IV,1291 a
    10-19 - 79n. 9; IV, 1298 b 29 - 17; VI, 1320 b
    19 s. -151n. 85; VI, 1320 b 24 s. - 151n. 85; VI,
    1322 a 36 s. -151n. 85; VI, 1322 b 40 - 17n. 23
    ; VI, 1323 a 7 – 17; VII, 1328 a 21-25 – 8on.
    10; VIII, 1340 a - 44n. 59
  Retórica I, 1355 b 25-33 - **138**; I, 1357 a 19 –
    144; II, 1399 b - 148n. 78; III, 1404 a 26-28
    - 13on. 18; III, 1413 a 7 - 32n. 24; III, 1418 a
    35 - 137 n. 42
Ateneu
  Deipnosofistas V, 219 b - 34n. 32; V, 220 d -
    133n. 27; X, 412 f - 145n. 68; XI, 504 e - 505
    a -13n. 17; XI, 505 a-b - 127n. 8; XIV, 628 c
    - **28**; XIV, 628 f - **28n. 8**

*   Indica-se, em itálico, as páginas com referências à obra em geral; em negrito, as citações
no texto.

166 ARQUEOLOGIA DA POLÍTICA

Aulo Gélio
Noites Áticas XIV, 3, 3-4 - 13n. 17
Cálias
Pedêtai fr. 21 K.-A. - 34n.35
Cícero
De inventione I, 6 - 135n. 35
Ctésias
FgrHist 688 F 27-28 - 127n. 7
Demóstenes
XIX, 84 -148n. 78; XXIII, 213-214 - 148
Diodoro de Sicília
Biblioteca Histórica XII, 53, 2 - 130n. 17; XII,
53, 4 - 130n. 18; XIII, 38, 5 - 146n.71; 41,
1 - 146n.71; XIII, 45 - 146n.71; XIII, 69, 3
– 143n. 57; XIII, 69,5 - 143n.58; XIII, 74 -
146n.73; XIV, 19, 8-9 - 127n. 7; XIV, 27, 2-3
-127n. 7
Diógenes Laércio
Vida dos Filósofos II, 19 - 34 ; II, 42 - 28 n.8;
II, 50 - 127n. 7; III, 34 - 13n. 17 ; III, 37 -
69n. 36 ; III, 57 - 69n. 36 ; V, 43, 2 – 118n.
55; V, 44, 22 - 118n. 55; VIII, 10 - 77n. 7
Dionísio de Halicarnasso
Demóstenes 1 - 130n. 17
Lísias 3 - 130ns. 17 e 18
Perì miméseos fr. 5 Aujac - 130n. 17
Eliano
Varia Historia XII, 32 - 128; XIII, 12 - 117n. 54
Ésquilo
Prometeu Acorrentado 1038 - 60n. 13
Ésquines
Contra Timarco 173 - 32n. 21
Górgias
Apologia de Palamedes D.-K. 82 B 11 a 14
-136n. 39
Elogio de Helena D.-K. 82 B 11, 4 - 136; D.-K.
82 B 11,8 - 133n. 26, 136n. 39; D.-K. 82 B
11,12 - 136n. 39; D.-K. 82 B 11,14 - 136
Helênicas de Oxirinco 15, 2 - 144n. 65
Heródoto
Histórias III, 80-82 - 11n. 11, 67n. 30; VI, 126-
130 - 28s.; VIII, 110, 3 – 60
Hesíodo
Trabalhos e Dias 123 – 18; 192 - 18n. 30; 194
– 18n.30; 253-254 – 18
Homero
Ilíada VI, 211 -132n. 21
Isaías 44:28 -13n. 16
Isócrates
Antídosis 155-156 = D.-K. 82 A 18 -128n. 11;
193 - 135n. 35; 202 -135n. 35; 235 – 29, 35;
256 -135n. 35; 261 s. – 117; 275 - 135n. 35
Busiris 5-6 - 32
Contra os Sofistas 8 - 117
Elogio de Helena 3 -137n.41; 5 - 117
Nícocles 8 -135n. 35
Libânio
Declamações I, 157 - 35n. 42; II, 25 - 39n. 54

Lívio
Ab urbe condita II, 32, 8-12 - 86n. 14
Marcelino
Vida de Tucídides 27 - 127n. 8
Olimpiodoro
Comentário ao Alcibíades de Platão 138,
4-11 – 45
Pausânias
Descrição da Grécia VI, 7, 1-3 - 144n. 65;
VI, 7, 4 - 145n.69; VI, 7, 4-5 -144n. 62; VI, 7,
6-7 - 145
Píndaro
Olímpica VII - 144
Platão e *corpus platonicum*
Alcibíades I, 107 a s. - 68n. 34; 118 c - 35n.
37; 124 e s. - 68n. 34; 125 e - 60; 127 d -
60n. 12
Apologia 43, 97n.3, 101; 18 c -122; 26 d-e -12
31 c s. -120
Axíoco 364 a -31
Banquete 31n. 18; 215 e - 216 a -35; 221 a - b
-33n. 27
Cármides XIVn. 3; 63n. 25; 168 b -136n. 37
Crátilo 398 a - 18; 406 a -26n. 2
Crítias 109 b-c - 23n. 38
Definições 105n. 21
Eutidemo 31n. 18; 63n.25; 271 c - 153n. 91; 27
c -34n. 31, 35n. 37; 273 c-d -129; 291 d -
292 e - 54n. 5; 293 a - 54n. 5; 295 d - 34n.
31; 302 b-c -153n. 91
Fédon 61a -26n. 2; 60 d - 61 b -26n. 2; 66 b
– 101n. 11
Fedro 259 c-d -26n. 2; 261 a -134n. 31, 137n.4
138n. 44; 261 b - 137n. 41; 261d -137n. 41;
267 a -137; 267 b -129n. 15; 268a -134n. 42
137; 270 a -35, 115; 270 e - 272a - 48n. 66
271 c-d -138; 279 c - 77n. 7
Filebo 49 b -137n. 42; 57 e -137; 58 a-b -136;
58 c -137
Górgias XIII-XV, 130-135; 447 c -132; 447
d -129n. 15, 132; 449a -132, 133; 449 b-c
-113n. 42; 451 d -134; 452 d-e -134; 453 a
-134; 455 a - 456 a -152; 455 b-d - XIII-XV
455 d -134n. 32; 455 e -132; 455 e - 456 a
- 15; 456 a -132, 134n. 32; 460 a -134n. 32
460 a - 461 a - 155 n. 95; 462 b s. -132; 46
b - 463 b -155 n. 95; 465 c -129n. 15; 466
b s. -132; 466 b-d -8n. 6; 466 e - 133; 468
- 133; 469 e - 133; 470 a -133; 470 e - 133;
471 a-d -133; 484 d -108; 487 a-b - 152n.
89; 492 b - 135; 507 e - 508 a - 78n. 7; 51
e - 133; 513 a -134n. 32; 513 a-b -133; 514a
-134n. 32; 520 a -128; 521 d -XVIII, 97
Hípias Maior 282 a-e -129n. 15; 282 b -130n. 1
Íon 141, 153-157; 541 a -154; 541 c -155; 541 d -1
Laques 180 d -33; 188 c-d - 26n. 2; 188 c-e - 33
192 b - 136n. 37; 192 b-d -56n. 8; 194 d s. -56
8; 198 d -33

ÍNDICE DAS FONTES

Leis 91-94, 122, *149-151*; I, 635 c-d -107; I, 640 a - 86n. 15; II, 656 d s. - 41n. 59; II, 660 e - 40n. 56; II, 669 b - 40n. 56; II, 671 c-d - 17n. 27; III, 686 e -137n. 42; III, 694 c -13n.17; IV, 720 e -721 e - 94n. 26; V, 738 a 6 - 76n. 5; V, 739 b-d - **91**; V, 739 c - 77n. 7, 89n. 18; V, 739 d-e - 91, 93; VI, 752 e s. - 16n. 22; VI, 755 b-d -**149**; VI, 755 b - 756 b -**149**; VI,755 d - 149; VI, 766 d -149; VI, 768 a -149; VII, 799 b -42n. 58, 44n. 59; VII, 801 e s. - 26n. 4; VII, 807 b - 92n. 23; VII, 810 b - 46n. 63; VII, 811 c - 46n. 62; VII, 817 b s. - 46n. 62; VII, 820 e s. - 122; VII, 821 c-d -**123**; VIII, 846 d - 847 b - 93; VIII, 847 d -17n. 27; X, 894 d - 105n. 21; X, 905 e - 114; XII, 961 a - 17n. 27; XII, 963 d-e - 56n. 8; XII, 966 b - 17n. 27

Lísis 207 c - 77n. 7

Menéxeno 235 a - 34; 235 a-c - 38; 235 c - 34; 235 e - 236 b -34; 236 a -34n. 31; 236 b - 34

Mênon 70 a-b -128; 70 b -127n. 7, 129n. 15; 71 e - **139**; 73 c -**139**; 77 b -**139**; 78 c -**139**; 78 c-d -**127**; 80 b -**140**; 95 c -**128**

Minos 318 a - 17; 320 b-c - 17; 321 c - 17, 23n. 38

Político XIV*n. 3; 23n. 38, 62, 63n. 25, 65*; 258 c - 101n. 11; 258 e - 104n. 21; 259 a - 65; 259 a-b - XIV*n. 5*; 259 c - 56n. 8; 259 d - 104n. 21; 279 b s. - 23n. 38; 292 a - 67; 292 c - **67**; 292 d-e - 51n. 2; 294 c - 57; 296 e - 67n. 29; 297 a - 118; 297 b-c - 51n. 2; 297 e - **114**; 298 b - 118; 299 b - 115; 304 a-e - 136n. 37; 305 b-c - 137n. 42; 305 c - 17n. 25; 311 a - 104n. 21; 311 a-b - 104

Protágoras XVI-*XVIII, 68-69, 112, 151-153*; 315 a - 152n. 89; 315 e - 31n. 18; 316 c-d - **152**; 316 c-e - 37; 318 e - 68; 318 e - 319 e - **XVI- -XVIII**; 319 a - 68; 319 d - 68; ; 320 c - 323 a - XVI; 322 b - 63n. 24, 152; 324 d - 328 c - XVI; 325 a - 50n. 1; 326 b - **38**; 329 c - 50n. 1; 330 a - 50n. 1, 56n. 8; 330 b - 112; 342 c - 153; 349 b - 136n. 37

República

I, 332 d - 139n. 46; I, 333 a - 78n. 8; I, 333 a-b - 76n. 4; I, 338 d - 7, 10, 66; I, 343 a-b - 8; I, 343 b - 5; I, 343 c - 41; I, 343 d - 76n. 4; I, 346 a -136n. 37; I, 347 d - **9**; I, 348 d - 60;

II, 358 c - 362 c - 4; II, 362 e - 367 e - 4; II, 368 a - 369 a - 2; II, 368 c-d - 63n. 22; II, 368 d - 369 a -5; II, 369 a -5; II, 369 b - 94; II, 369 c - **72**; II, 370 b - **73, 93**; II, 370 c - **73**; II, 370 d - 74; II, 371 b - **75**; II, 371 c-e - 75; II, 372 e - 19; II, 373 e - 1; II, 374 b - 19n. 33; II, 374 b-c - 73; II, 374 e - 17n. 28, 19n. 33; II, 375 a - 20; II, 375 e - 96; II, 376 a - 18n. 31; II, 376 c - 17n. 28; II, 376 e - III, 392 c - 40; II, 376 e - III, 403 c - 25;

II, 378 e - 379 a - **46**; II, 382 c - 97n. 5; II, 392 b – 46n. 64;

III, 389 b - 97; III, 392 c - 398 b - 40; III, 392 d - 46n. 64; III, 393 d s. - 46n. 64; III, 395 c 4-5 - 50n. 1; III, 398 a-b - 46n. 64; III, 398 c - 402 b - 40; III, 399 e - 40; III, 399 e - 400 c - **41**; III, 400 b - **37**, 40; III, 400 d - **41**; III, 401 a-d - 41; III, 401 b - 45n.60; III, 401 d - 401 e - **42**; III, 401 e - 402 a - **42**; III, 402 b - **43**; III, 402 b-c - **47**; III, 402 c 2-4 - 50n. 1; III, 403 c - 412 b - 25; III, 403 d s. - 40; III, 405 a - **43**; III, 406 c - 107 n. 25; III, 407 b - 89; III, 408 c - 409 b - 74; III, 408 e - 81; III, 409 b - 107n. 25; III, 409 e - 410 a - 72n. 1; III, 410 a - **43**; III, 411 a-b - 43; III, 411 c-d - 43; III, 411 d-e - 37; III, 412 b - 5, 99; III, 412 b-c - 86; III, 414 b - 2n. 1; III, 414 b s. - 97n. 5; III, 414 c s. - 18; III, 415 e s. - 20; III, 416 a - 20; III, 417 a-b - 94;

IV, 421 a - 17n. 28; IV, 422 c- 107n. 25; IV, 422 d - 20; IV,423 d - 77; IV, 424 a - 44, 77-78; IV, 424 c - **44**; IV, 427c - 14n. 18; IV, 427 e - 50, 110; IV, 428 a - 50; IV, 428 b - **50**; IV, 428 d - **51, 53**; IV, 428 e - 429 a - **53**; IV,429 c - 430 b - 57; IV, 433 a - 120n. 57; IV, 433 b-c - 53; IV, 433 d - 120; IV, 434 b - 55n. 7, 120n. 57; IV, 435 e - 436 a - 68n. 33; IV, 440 d - **21**; IV, 440 e - 441 a - 55; IV, 443 e - 76n. 5; IV, 445 d - 14;

V, 449 c - 77; V, 450 c - **78**; V, 450 e - 451 a - 81; V, 451 c - 5, **21**, 78; V, 451 d - 81; V, 451 d-e - 21n. 35; V, 451 d - 457 c - 82; V, 453 a - 81; V, 454 d - 81; V, 455 d - 81; V, 455 e - 456 a - 81; V, 457 a - 81; V, 457 b-c - 82; V, 457 c-d - **82**; V, 457 c - 461 e - 83; V, 457 d - 83; V, 459 a-b - 21n. 35; V, 459 d - 97n. 5; V, 459 e - 21n. 35; V, 461 e - **83**; V, 462 a - 464 a - 88; V, 462 b - **84**; V, 462 b-c - **84**; V, 462 c-d - **85**; V, 463 a - **86**, 99; V, 463 a-b - 87; V, 463 b - 88n. 17; V, 463 b - 464 a - 87; V, 464 a - 88; V, 464 a - 466 c - 89; V, 464 b - 88; V, 464 d - 89; V, 464 d-e - 89; V, 465 b -89; V, 465 d - 466 b - 89; V, 466 c - **90**; V, 466 c-d - 21n. 35; V, 466 d - 90; V, 466 e - 471 c - 90; V, 472 a - VI, 502 - 100n. 10; V, 472 d - 93; V, 473 a-b - 96; V, 473 d - **98**; V, 474 a - 99; V, 474 a-b - 100; V, 474 b - 480 a - 100n. 10; V, 475 e s. - 22n. 36; V, 476 a - **102**; V, 476 e 100n. 9; V, 477 c s. - 102; V, 477 c-e -136n. 37; V, 477 e - 137n. 42; V, 479 a - 100n. 9; V, 480 a - 100n. 9, **106**; V, 480 a - 484 b - VI, 100n. 10;

VI, 484 b - 17n. 28, **106**; VI, 484 b - 487 a - 100n. 10; VI, 484 c - 63; VI, 484 c-d - **106**; VI, 484 d - 485 a - **22**; VI, 485 a - 112; VI, 487 a - 100; VI, 487 b - 497 a - 100n. 10;

ARQUEOLOGIA DA POLÍTICA

VI, 487 b-d - 101n. 10; VI, 487 d - 107n.
25, 113; VI, 487 e - 489 d - 101n. 10; VI, 488
a-e - 63; VI, 488 a - 489 c - 113; VI, 488 e
- 118; VI, 489 c - 98, 114; VI, 489 e - 494 a
- 101n. 10; VI, 490 c - 111; VI, 491 a - 111n.
35; VI, 491 b - 111; VI, 491 d - 98; VI, 494 a
- 100; VI, 494 a - 495 c - 101n. 10; VI, 494
d - 105; VI, 495 a - 111; VI, 495 c - 496 a -
101n. 10; VI, 496 b - 497 a - 101n. 10; VI,
496 c - 105, 111; VI, 496 d-e - 120; VI, 497
b - 98; VI, 497 b - 502 c - 101n. 10; VI, 498
b - 89n. 19, 108; VI, 498 b-c - 109n. 33; VI,
499 c-d - 96; VI, 499 d - 502 a - 100; VI,
500 d - 105; VI, 501 a - 105; VI, 502 b - 96;
VI, 503 b - 22n. 36; VI, 503 b-c - 99; VI,
503 c - 111n. 35; VI, 503 c-d - 111; VI, 504 b
- 101n. 11; VI, 504 c - 17n. 28;

VII, 514 a - 517 a - 108; VII, 516 d - 517 a -
109; VII, 517 a - 521 b - 108; VII, 517 c-d
- 109; VII, 518 d - 112; VII, 519 b - 107n.
25; VII, 519 c - 105; VII, 519 e - 520 a - 73;
VII, 519 e - 520 b - 110; VII, 520 a-d - 58;
VII, 520 d - 105; VII, 521 b - 109; VII, 522
a - 47; VII, 522 c - 63n. 24; VII, 527 a,
107n. 25; VII, 527 d - 121; VII, 528 e - 529
a -121; VII, 529 a-b -121; VII, 529 e - 107n.
25; VII, 533 a 107n. 25; VII, 535 a - 111n.
36; VII, 536 a - 111n. 35; VII, 537 a - 21n.
35; VII, 539 e - 108; VII, 540 b - 105; VII,
540 d - 96;

VIII, 548 b-c - 26n. 2; VIII, 556 a-b - 76n. 5;
VIII, 556 c - 90n. 21; VIII, 557 d - 66;

IX, 580 d - 581 c - 85; IX, 582 a s. - 107; IX,
592 a-b - 96;

X, 599 c s. - 154n. 93; X, 600 d - 69n. 35; X,
601 b - 37; X, 607 a - 26; X, 607 d - 27, 46

Sísifo 60n. 15; 389 a - 118n. 55;

Teeteto 116; 134 d-e - 8n. 5; 148 e -132n. 23;
172 e - 18n. 30; 173 a - 18n. 30; 173 c s. -
9n. 8; 173 d -134n. 31; 176 a - 26n. 3

Timeu 19 d-e -155n. 95; 47 c-e - 42n. 57

Plutarco

Vida de Alcibíades 14 - 32; 17 - 117n. 54; 17, 4
- 30n. 14; 17, 5 - 32; 19, 1 - 31; 20, 4 - 31; 20,
6 - 31; 22, 5 - 31

Vida de Címon 9, 1 - 36n. 43

Vida de Nícias 4, 1-2 - 33; 12, 1 - 30n. 14; 13 -
117n. 54; 13, 2 - 30n. 15; 13, 9 - 32; 16 - 29n
- 11; 23 - 117

Vida de Péricles 4, 2-3 - 37; 5 - 117; 11, 5 -142
13 - 35n. 41; 24, 5 - 34n. 32; 24, 5-6 - 34;
24, 7 - 34; 32 - 117

Vida de Temístocles 2, 4 - 36n. 43

Quintiliano

Institutio Oratoria II, 15, 3 - 5 - 135n. 35

Suidas

s.v. Meno - 127n. 7

Teodectes

Nómos - 148n. 78

Tucídides

Guerra do Peloponeso II, 97, 6 - 60n. 13; III,
8 - 144; III, 42, 1 - 60n. 13; VI, 15, 2 - 32;
VI, 24 - 30 n. 14; VI, 27, 3 - 30n. 14; VI, 28
1 - 31; VI, 28, 2 - 30n. 14; VI, 53, 2 - 31n. 1(
VI, 60, 1 - 30; VI, 61, 1 - 30; VII, 50, 4 - 33
VIII, 35 - 146n. 71; VIII, 44 -146n. 71; VIII
68, 1 - 34; VIII, 84, 2-3 - 146

Xenofonte

Anábasis 14n. 19; I, 1, 10 - 128; I, 1, 11 - 126;
I, 2, 1 - 128; II, 6, 16-17 - 126; II, 6, 21-22
- 127; II, 28 - 127; III, 1, 4-10 - 126; III, 1,
5-7 - 32n. 22

Banquete 32n. 24

Cinegético 20n. 34

Ciropedia 10; I, 1, 1 - 11; I, 1, 2 - 12; I,1, 3 - 13;
I, 4, 6-25 - 20n. 34; II, 2, 26 - 152n. 86; IV
1, 7 - 15n. 20; IV, 5, 14 - 15n. 20; V, 1, 30 -
15n. 20; V, 3, 44 - 15n. 20; V, 5, 46 - 104n.
18; VI, 2, 5-6 - 20n. 34; VII, 6, 69-70 -
15n.20; VIII, 1, 34-38 - 20n. 34; VIII, 2,
13-14 - 126n. 4; VIII, 2, 14 - 13; VIII, 6, 9
- 15n. 20

Econômico 9, 14-15 - 17n. 23

Helênicas I, 1, 2-6 - 146n. 71; I, 4, 21 - 143; I,
5, 11-14 - 142n. 54; I, 5, 16 - 146n. 73; I, 5,
18 - 143; I, 5, 18-19 - 144; I, 6, 35 - 145n. 7

Memoráveis I, 1, 12 - 32; IV, 3, 1 - 103; IV, 3,
2-4 - 103; IV, 3, 13-14 - 103; IV, 4, 1 - 104;
IV, 4, 5-6 - 104; IV, 4, 7 - 104; IV, 4, 8 - 10
IV, 7, 4-7 - 122

Xenofonte (Pseudo-)

Constituição dos Atenienses I, 3 - 152

Índice dos Nomes e Argumentos

ação: *ver* prática
Acúmenos 31n. 18
Adam, John 59n. 11, 88n. 17, 136n. 37
Adimanto (estratego) 30, 31n. 18, 143, 144
Adimanto (personagem de *República*) 4, 5, 16, 46, 64, 72, 75, 77, 78, 81, 83, 89n. 20, 90, 101n. 10, 112, 113, 119
Agariste (várias personagens) 29 -34, 45
Agátocles 37
Agírrio 156n. 99
Alcibíades XVIII, 30-35, 60, 142-144, 146, 156n. 100
Alcmeônidas 29
Alcmeômide 30
Alexandre Polístor 34n. 30
Alline, Henri 14n. 18
Amípsias 34n. 31
Anaxágoras 29, 35, 115, 116, 117, 122
Anderson, Warren D. 27n. 6
Andócides 30-32, 157n. 101
Andrewes, Antony 127n. 7, 143n. 60
Andrótion 144n.62, 145n. 66, 158
Annas, Julia 59n. 11, 103n. 13
Antifonte 34
Antióquides 148n. 79
Antíoco 142n.54
Antístenes *Ver índice das fontes*
Apolo 26
Apolodoro de Cízico 148, 155
Arquelau, rei da Macedônia 133
areté. *Ver* virtude.

Aristipo 127-128
Aristócrates 143, 144
Aristófanes *Ver índice das fontes*
Aristóxenos 69n. 36
Aristóteles XVIIIn. 18, 4n. 3, 16-17, 60-62, 79n. 9, 80n. 10, 94n. 27, 108n. 29, 114, 116, 138, 139, 151n. 85. *Ver índice das fontes*
Artaxerxes II, rei de Pérsia 126
arte (*tékhne*) e política XIII-XVIII, 27-28, 51-52, 68-69, 93, 125, 129, 131-138, 141, 151-152, 154. *Ver* assembleia, pastor
Asheri, David 11n. 11
Aspásia 34-35, 48
assembleia (mecanismo de decisão) XIII-XVIII, 61, 64n. 25, 68-69, 134, 142. *Ver* democracia
Astíoco 146
astronomia 103, 111-123
Ateneu *Ver índice de fontes*
Aulo Gélio *Ver índice das fontes*
autossuficiência (*autárkeia*) 72-74, 94, 104
Axíoco 30, 31ns. 18 e 19

Barker, Andrew 26n. 2, 27n. 6
Bekker, Immanuel 14n. 18
Beloch, Karl Julius 146n. 73, 147n. 74
Birt, Theodor 14n. 18
Blass, Friedrich 128n. 11
Bleckmann, Bruno 143n. 60, 146n. 72, 147n. 76
Bluck, Richard S. 127ns. 7 e 8, 139n. 49
Bobonich, Christopher 91n. 22
bom conselho. *Ver* euboulía

170 ARQUEOLOGIA DA POLÍTICA

bom juízo. *Ver* euboulía
Brancacci, Aldo 27n. 6, 37n. 49, 39n. 54
Broadie, Sarah 62n. 20
Brock, Roger 13n. 15
Busolt, Georg 147n. 77
Butti de Lima, Paulo XVIIn. 15, 11n. 11, 12n. 14, 26n. 2, 114 n. 40, 116n. 49, 142n. 55
Byrne, Sean G. 148n. 79

Cálias 34n. 35
Cálicles XVIII, 107, 133, 134n. 32, 135, 152n. 89
Cambiano, Giuseppe 106n. 23
Cambises 15n. 21
Campese, Silvia 9n. 7, 77n. 6
Canfora, Luciano 30n. 13, 142n. 55
caráter. *Ver* éthos
Caridemos de Óreos 148
Cármides 30, 31ns. 18 e 19
Casertano, Giovanni 106n. 23
caverna (alegoria da) 108-109
Céfalo 3, 5n. 4
Cícero 135n. 35
Ciro II, o Grande, rei de Pérsia 12-15, 22
Ciro, o Jovem 126-127
Clínias 31ns. 18 e 19
Clístenes, tirano de Sícion 28-29
Cole, Thomas 133n. 28
comando militar. *Ver* estratégia
comunidade (*koinonía*) 71-94, 149
Conos 34-35, 48
Cónon 143, 144, 156
Crates 13 n. 17
Cratino 117n. 54
Crítias 31n. 18, 32n. 21
Ctésias 127n. 7
cuidado (ou proteção ou guarda, poder como) 6, 8, 17-23, 52, 54-55, 72-73, 118-119

De Luise, Fulvia 105n. 22
Del Corno, Dario 129n. 16
democracia XV, XVIII, 9, 30-32, 35, 66-69, 86-87, 90n.21, 115, 135, 147, 150. *Ver* assembleia, politeía
Demócrito 117n. 55
Demóstenes, orador 148
Develin, Robert 146n. 72, 156n. 99
Diágoras 144
Diès, Auguste 14n. 18
Dindorf, Ludwig 144n. 61
Diodoro de Sicília *Ver índice das fontes*
Diógenes Laércio *Ver índice das fontes*
Dionísio de Halicarnasso *Ver índice das fontes*
Dionisodoro 129, 153n. 91
Diopeites 117
Dodds, Eric R. XIVn. 3, 129n. 15, 131n. 19
Dorieu de Rodes 141-147, 156-158
Dover, Kenneth J. 30n. 13, 31n. 18, 147n. 75
Düring, Ingemar 13n. 17, 127n. 8

Eliano, Cláudio 117n. 54, 128n. 11
Emonds, Hilarius 14n. 18
Empédocles 118n. 55
England, Edwin Bourdieu 91n. 22
epiméleia. Ver cuidado
estrangeiro (*versus* cidadão) 29, 69, 108n. 29, 141, 145, 148, 151-158
estratégia (comando militar) XIV-XV, XVIII, 108, 141-158. *Ver também* guerra
Estrepsíades 36
Erixímaco 31n. 18
Ésquilo 60n. 13
Ésquines 32n. 21
Esopo 26, 28n. 8, 116
éthos (caráter) XII, 27, 29, 41-42, 96, 104, 111
euboulía XVI-XVIII, 50-53, 55-63, 68- 69, 97, 101, 112, 156
Eutidemo 129, 153n. 91

Fanóstenes de Andros 143-149, 151, 155-158
Farinetti, Giuseppe 105n. 22
Favorino 69n. 36
Fedro 31n. 18, 137
Ferrari, Franco 66n. 27, 113n. 39
Ferrari, Giovanni R. F. 59n. 11
Filipe ,"discípulo" de Górgias 129
Filodemo de Gadara 39
Fornara, Charles 147n. 75
Foucault, Michel 23n. 38
Franco Repellini, Ferruccio 121n. 58
Friedländer, Paul 4n. 2, 59n. 11

Gastaldi, Silvia 113n. 39
Gauthier, René Antoine 60n. 13, 78n. 7
Gehrke, Hans-Joachim 145n. 66
Gentili, Bruno 28n. 8, 37n. 46, 113n. 39
Gera, Deborah Levine 13n. 15, 14n. 18
Gernet, Louis 17n. 27
Giannantoni, Gabriele 22n. 37, 133n. 27
Gilbert, Gustav 146n. 72
Gláucon 4, 5, 16, 21n. 35, 31ns. 18 e 19, 46, 53, 64, 76, 78, 83, 90, 121
Górgias de Leontinos XIII-XV, 125-140, 152
governo (formas de, debate sobre as). *Ver* politeía
guerra 1-3, 18-23, 63n. 24, 64n. 25, 81-82, 90, 152, 155n. 95. *Ver também* estratégia
Guthrie, William K. C. 58n. 10, 131n. 19

Halliwell, Stephen 27n. 6, 77n. 6
Hamel, Debra 147n. 76
Hansen, Mogens Herman XVn. 7
Hardie, Alex 33n. 28
Hegel, Georg Wilhelm Friedrich 58n.10
Heraclides de Clazômenas 148, 155, 156
Heródico 13n. 17
Heródoto 11, 28-29, 60, 66, 116. *Ver índice das*

ÍNDICE DOS NOMES E ARGUMENTOS   171

fontes
·síodo 18
·pias de Élis XVI, 128n. 11, 129n. 15
·pon, astrônomo 117n. 54
·lgruber, Michael 86 n.14
·poclides, filho de Tisandro 28-29
·rsch, Steven W. 14n. 18
·mero 21, 132n. 21
·rnblower, Simon 144n. 63, 145n. 66
·siótes. *Ver* piedade/impiedade

·1 de Éfeso, rapsodo 153-157
·crates 29, 39, 116, 117. *Ver índice das fontes*

·oby, Felix 144ns. 61 e 65, 145n. 66 e 69
·dan, Borimir 147n. 76

·hn, Charles H. 59n. 11
·hrstedt, Ulrich 156n. 99
·rchner, Johannes Ernst 146n. 72, 147n.74
·ein, Jacob 127n. 7
·*nonía. Ver* comunidade

·ques 33
·mpros 34
·sserre, François 27n.6, 28n. 8, 39ns. 53 e 54
·islador (atividade de legislar) XI-XII , 16-17,
25, 40, 43, 44-46, 48, 49, 55-58, 92-94, 106,
108
·wis, David 156n. 99
·ânio 35n. 42, 39n. 54
·ío 86n. 14
·uis, Pierre 21n. 35

·cDonald, Brian R. 148n. 79
·cDowell, Douglas 30n. 13
·arcelino 127n. 8
·árquez, Xavier 62n. 21
·astromarco, Giuseppe 116n. 47, 129n. 16
·edicina (arte médica, médico) 40, 72, 75, 81,
82, 113n. 39, 114, 134, 136
·égacles 29
·eiggs, Russell 145n. 67, 156n. 99
·eleto 122
·enênio Agripa 86n. 14
·enon 14n. 19, 126-129, 138-140
·eriani, Angelo 26n. 2
·éton 117n. 54, 153n. 91
·eyer, Eduard 147n.77
·lon 145n. 68
·ndaro 146
·nos 17
·tchell, Lynette G. 150n. 84
·eda 75-76, 79
·ore, John D. 147n. 75, 156n. 99, 157n.100
·orrow, Glenn R. 17n. 27, 149n.81
·utsopoulos, Evanghelos 27n. 6
·urray, Penelope 33n. 28

música 3, 26-29, 33-48, 81, 82

Nails, Debra 27n. 6, 30n. 13, 31n. 18, 32n. 24,
33n. 29, 127n. 7, 146n. 72, 155n. 97, 156n. 98
navio (imagem do) 63, 101n. 10, 103n. 13, 113-
115, 118-121
Nestor 137
Nicérato 32
Nícias 32-33, 34
Norden, Eduard 130n. 18

Olimpiodoro 45
Orsi, Domenica P. 143n. 60
Osborne, Michael J. 146n. 72, 148n. 79, 155n.
97, 156n. 99

Palamedes 137n. 41
pastor (arte, imagem pastoral) 7-13, 19-23, 25,
54, 71
Pausânias, periegeta *Ver índice das fontes*
Péricles XV, XVIII, 27-30, 33-37, 41, 45, 60, 115,
117, 122, 132, 134n. 32, 142
Perictíone 31n. 18
Piccirilli, Luigi 127n. 7
piedade/impiedade 29-32, 45, 103-104, 112, 116-
118, 120-123
Píndaro 144
Pinto, Pasquale Massimo 14n. 18
Pisírodos 145n. 69
Pitágoras 77n. 7, 91, 116n. 47
Pítocles 45n. 61
Pitoclides de Cos 35n. 37
Platão. *Ver índice das fontes*
Plutarco. 37, 117, 142. *Ver índice das fontes*
Podlecki, Anthony J. 27n. 6
Polemarco 3
politeía (formas de governo) 7, 10-11, 14-15,
43-45, 66-69, 91, 95-96
Polo 8n. 6, 133, 135, 140, 152n. 89
prática (conhecimento prático, relação com
a ação, utilidade do saber) 58-64, 101-106,
112-123
Pródico de Cos 31n. 18, 69n. 35, 129n. 15
Próxeno 126
Protágoras de Abdera XVn. 6, XVI-XVIII, 37-38,
47, 50n. 1, 52n. 3, 60, 68-69, 112, 152-154
Protarco 136, 140

Querefonte 131
Quintiliano 135n. 35

Radamante 17
Raubitschek, Antony 146n. 72
Reeve, Charles D. C. 56n. 8
retórica XIII-XVI, 33-34, 36, 39, 48, 64n. 25, 115,
125-140, 155 n. 95
Ritter, Constantin 14n. 18
Rosen, Stanley 59n. 11

172 ARQUEOLOGIA DA POLÍTICA

Rossetti, Livio 39n. 54
Rossi, Luigi Enrico 28n. 8

Schiappa, Edward 129n. 15, 133n. 28
Schofield, Macolm 59n. 11, 63n. 25
Simônides 139n. 46
Sólon 17n. 24
Souilhé, Joseph 134n. 32
Strábax 148n. 78
Strauss, Leo 60n. 11, 73n. 3, 89n. 18
Suidas 127n. 7

Tales 116
Tatum, James 13n. 15, 14n. 18
Teages 111
tékhne (técnica). *Ver* arte
Temístocles xv, 36n. 43, 60, 132, 134n. 32
Teodectes 148n. 78
Teodoro de Bizâncio 137
Teofrasto 117n. 55
therapeía. *Ver* cuidado
Thesleff, Holger 14n. 18
Timeu de Tauromenes 130n. 17
Tísias 137
Totaro, Piero 129n. 16
Trasibulo 143, 144, 147n. 76
Trasímaco 3, 5, 7-10, 14n.8, 16, 19, 21-23, 32n. 24, 41, 52, 60, 64, 66, 71, 76n. 4, 87, 91, 137

troca 72-80, 88-90
Tucídides *Ver índice das fontes*

Vegetti, Mario 9n. 7, 22n. 36, 59n. 11, 77n. 6, 84n. 13, 91n. 22, 105n. 22, 113n. 39, 121n. 58
Vidal-Naquet, Pierre 142n. 55, 154n. 92
virtude (*areté*) xvn. 6, xvi-xviii, 33, 40, 50n. 1, 61, 67, 69, 106, 110-112, 127-129, 138-140. *Ver também* éthos, piedade/ impiedade

Walbank, Michael B. 146n. 72, 148n. 79, 156n. 99
Wallace, Robert 27n. 6, 30n. 13, 33n. 29, 39ns. 53 e 54, 45n. 61
Wersinger, Anne G. 26n. 2
Wilamowitz-Moellendorff, Ulrich von 14n. 18, 27n. 6, 37n. 46, 39ns. 53 e 54, 127n. 8, 147n. 77, 148n. 78
Wilson, Peter 33n. 28
Woodruff, Paul 60n. 11

Xenofonte 10-16, 22, 103-104, 122, 126-128, 143-148, 157-158. *Ver índice das fontes*
Xerxes 127n. 8

Zanetto, Giuseppe 129n. 16
Zenão de Eleia 137n. 41

Este livro foi impresso na cidade de São Paulo,
nas oficinas dea Graphium Gráfica e Editora, em fevereiro de 2016,
para a Editora Perspectiva.